九州文库

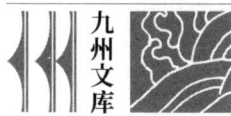

韩愈家世身世里籍考略

韩中山 著

九州出版社
JIUZHOUPRESS

图书在版编目（CIP）数据

韩愈家世身世里籍考略／韩中山著 . -- 北京：九
州出版社，2024.9. -- ISBN 978-7-5225-3376-6

Ⅰ. K825.6

中国国家版本馆 CIP 数据核字第 2024Q0U477 号

韩愈家世身世里籍考略

作　　者	韩中山　著	
责任编辑	沧　桑	
出版发行	九州出版社	
地　　址	北京市西城区阜外大街甲 35 号　（100037）	
发行电话	（010）68992190/3/5/6	
网　　址	www.jiuzhoupress.com	
印　　刷	唐山才智印刷有限公司	
开　　本	710 毫米×1000 毫米　16 开	
印　　张	17.5	
字　　数	314 千字	
版　　次	2025 年 1 月第 1 版	
印　　次	2025 年 1 月第 1 次印刷	
书　　号	ISBN 978-7-5225-3376-6	
定　　价	98.00 元	

韩愈（公元 768—824 年），晋启南阳（修武县）人。

前　言

　　韩文公是中华文明史上卓有贡献的文学家、政治家、思想家、哲学家、教育家，被后世誉为"唐宋八大家之首""百代文宗"。有关韩愈文化的研究，宋代已呈现出蓬勃发展态势，并取得了丰硕的成果。随着历史的发展，对韩愈的研究越发深入，逐步发展成为一门学问——韩学。韩学的研究内容是多方面的，包括韩愈的文学观、哲学观、政治观、思想观、教育观、社会观、军事观、经济观、家庭观等。韩愈的家世、身世及里籍研究，亦是韩学研究不可或缺的内容之一。

　　晚唐以降，有关韩愈家世、身世及里籍的研究从未止步，可谓历久弥新，持续深入，新作不断，收获颇丰，留下许多极富价值的研究成果。但也应看到，韩愈的家世、身世及里籍研究还存在一些需要直面的问题，如家世研究中存在的世系断代和代数记述不一问题，故里研究中出现的南阳说、昌黎说、修武说、河阳（孟县）说等争论现象，皇甫湜在《韩文公神道碑》文中所写"后居南阳，又隶延州，之武阳"是什么地方，愈公为什么自称"昌黎韩愈"，愈公笔下的"河阳"所指何处，韩愈服食丹药真相，等等。这些课题，均为本书重点研究内容。

　　幸有史志古籍的传载、历代学者的研究成果、《韩文公门谱》留存的家族信息，使笔者得以学习吸收，融会贯通，去伪存真，形成结论，顺利完成了对愈公家世、身世及里籍的考证。令人欣慰的是，经过考证，基本上厘清了愈公家族的世系传承脉络；辨明了愈公故里、愈公先茔、愈公坟墓所在之地；揭开了皇甫湜所写"后居南阳，又隶延州，之武阳"的神秘面纱；找到了愈公自称"昌黎韩愈"的真正原因；知晓了愈公笔下的"河阳"实指何处，证

1

明了"韩愈服丹药"系无稽之谈，等等。谨以此心得收获呈献给热心韩学的朋友们，祈望您在分享的同时对本书存在的纰误予以指正。

愈公 36 世　韩中山

2024 年 10 月 6 日

目 录
CONTENTS

三、里籍篇

一、家世篇

韩愈先世世次考

根据《史记·韩世家》《史记·晋世家》《史记·周本纪》《史记·五帝本纪》记载，愈公先世可追溯到上古轩辕黄帝，但因年代久远，考证困难。本文侧重于对万公—愈公世系传承关系进行连接考证。

一、万公—韩王安世次考

万公世家是韩氏大家族中最大的一个世系，有关万公裔系的世次记载，见之于不少史书及韩氏谱牒。但说法不一，互相矛盾之处有之，错记漏记之处有之，无法统一认定。经对多种史料进行比对和甄别取舍，形成本考证结果。

（一）世次连接

一世万·武子—二世赇伯·胜—三世定伯·简—四世舆—五世厥·献子—六世起·宣子—七世须·贞子—八世不信·简子—九世庚·庄子—十世虎·康子—十一世启章·武子—十二世虔·景侯—十三世取·列侯—十四世猷·文侯—十五世屯蒙·哀侯—十六世若山·懿侯—十七世武·昭侯—十八世康·宣惠王—十九世仓·襄王—二十世咎·厘王—二十一世然·桓惠王—二十二世安·韩王。

（二）连接依据

1.《史记·韩世家第十五》载："韩之先与周同姓，姓姬氏。其后苗裔事晋，得封于韩原，曰韩武子。武子后三世有韩厥，从封姓为韩氏……于是晋作六卿，而韩厥在一卿之位，号为献子……献子卒，子宣子代……宣子卒，子贞子代立……贞子卒，子简子代。简子卒，子庄子代。庄子卒，子康子代……康子卒，子武子代……武子卒，子景侯立……景侯卒，子列侯立……

列侯卒，子文侯立……文侯卒，子哀侯立……六年，韩严弑其君哀侯，而子懿侯立……懿侯卒，子昭侯立……昭侯卒……子宣惠王立……宣惠王卒，太子仓立，是为襄王……襄王卒，太子咎立，是为厘王……厘王卒，子桓惠王立……桓惠王卒，子王安立……九年，秦虏王安，尽入其地，为颍川郡。韩遂亡。"①

2.《史记·韩世家第十五》载有唐人司马贞所作（索引）系本云："万生赇伯，赇伯生定伯简，简生舆，舆生献子厥。"据韩氏谱牒记述：赇伯，名"韩胜"，亦有记"韩伯胜"者。

3.《元和姓纂》载："韩出自唐叔虞之后，晋穆侯子成师生万，万食采于韩，因以命氏，代为晋卿。曾孙厥生起，起生须，须生不信。"

4.《韩文公门谱》（修武县1956年谱本）载："始祖万，二世赇伯，三世简，爵定伯。"

（三）世次考辨

1.《史记·韩世家第十五》自韩万至韩安，除漏记"赇伯"一世，其余二十一世的记载可作定论，之后的史书记载多取自《史记》，亦多漏记"赇伯"一世。

2.《元和姓纂》讲韩厥是韩万曾孙，是从《史记》说，同误。韩厥当为韩万的玄孙。

3.《韩文公门谱》及唐司马贞记述韩万至定伯之间有一世，即"赇伯"，可取信。

4.《元和姓纂》记："须生不信。""百度百科"网载："韩简子，名不信，是中国春秋时期晋国韩氏的领袖，韩贞子韩须之子。"信有两个读音，一个读 xìn，一个读 shēn，古同伸，表白。不信，即不表白之意。《韩文公门谱》载："八世，不佞，晋卿，韩简子。"《史记·赵世家第十三》载："十一月，荀跞、韩不佞、魏哆奉公命以伐范、中行氏，不克。""不信""不佞"当为同一人。

5.《史记·晋世家》载："小子元年，曲沃武公使万杀哀侯。"小子侯元年，即公元前705年，韩万杀（晋）哀侯。当是时，韩万年龄约二十岁。《史记·韩世家》载："晋悼公之（十）〔七〕年，韩献子老。献子卒，子宣子

①（汉）司马迁.史记［M］.北京：中华书局，2011.

代。"晋悼公（十）年指有些版本记载韩献子（厥）告老并卒于该年份；晋悼公〔七〕年指校勘者经认真考证，认定韩厥告老并卒于该年份。晋悼公七年为公元前566年。从公元前705年韩万杀晋哀侯至公元前566年韩厥去世，间隔139年。加上韩万杀哀侯时已二十岁左右，间隔约159年，应为五代人，故韩厥应是韩万的玄孙，韩万至定伯中应有"赇伯"一世。

二、韩仓—韩王信世次考

信公（韩王信）系愈公直系先祖，信公因帮助刘邦夺取政权，刘邦封信公为韩王，王颍川，都阳翟，韩王信公是为韩氏颍川系始祖。为厘清世系，实现直系传继对接，本考证自万公十九世韩国国君襄王韩仓连接到万公二十二世韩王信公。

（一）世系连接

十九世仓·襄王—二十世虮虱—二十一世文（允）—二十二世信（韩王）

（二）连接依据

1.《史记·韩世家第十五》载："宣惠王卒，太子仓立，是为襄王……十二年，太子婴死。公子咎、公子虮虱争为太子。时虮虱质于楚……十六年……襄王卒，太子咎立，是为厘王……二十三年……厘王卒，子桓惠王立……三十四年，桓惠王卒，子王安立。"

2.《史记·韩信卢绾列传第三十三》载："韩王信者，故韩襄王孽孙也，长八尺五寸……沛公立为汉王，韩信从入汉中……汉王还定三秦，乃许信为韩王，先拜信为韩太尉，将兵略韩地……汉二年，韩信略定韩十余城。汉王至河南，韩信急击韩王昌阳城。昌降，汉王乃立韩信为韩王，常将韩兵从……信恐诛，因与匈奴约共攻汉，反，以马邑降胡，击太原……十一年春，故韩王信复与胡骑入居参合，距汉。汉使柴将军击之……遂战，柴将军屠参合，斩韩王信。"

3.《韩氏六修族谱》记载："二十世韩虮虱，二十一世韩文，二十二世韩王信。"

4.《中华姬韩世系宗谱》记载："虮虱子文，文子王信。"

5.《史记札记·卷五上·七十列传》（清郭嵩焘撰）记述："张良略韩地在二世三年，相距虮虱争立时九十五年，韩王信当为襄王之苗裔，未必庶孙也。"

6.《韩氏春秋》记述:"刘邦使韩襄王曾孙信为韩太尉,将兵击韩王昌于阳城,郑昌降。"可见信非襄王孙,乃裔孙也。有的书称其为孽孙也(见磁州谱有虮虱子文,孙信也),甚恰当。

7.《世界韩氏总谱》记载:"二十世虮虱,二十一世文,二十二世信。"

8.《世界韩氏通谱》记载:"二十世虮虱,二十一世文,二十二世信(韩王)。"

(三)世次考辨

《史记·韩世家第十五》讲清了虮虱是韩襄王的儿子,是韩厘王的亲兄弟。而《史记·韩信卢绾列传第三十三》讲韩王信是韩襄王的孽孙当认定为庶出曾孙。

1. 韩襄王十二年(公元前300年),太子婴死,公子咎与公子虮虱争为太子,时虮虱质于楚,年龄至少在十五岁左右;襄王十六年卒,太子咎立,是为厘王,时为公元前296年,在位二十三年;厘王卒,子桓惠王立,时为公元前273年,在位三十四年;桓惠王卒,子王安立,时为公元前239年,在位九年;秦灭韩为公元前230年;韩王信卒于汉高祖刘邦十一年,即公元前195年。从虮虱出生到韩王信卒相距120年左右,按父子年差在三十年上下为一代人推算,韩王信不是虮虱的儿子而是孙子,"虮虱"与厘王是亲兄弟,韩王"信"与韩王安同辈。

2.《史记·韩信卢绾列传第三十三》记述:"韩王信者,故韩襄王孽孙也。"是讲韩王信是庶出而不是嫡出,并未讲明是几世孙。这种表述形式在《唐书·宰相世系表》中也出现过:"弓高侯颓当裔孙寻,后汉陇西太守。"也没讲出是几世孙。故韩王信应认定为韩襄王的曾孙。

3.《韩氏六修族谱》《中华姬韩世系宗谱》《史记札记》《韩氏春秋》《世界韩氏总谱》《世界韩氏通谱》均记载韩虮虱与韩王信之间有一代人,这一代人即韩文,可取信。也有谱牒将"韩文"之名记为"韩允",指的是同一人。

三、韩颓当—韩寻世次考

颍川因其境内有颍水而得名,秦王嬴政灭韩国后,在原韩国之地置颍川郡。秦汉之际,颍川郡韩氏崛起,颍川郡成为韩姓人第一个著名郡望。在颍川韩氏族群中，世系连接较为完整者当属韩王信家族。在韩王信家族的发展史上，早期有著名的四大支系，即颍川系、南阳系、昌黎系、阳夏系。昌黎系、阳夏系源自南阳系，南阳系又源自颍川系。在韩氏谱系编修归类时，人们常习惯将韩颓当、韩棱当作颍川系的代表人物；将韩骞、韩暨当作南阳系的代表人物；将韩术、韩播当作昌黎系的代表人物；将韩恬当作阳夏系的代表人物。韩愈家族系韩棱后裔，故谱界习惯将韩愈支系归入韩颓当、韩棱为代表的颍川系。

有关韩颓当至韩寻的人物介绍和世系传承，见之于不少史书、谱牒及网络信息中，但记载和表述不一，有些信息甚至无法统一。编者试图在汇集资料的基础上，对有关韩颓当—韩寻的各种信息进行辨析考证，取舍认定。

（一）世系连接

二十三世韩颓当—二十四世韩孺—二十五世韩说—二十六世韩兴（长君）—二十七世韩增—二十八世韩骞—二十九世韩勋—三十世韩容（渊）—三十一世韩寻。

（二）连接依据

1.《史记·韩信卢绾列传第三十三》记载："信之入匈奴，与太子俱，及至颓当城，生子，因名曰颓当。韩太子亦生子，命曰婴。至孝文十四年，颓当及婴率其众降汉。汉封颓当为弓高侯，婴为襄城侯。吴楚军时，弓高侯功冠诸将。传子至孙，孙无子，失侯。婴孙以不敬失侯。颓当孽孙韩嫣，贵幸，名富显于当世。其弟说（音悦），再封，数称将军。卒为案道侯。子代，岁余，坐法死。后岁余，说孙曾（增）拜为龙额侯，续说后。"

2.《汉书·魏豹田儋韩王信传·第三》记载："信之入匈奴，与太子俱，及至颓当城，生子，因名颓当……弓高侯功冠诸将，传子至孙，孙无子，国绝。婴孙以不敬失侯。颓当孽孙嫣，贵幸，名显当世。嫣弟说，以校尉击匈奴，封龙额侯……封按道侯……子兴嗣，坐巫蛊诛……乃复封兴弟增为龙额侯……五凤二年薨，谥曰安侯。子宝嗣，亡（无）子，国除。成帝时，继功臣后，封增兄子岑为龙额侯，薨，子持弓嗣。王莽败，乃绝。"

3.《新唐书·宰相世系表》记载："少子虮虱生信，汉封韩王，生弓高侯颓当。颓当生孺，孺生案道侯说。说生长君。长君生龙额侯增。增生河南尹骞，避王莽乱，居赭阳。"

4.《元和姓纂》记载："汉韩王信生襄城侯婴、弓高侯颓当，孙龙额侯譺、案道侯说，说曾孙大司马（按此脱名），裔孙后汉司空棱。""【南阳堵阳】颓当元孙骞，避王莽乱，因居之。"

5.《韩氏英贤列传》记载："骞，河南尹，增之子，避乱徙南阳堵阳，子勋……韩勋，骞子。"

6.《韩氏历史人物志》记述："韩勋，汉光禄勋，右将军，杜陵人，河平元年韩勋长宾为左冯翊，三年少府。阳朔三年护西域骑军都尉。韩立子渊为执金吾，五年坐选不实免。鸿嘉四年中少府韩勋为执金吾。"

7.《中华姬韩世系宗谱》记载："说子案道侯长君，长君子龙额侯增，增子河西太守骞，骞避王莽之乱，举族居南阳。骞子大将军勋，勋子执金吾渊，渊子陇西太守寻。"

8.《韩文公门谱》记载："二十一世信—二十二世颓当—二十三世孺—二十四世则，元朔五年嗣侯—二十五世不害—二十六世靖—二十七世立，字子渊，拜执金吾—二十八世容，字子伯，拜光禄大夫，执金吾—二十九世寻，字伯齐，拜光禄大夫，陇西太守……"

9.《世界韩氏通谱》记述："二十二世韩王信—二十三世颓当—二十四世孺—二十五世说—二十六世兴（长君）—二十七世绍、增—二十八世（绍子）岑，（增子）宝、骞—二十九世（岑子）持弓；（骞子）勋、良彦—三十世容（渊）—三十一世寻。"

10.《世界韩氏总谱》记述："二十二世韩王信—二十三世颓当—二十四世孺—二十五世间·嫣、说—二十六世兴（长君）—二十七世绍、增—二十八世（绍子）岑；（增子）宝、骞—二十九世勋、良彦—三十世（勋子）容—三十一世寻。"

11.《汉书·百官公卿表》记载："护西域骑都尉韩立子渊为执金吾，五年坐选举不实免。""光禄大夫韩容子伯为执金吾（汉元寿二年六月）。"西汉九卿韩姓官员，"中尉（执金吾）：韩安国、韩立、韩勋、韩容。卫尉：韩安国、韩不害。郎中令（光禄勋）：韩说、韩曾、韩宝、韩勋"。

12."百度"信息弓高侯韩间："韩颓当生有一个儿子韩孺，承袭韩颓当的弓高侯爵位。韩孺生有韩泽元，韩泽元生了韩间（一说韩则）、韩嫣和韩说三个儿子。韩间承袭弓高侯爵位，但他没有子嗣，爵位在他死后废除。"

13."百度百科"信息西汉韩说："家庭成员，曾祖父韩王信；祖父韩颓当；父亲韩孺；伯父韩婴；堂兄弟韩则，世袭弓高侯；韩嫣，上大夫；儿子韩兴、韩增；孙子韩宝，嗣爵，无子，国除。"

（三）世次考辨

1. 有关韩王信—韩颓当—韩孺的世次传承关系各种信息记载一致，可作定论。

2. 韩说—韩骞的世系传承关系出现记载不一致的情况，经考证认定为韩说—韩兴（长君）—韩增—韩骞。

《史记》讲"（说）卒为案道侯。子代，岁余，坐法死。后岁余，说孙曾拜为龙额侯，续说后"是可取信的。汉武帝后期，发生了一起重大政治事件即"巫蛊之祸"。征和二年（公元前91年），丞相公孙贺之子公孙敬被人告发为巫蛊咒武帝，与阳石公主通奸，公孙贺父子下狱死。诸邑公主与阳石公主、卫青之子长平侯卫伉皆坐诛。武帝宠臣江充奉命查巫蛊案，江充用酷刑和栽赃迫使人认罪，大臣和百姓惊恐之下胡乱指认他人犯罪，数万人因此而死。江充与太子刘据有隙，遂趁机陷害太子，并与宦官苏文等人诬陷太子。武帝遂派韩说带兵挖掘太子宫找巫蛊证据，太子被逼惊恐，杀死韩说，后起兵诛杀江充等人。太子起兵遭武帝镇压兵败，皇后卫子夫和太子刘据相继自杀。平乱后，因韩说奉命掘蛊太子宫有功且被太子所杀，武帝乃封韩说之子韩兴嗣侯。后来武帝了解到上了江充的当，太子是被诬陷蒙冤而死，非常悲伤自责，下令夷江充三族，烧死苏文，韩说之子韩兴被定巫蛊罪而处腰斩。之后修建"思子宫"，于太子被害处作"归来望思之台"，以志哀思。此事件前后牵连数万人。韩兴被腰斩后，武帝反思韩说是奉命掘蛊太子宫，并未参与诬陷太子，其子韩兴被斩实属冤枉，遂封韩兴之子韩增为龙额侯。《史记》作者司马迁是武帝时期的太史令，刚刚发生在本朝的事件，他是不会错写的。《汉书》作者误将封"兴子增"写成"乃复封兴弟增为龙额侯"，"子"与"弟"，一字之差，给后代人造成了很大迷惑。试想，韩兴有儿子，不封儿子而封弟弟为侯，这不符合古代爵位承袭制度。《唐书》就纠正了《汉书》的错误说法，《元和姓纂》亦讲说孙曾（增）大司马，今谱界多从《史记》说，认定韩增为韩说之孙。《汉书》讲"乃复封兴弟增为龙额侯"存疑，韩兴（长君）与韩增是父子关系，此句应为"乃复封兴子增为龙额侯"。

《元和姓纂》讲"汉韩王信生襄城侯婴、弓高侯颓当，孙龙额侯譿、案道侯说"错误，韩婴是韩太子之子，韩王信之孙；韩说则是韩颓当之孙。讲

"说曾孙大司马",应为"说孙曾(增)大司马"。"弓高侯颓当,孙龙额侯
譊、案道侯说"系笔误,韩说先封龙额侯,后封案(按)道侯,譊、说当为
同一人。"颓当元孙骞"应为"颓当来孙骞",否则与"说孙曾大司马"相矛
盾,少一代人。

《唐书》在理清韩兴(长君)—韩骞世次关系的同时,交代了各世传承
者的名讳。但《唐书》讲说子"韩长军"与《汉书》记载说子"韩兴"是不
一致的,据考,"韩长君""韩长军""韩兴"为同一人,只是记载不同而已。
《唐书》晚于《汉书》和《史记》,《唐书》在考证的基础上,肯定了《史
记》韩说—韩兴—韩增三代人的传承关系,否定了《汉书》有关韩兴、韩增
是兄弟的说法。并考证认定韩增的儿子是韩骞。《唐书》的记载是可信的。

《世界韩氏通谱》《世界韩氏总谱》《中华姬韩世系宗谱》《羊山韩氏宗
谱》对韩说—韩骞的世系连接与《史记》《元和姓纂》《唐书》基本吻合。

《韩文公门谱》的世系连接与记载异于其他史书与谱牒。《韩文公门谱》
对韩孺以下四世没有采用"韩说—韩兴(长君)—韩增—韩骞"的名讳,而
是记载了"韩则—韩不害—韩靖—韩立"的名讳。韩则是韩孺的嫡长子,史
书记载韩则无后,卒后爵位国除,但《韩文公门谱》在《史记》《汉书》《元
和姓纂》均已面世,且在韩说—韩骞世系传承脉络基本清晰的情况下,另厘
清新的世系传承脉络,其中自有不为今人所知的原因和道理(有观点认为韩
不害是韩则的庶子),有待对其进行探究考证。

3. 对韩勋—韩寻世系传承关系的认定。

《韩文公门谱》记载,韩容—韩寻。与其他史料、谱书相比,少一代人。

《韩氏英贤列传》记载:韩勋—韩渊(执金吾)—韩寻。

《中华姬韩世系谱》记载:"骞子大将军勋,勋子执金吾渊,渊子陇西太
守寻。"

《羊山韩氏宗谱》记载:韩勋—韩渊—韩寻

《世界韩氏通谱》记载:韩勋—韩容(渊)—韩寻

《世界韩氏总谱》记载:韩勋—韩容—韩寻。

《汉书·百官公卿表》记载:韩立公元前22年至公元前17年任职执金
吾;韩勋公元前17年至公元前15任职执金吾;韩容公元前1年至公元1年任
职执金吾。并记述:"护西域骑都尉韩立子渊为执金吾,五年坐选不实免。"
"韩容元寿二年(公元前1年)六月为执金吾。"

综合上述信息，可作出如下认定：

其一，西汉时期，担任执金吾官职的韩姓人中，没有韩渊之名。

其二，从韩容、韩渊担任"执金吾"的时间记载来分析，韩容、韩渊指的是同一个人，韩容之名准确。韩渊之名有谱载信息，但无史志依据。

其三，综合多方信息，认为"韩勋—韩容—韩寻"世系传承关系可取信。

四、韩棱—韩耆世次考

东汉时期，在颖川郡众多世家大族中，有一个家族特别出众，这个家族就是颖川郡舞阳的韩棱家族。韩棱是西汉弓高侯韩颓当的裔孙，东汉时，韩棱崛起，复兴颖川韩氏的荣耀。韩棱一生奋发向上，砥砺前行，从郡功曹升迁至尚书令，总揽全国政务，能精忠国事，不阿权贵，一身正气，沉潜好谋，政绩突出，在朝野有很高的声望。汉章帝赠他龙渊宝剑，世称渊德公。韩棱修德建功，子孙繁昌多贤才。其子韩辅，安帝时为赵王相，孙韩演，顺帝时为丹阳太守，政有能名，桓帝时为司徒。韩演以下，代有英贤，出仕拜将，报效国家。

韩棱是东汉时期著名政治家和廉臣，又是颖川系韩氏家族的佼佼者，是承上传下的标志性杰出代表。下边以直系连接形式对韩棱家族的世系传承进行考证。

（一）世次连接

三十二世韩棱—三十三世韩辅—三十四世韩演—三十五世韩昭—三十六世韩福—三十七世韩金—三十八世韩海—三十九世韩松—四十世韩燧—四十一世韩坤—四十二世韩耆。

（二）连接依据

1.《新唐书·宰相世系表》载："弓高侯颓当裔孙寻，后汉陇西太守，世居颖川，生司空棱，字伯师，其后徙安定武安（应为安武）。后魏有常山太守，武安（安武）成侯耆者，字黄耇，徙居九门。"

2.《后汉书·韩棱传》载："韩棱，字伯师，颖川舞阳人，弓高侯颓当之后也。世为乡里著姓。父寻，建武中为陇西太守……子辅，安帝时为赵相。棱孙演，顺帝时为丹阳太守，政有能名，桓帝时为司徒。"

3.《韩氏英贤列传》载："韩演公元 135—165 在职，字伯南，颖川午

（应为舞）阳人，任河内太守。韩术，骞公九世孙，河东太守，后徙居昌黎，为昌黎始祖。"

4.《韩文公门谱》载：

三十世棱，字伯师，拜司空，徙居安定郡安武县。

三十一世辅，字伯贤，拜赵王相。

三十二世演，字伯南，拜司徒，终司隶校尉。

三十三世昭，字仲宽，拜太仆卿。

三十四世福，字子远，拜御史中丞。

三十五世金，字子章，拜三国魏临泾主簿。

三十六世海，字长瑞，拜三国魏晋安定郡主簿。

三十七世松，字德贤，拜临泾县录事史。

三十八世燧，字元庆，拜乌氏县贼捕掾。

三十九世坤，字仲达。

四十世耆，字黄耇，拜后魏常山太守，假安武成侯，卒赠泾州刺史，家居常山郡九门县城。

5.《韩氏六修族谱》载："三十四世韩演，三十五世韩昭（南阳韩口、昌黎韩口），三十六世韩福、韩术，三十七世韩金。"

6.《黄陂枫梓山、大别山、麻城圭峰山、澧县韩氏忠祖以上世系谱》载："韩演三十四，韩昭三十五，韩福、韩术三十六，韩金三十七。"

7.《中华姬韩世系宗谱》载，"寻子四：校、模、棱、昆，棱子赵王相辅，辅子司徒演、环、沛……"

（三）世次考辨

1.《新唐书·宰相世系表》《后汉书·韩棱传》《中华姬韩世系宗谱》显示了"棱、辅、演—韩耆"的世系传承关系，但中间出现断代，不够完整。

2.《韩文公门谱》完整记载了"韩棱—韩耆"之间的全部世次，弥补了《新唐书·宰相世系表》中缺失的"辅、演、昭、福、金、海、松、燧、坤"九代人的名讳。这是其他史料所不具有的信息，非常珍贵，且真实可信。

3.《韩氏英贤列传》载韩演籍贯"颍川午阳人"，"午阳"应为"舞阳"。记载韩术是韩骞八世孙，韩演是骞公六世孙，中间缺一代人的名讳，《韩文公门谱》显示中间所缺的第七代名讳为"韩昭"。据有些韩氏族谱记述，韩昭有两个儿子，一个是韩福，为韩愈十六世祖；一个叫韩术，是昌黎系韩氏始祖。

4.《韩氏六修族谱》和《黄陂枫梓山、大别山、麻城圭峰山、澧县韩氏忠祖以上世系谱》的记载与《韩文公门谱》的记载基本一致，是可取信的。

五、韩茂—韩愈世次考

在颖川系外迁的韩氏家族中，韩棱后裔韩茂家族无疑是南北朝至隋唐时期的冠族世家。韩茂家族承袭了韩棱以武立家的传统和以文守家的风尚，继续了韩棱时期的家族辉煌。

韩茂的父亲韩耆率部投奔北魏，被北魏政权拜为绥远将军、龙骧将军、常山太守。韩茂以军功授征南大将军，拜尚书令加侍中，追赠安定王。韩茂有三个儿子：长子韩备任宁西将军、征南大将军，袭爵安定公；次子韩均，任征南大将军，定、青、冀三州刺史，都督三州诸军事，袭爵安定公；三子韩天生，任平北将军、沃野镇将。韩均有四个儿子：长子韩宝石，任北魏冠军将军加散骑常侍，袭爵安定公；次子韩宝玉，拜虎贲中郎将；三子韩宝山，拜宁西将军；四子韩宝璧，拜司卫监。韩宝山有四个儿子：长子韩锋，拜内侍长；次子韩钏，拜内厩令；三子韩镶（韩愈七世祖），拜平北将军；四子韩锦，拜扬烈将军。自北魏至唐代，韩茂家族可谓将才辈出，仕宦累累，科第相望，青衿不少。韩愈的叔父韩云卿文辞独行中朝，韩愈乃华夏硕彦，被誉为唐宋八大家之首。韩愈的三个儿子韩昶、韩爽、韩佶俱仕唐为官。韩昶的五个儿子韩纬、韩绾、韩绲、韩绮、韩统（统）俱为进士，韩绲在咸通四年第状元。韩愈的侄孙韩湘拜大理寺丞，后被神化为八仙之一。

（一）世系连接

四十三世韩茂—四十四世韩均—四十五世韩宝山—四十六世韩镶—四十七世韩杰—四十八世韩晙—四十九世韩仁泰—五十世韩睿素—五十一世韩仲卿—五十二世韩愈

（二）连接依据

1.《新唐书·宰相世系表》载："后魏有常山太守、武安（应为安武）成侯耆，字黄耇，徙居九门。生茂，字元兴……二子：备、均。均，字天德，定州刺史、安定康公。生晙，雅州都督。生仁泰。"

2.《魏书·列传第三十九·韩茂传》载："韩茂，字元兴，安定武安（安武）人也……长子备，字延德……备弟均，字天德……兄备卒，无子，均袭爵安定公……谥曰康公。子宝石袭爵。均弟天生……"

3.《韩文公门谱》记载（以韩万为一世编排世次）：

四十一世茂，高宗时拜尚书令加侍中，征南大将军，太子少师，卒赠泾州刺史、安定王，谥曰桓王，子三：长备次均三天生。

四十二世长备，字延德，赐爵江阳男，进行唐侯，拜宁西将军，典游猎曹加散骑常侍，袭爵安定公，征南大将军，卒赠雍州刺史，谥曰简公。

四十二世次均，字天德，赐爵范阳子加拜宁朔将军，迁金部尚书加散骑常侍，银青光禄大夫，定青冀三州刺史，都督三州诸军事，袭爵安定公，征南大将军，卒谥曰康公，子四。

四十二世三天生，字永德，平北将军、沃野镇将。

四十三世均子长宝石，字尊荣，袭爵安定公，拜冠军将军加散骑常侍。

四十三世均子次宝玉，字尊祖，赐爵行唐男，拜虎贲中郎将。

四十三世均子三宝山，字尊先，赐爵九门子，拜侍辇郎，加宁西将军。

四十三世均子四宝璧，字振声，赠爵真定子，拜司卫监。

四十四世宝山子长锋，字文静，拜内侍长。

四十四世宝山子次钏，字文宣，拜内厩令。

四十四世宝山子三镶，字文远，拜平北将军，后魏神龟元年政乱隐居北修武县安阳城。

四十四世宝山子四锦，字文芳，拜扬烈将军。

四十五世镶子长杰，字景魁，拜修武县尉，隋大业八年世乱隐居修武南阳城东关。

四十五世镶子次俨，字景升，拜安阳令。

四十五世镶子三俊，字景云，拜濮阳县丞。

四十六世杰子长晙，字长江，拜雅州刺史。

四十六世杰子次昂，字长河，拜儒林郎洹水县主簿。

四十六世杰子三晋，字长流，拜尧城县主簿。

四十六世杰子四旺，字长涛，拜贝州参军事。

四十七世晙子长仁泰，字子华，拜曹州司马。

四十七世晙子次义泰，字子贵，拜朔州录事参军事。

四十八世仁泰子长吉素，字鹤步，拜林虑县录事。

四十八世仁泰子次祥素，字尧步，拜端氏县司户佐。

四十八世仁泰子三睿素，字禹步，拜桂州都督府长史、朝散大夫。

四十九世吉素子长孟卿，字合之，拜宣州司录参军。

四十九世吉素子次季卿，字和之，拜义王府胄曹参军。

四十九世吉素子三荣卿，字喜庆，拜江陵法曹参军。

四十九世祥素子长子卿，字康之，陕府功曹参军。

四十九世祥素子次晋卿，字富之，拜同州司法参军。

四十九世祥素子三升卿，字静光，拜易州司法参军。

四十九世睿素子长仲卿，字静渊，拜武昌令，终秘书郎，赠尚书左仆射，子四：会、介、全、愈。

四十九世睿素子次少卿，字维汉，拜当涂丞、子龠。

四十九世睿素子三云卿，字文渊，号子房，拜礼部侍郎，子二：长俞、次弇。

四十九世睿素子四绅卿，字东山，拜京兆府司录参军，高邮尉，泾阳令，子岌。

五十世仲卿子长会，字子魁，拜起居郎中书舍人，迁韶州刺史，嗣子老成。

五十世仲卿子次介，字子敬，拜率府参军，子二：百川、老成。

五十世仲卿子三全，字敬轩，乡举孝廉，不仕，修武聘为博士。

五十世仲卿子四愈，字退之，拜京兆尹、御史大夫、吏部侍郎，卒赠礼部尚书，谥文，子三。

4. 李白在为韩仲卿所作《武昌宰韩君去思颂碑（并序）》中写道："君名仲卿，南阳人也……七代祖茂，后魏尚书令、安定王。五代祖钧，金部尚书。曾祖晙，银青光禄大夫、雅州刺史。祖泰，曹州司马。考睿素，朝散大夫、桂州都督府长史……君乃长史之元子也。"

5. 皇甫湜所作《韩文公神道碑》文中记述："拓跋后魏之帝，其臣有韩茂者，以武功显，为尚书令，实为安定桓王。次子均袭爵，官至金部尚书，亦能以功名终。尚书曾孙睿素，为唐桂州长史，善化行于江岭之间。于先生为王父，生赠尚书左仆射讳仲卿，仆射生先生。先生讳愈，字退之。"

（三）世次考辨

1. 《韩文公门谱》完整记载了自韩茂至韩愈十世世次关系及官职信息，是准确可信的。

2.《新唐书·宰相世系表》记载了"耆、茂、均、晙、仁泰"的直系连接关系，但韩均与韩晙之间缺了"宝山、镶、杰"三代人。

3.《魏书·列传第三十九·韩茂传》记载了"耆、茂、均、宝石"四代人的传承关系，特别重要的是记载韩茂有三个儿子，即韩备、韩均、韩天生，韩均的儿子韩宝石袭爵。这些信息很珍贵，纠正了一些史书上记载韩茂只有韩备、韩均两个儿子的错误，纠正了一些谱牒中所言"韩天生即韩宝石"的错误表述。

4. 李白在《武昌宰韩君去思颂碑（并序）》中讲"七代祖茂""五代祖钧（同均）"有误。韩茂是韩仲卿的八世祖，韩均是韩仲卿的七世祖。李白当时没有查阅《魏书·列传第三十九·韩茂传》，因而没搞清楚韩茂、韩均系父子关系。

5. 皇甫湜在《韩文公神道碑》中记述"其臣有韩茂者……次子均袭爵……尚书（指金部尚书韩均）曾孙睿素，为唐桂州长史，善化行于江岭之间"。皇甫湜搞清了韩均是韩茂的儿子，但讲韩睿素是韩均的曾孙有误，韩睿素是韩均的六世暠孙。

6.《韩公文门谱》记载韩镶"后魏神龟元年政乱隐居北修武县安阳城"的时间节点有误。北魏后期史上亦称后魏，后魏神龟元年是公元518年，当时后魏政权的形势基本是稳定的，并未发生大的动乱。到了后魏正光五年（公元524年），发生了北方六镇（怀朔、武川、抚冥、柔玄、怀荒、沃野）军民起义，起义因长期戍守北部边关的军民待遇骤降、负担过重引发不满而引起。六镇起义引发关陇、河北等地各族军民纷纷响应，北魏统治濒临崩溃。六镇起义遭到镇压，但一部分起义军一直坚持到永安二年（公元529年）才以失败而告终。孝昌二年（公元526年），北魏政权将修武县拆分为北修武和南修武两个县。韩镶是北魏政权的平北将军，驻守河北定州，直接受到起义的影响，但他的选择是隐居北修武县安阳城。从时间上来分析，后魏正光五年（公元524年）爆发六镇起义，孝昌元年（公元525年）换年号，孝昌二年（公元526年）置北修武县，韩镶避"政乱隐居北修武安阳城"当在孝昌二年之后。

本考证认定愈公先世世次为五十一世。

韩长君（兴）与韩增辈分关系辨析

由于《史记》与《汉书》对韩长君（兴）与韩增的辈分关系记载不同，故后世在认定时出现较大争议。以《史记》为依据者认定韩长君（兴）与韩增是父子关系，以《汉书》为依据者认定韩长君（兴）与韩增是兄弟关系。两种说法各依史书记载为依据，各讲各的道理，自古至今难以统一认识。

一、史书记载依据

《史记·韩信卢绾列传第三十三》记载："汉封颓当为弓高侯，婴为襄城侯。吴楚军时，弓高侯功冠诸将。传子至孙，孙无子，失侯。婴孙以不敬失侯。颓当孽孙韩嫣，贵幸，名富显于当世。其弟说（音悦），再封，数称将军。卒为案道侯。子代，岁余，坐法死，后岁余。说孙曾（增）拜为龙额侯，续说后。"

《史记·建元以来侯者年表第八（表一）》记载："征和三年，（韩说）子长代，有罪，绝。子曾（增）复封为龙额侯。"

《汉书·魏豹田儋韩王信传·第三》记载："弓高侯功冠诸将，传子至孙，孙无子，国绝……颓当孽孙嫣，贵幸，名显当世。嫣弟说，以校尉击匈奴，封龙额侯……封按道侯……掘蛊太子宫，为太子所杀。子兴嗣，坐巫蛊诛。上曰：'游击将军死事，无论坐者。'乃复封兴弟增为龙额侯……五凤二年薨，谥曰安侯。子宝嗣，亡（无）子，国除。成帝时，继功臣后，封增兄子岑为龙额侯。薨，子持弓嗣。王莽败，乃绝。"

《汉书·表·高惠高后文功臣表》记载："说子兴、曾（增）。"

《元和姓纂》记载："汉韩王信生襄城侯婴、弓高侯颓当，孙龙额侯谳、案道侯说，说曾孙大司马，裔孙后汉司空棱。""【南阳堵阳】颓当元孙骞，避王莽乱，因居之。"

《新唐书·宰相世系表》记载："颓当生孺，孺生案道侯说。说生长君。长君生龙额侯增。增生河南尹骞，避王莽乱，居赭阳。"

二、辈分关系解读

（一）韩长君（兴）、韩增兄弟关系说

1. 主张依据

《史记·建元以来侯者年表第八（表一）》《汉书·魏豹田儋韩王信传》《汉书·表·高惠高后文功臣表》《元和姓纂》相关记载。

2. 观点阐述

（1）《史记·韩信卢绾列传第三十三》记载："说孙曾（增）。"而《史记·建元以来侯者年表第八（表一）》记载："（韩说）子长代，有罪，绝。子曾复封为龙额侯。"同是《史记》，两处所讲存在矛盾。后者讲韩说长子韩兴在韩说死后代（袭）侯爵，韩兴死后，因有罪侯爵国除，复封韩说次子韩曾为龙额侯。可知韩兴、韩增是兄弟关系。《史记·建元以来侯者年表第八（表一）》的记述是对《史记·韩信卢绾列传第三十三》误记的纠正。

（2）《汉书·魏豹田儋韩王信传》《汉书·表·高惠高后文功臣表》均记载韩兴、韩增是兄弟关系，这与《史记·建元以来侯者年表第八（表一）》的记载是一致的。《汉书》讲出韩说长子名"兴"，这是对《史记》缺失名字的补充完善。

（3）《元和姓纂》记载韩说的孙子是韩增，是从《史记》说，后边记载"颓当元孙骞"。元孙即玄孙，韩颓当至韩骞是五代人，说明韩兴、韩增是兄弟关系。

（二）韩长君（兴）、韩增父子关系说

1. 主张依据

《史记·韩信卢绾列传第三十三》《史记·建元以来侯者年表第八（表一）》《元和姓纂》《新唐书·宰相世系表》相关记载。

2. 观点阐述

（1）《史记·韩信卢绾列传第三十三》记载："说孙曾（增）拜为龙额侯，续说后。"《史记·建元以来侯者年表第八（表一）》记载："（韩说）子长代，有罪，绝。子曾（增）复封为龙额侯。"两者都讲韩增是韩说的孙子，韩长君（兴）、韩增自然是父子关系。"列传"没有讲出韩说之子的名字，"年表"讲出韩说之子名"长"，《新唐书》记载为"长君"，漏记"君"字，当为长君。

关于韩说之子的名字，《史记》记为"韩长"，《汉书》记为"韩兴"，《新唐书》记为"韩长君"，三者讲的是同一人。

《史记》成书于西汉武帝时期，《汉书》成书于东汉章帝时期，有关西汉时期韩王信家族的世系世次记载，《汉书》基本上是录自《史记》。但在记载韩兴与韩增世次关系时，《汉书》明显异于《史记》，把《史记》记载韩长君（兴）、韩增为父子关系改为兄弟关系。事出必定有因，原来《汉书》编纂者把《史记·建元以来侯者年表第八（表一）》记载的"（韩说）子长代"中的"子长（cháng）"理解为"子长（zhǎng）"，故认定韩说死后，长子袭侯爵，长子死，"（次）子曾（增）复封为龙额侯"，故韩兴、韩增是兄弟关系。这种理解和认定明显错误。《史记·建元以来侯者年表第八（表一）》所讲"子长代"，显然讲的是韩说的儿子叫"长（君）"，"长（君）袭侯爵"，长（君）死后，其子韩曾（增）复封为龙额侯。《史记》在记载世系传承时，都是先讲父亲死，然后讲子某某代、嗣。例如，记韩世家世系传承时记载："……献子卒，子宣子代……宣子卒，子贞子代立……贞子卒，子简子代。简子卒，子庄子代……"《汉书》记载同样是先讲子，后讲名，例如，"掘蛊太子宫，为太子所杀。子兴嗣，坐巫蛊诛……乃复封兴弟增为龙额侯……（增）五凤二年薨，谥曰安侯，子宝嗣……"

《元和姓纂》记载"说曾孙大司马"，"曾孙"当为"孙曾（增）"，系排版时二字颠倒所致。《元和姓纂》原版书早已失传，目前所见版本系清代乾隆年间纂修《四库全书》时从《永乐大典》中辑出，故在重新编印时出现校对、排版失误在情理之中。纠错后，应为"说孙曾（增）大司马"，这就说明韩兴（长君）与韩增为父子关系。《元和姓纂》在记述韩骞时讲"颓当元孙骞"，则与"说孙曾（增）大司马"相矛盾，此处疑为世次计算失误所致。

《新唐书·宰相世系表》成书于《史记》《汉书》《元和姓纂》之后，在吸收前人编修成果的基础上，《新唐书·宰相世系表》考证确认："颓当生孺，孺生案道侯说。说生长君。长君生龙额侯。增生河南尹骞。"《新唐书》考证韩颓当之子名"孺"，填补了《史记》《汉书》《元和姓纂》中颓当之子无名的空白；考证韩说之子名"长君"，弥补了《史记》中韩说之子名字只有

"长"，没有"君"的缺失；考证韩长君生龙额侯增，确认了长君（兴）、增为父子关系，纠正了《汉书》有关"兴弟增"的表述；考证韩颓当—韩骞共六代人，韩骞是韩颓当的来孙，纠正了《元和姓纂》有关韩骞是韩颓当元（玄）孙的说法。

三、世次关系考辨

对韩兴（长君）与韩增辈分关系的认定出现了"兄弟说"和"父子说"两种说法，二者均讲出了认定的依据和理由，论证都很充分，孰是孰非，当作判定。经对二者各自主张的依据及观点阐述进行分析研判，笔者认为"父子说"是可取信的，这是基于以下几方面的思考。

其一，司马迁在《史记》中对韩长君（兴）与韩增系父子关系的记载是明确的。司马迁在《史记·韩信卢绾列传第三十三》中记载："说孙曾（增）拜为龙额侯，续说后。"司马迁在《史记·建元以来侯者年表第八（表一）》中记载："（韩说）子长代，有罪，绝。子曾（增）复封为龙额侯。""列传"与"年表"均为司马迁一人所撰，记载是一致的，均表明韩长君（兴）与韩增系父子关系。

其二，多数史书记载韩长君（兴）与韩增是父子关系。《史记》早于《汉书》，记载韩长君（兴）与韩增是父子关系；《元和姓纂》《新唐书·宰相世系表》晚于《汉书》，记载韩长君（兴）与韩增系父子关系。只有《汉书》一家记载韩兴（长君）与韩增是兄弟关系，误记是显而易见的。

其三，韩长君（兴）卒后，儿子韩增复封龙额侯符合古代封爵制度。在古代，有爵位的人去世后，由儿子袭爵或复封，无子才会在特许情况下由兄弟复封爵位。《史记》记载韩长君（兴）死后，由儿子韩增复封为龙额侯，这是符合封爵制度的。按《汉书》讲：韩兴（长君）有子，名韩岑。韩兴（长君）卒后，"乃复封兴弟增为龙额侯"。韩兴（长君）有子不封爵而封其弟爵位，这不符合汉代的封爵制度。或有解释说："韩兴（长君）之子或年幼，故封兴弟增为龙额侯。"此说不成立，因古代封爵没有年龄限制。或又有解释说："韩兴（长君）坐法死，犯人之子不能封爵。"此说亦不成立，《汉书》记载："韩增卒，子韩宝嗣，韩宝卒，亡（无）子，国除，成帝时，继功臣后，封增兄子岑为龙额侯。"犯人之子岑是封了侯的。因《汉书》将韩兴（长君）误记为韩增兄长，故引发出一些不能自圆其说的问题。

其四，韩长君（兴）是受巫蛊案牵连而被杀。汉武帝征和二年，发生了历史上著名的"巫蛊之祸"。巫蛊，古代信仰民俗，即用以加害仇人的巫术，包括诅咒、射偶和毒蛊等。征和二年（公元前91年），丞相公孙贺之子公孙敬巫蛊咒武帝，案发后公孙贺父子下狱死。武帝命宠臣江充彻查巫蛊案，江充与太子刘据有矛盾，趁机与宦官苏文等人诬陷太子。武帝派韩说带兵挖掘太子宫，寻找巫蛊证据。太子被逼杀死韩说，起兵诛杀江充等人。太子起兵遭武帝镇压，皇后卫子夫及太子刘据相继自杀。平乱后，参与掘蛊太子宫和平乱有功人员皆得封赏，韩说因掘蛊太子宫被太子所杀有功，其子韩长君（兴）袭侯。过了一段时间，武帝了解到太子是被江充等人陷害被逼起兵，失败后自杀，非常悲伤自责，下令夷江充三族，烧死苏文，参与平乱有功人员多被处死，韩说之子韩长君（兴）则被定巫蛊罪而处以腰斩。巫蛊之祸前后牵连数万人或战死，或处死，或下狱。整个事件平息后，汉武帝反思到韩说是奉命带兵掘蛊太子宫，并未参与陷害太子，遂定论："游击将军（韩说）死者，无论坐者"，即韩说不按犯法对待。韩说不按犯法对待，其子韩长君（兴）自是无罪，但已被定罪处斩，遂复封长君（兴）子韩增为龙额侯。试想，韩长君（兴）刚刚蒙圣恩袭爵，只会感恩戴德，岂会诅咒武帝？

其五，司马迁是汉武帝时期的太史令，记载当朝韩长君（兴）与韩增是父子关系，是记载而不是考证，应是准确无误的。

韩蚡虮与韩王信辈分关系辨析

汉代司马迁在《史记·韩信卢绾列传第三十三》中写有"韩王信者，故韩襄王孽孙也"这样一句话，故后人多认为韩王信是韩襄王的孙子、韩蚡虮的儿子。不少韩姓族人在编修族谱时也多以此为依据来编排世系辈分。笔者在考证韩蚡虮与韩王信辈分关系时，反复阅读《史记·韩世家第十五》和《史记·韩信卢绾列传第三十三》，经过计算和比对，得出的结论是：韩蚡虮与韩王信并非父子关系，而应是祖孙关系。笔者这样讲的理由有以下几点。

其一，"孽孙"并非只指代祖孙关系。中国汉语言博大精深，一词多意、一字多义普遍存在。"孽孙"包含两层含义，一是表述"孽"，二是表述"孙"。"孽"字在汉语中释义为"邪恶""罪恶"，还释义为"非嫡系家庭的旁支""非正室生的孩子"；"孙"字在汉语中常用来实指代儿子的儿子，但也常泛指儿子的孙子、孙子的孙子等很多代孙辈。譬如讲"裔孙"，可以是祖孙，也可以是五世孙、十世孙、三十世孙等。司马迁写韩王信是韩襄王的"孽孙"，用词简洁明了，既表明了韩王信是庶出、孽生，又以泛指的笔法认定了韩王信是韩襄王的孙辈后裔身份。韩王信是韩襄王的曾孙，他的祖父韩蚡虮不是王妃所生，是孽子，韩蚡虮是韩王信的祖父，因此讲他是韩襄王的"孽孙"，既符合身份实际，又符合汉语词义表达多样性的特点和用语习惯。若有人讲韩王信的儿子韩颓当是韩襄王的"孽孙"也是可以的。

其二，符合祖孙关系的正常年龄差距。《史记·韩世家第十五》记载："（襄王）十二年（公元前300年），太子婴死。公子咎、公子蚡虮争为太子。时蚡虮质于楚。苏代谓韩咎曰：'蚡虮亡在楚，楚王欲内之甚。今楚兵十余万在方城之外，公何不令楚王筑万室之都雍氏之旁。韩必起兵以救之，公必将矣。公因以韩、楚之兵奉蚡虮而内之，其听公必矣，必以楚、韩封公也。'韩咎从其计……于是楚解雍氏围……于是蚡虮竟不得归韩，韩立咎为太子。"

《史记·韩信卢绾列传第三十三》记述："韩王信者，故韩襄王孽孙也……沛公立为汉王，韩信从入汉中……汉二年（公元前204年）……汉王乃立韩信为韩王，常将韩兵从……（汉六年）秋，匈奴冒顿大围信，信数使使胡求和解。汉发兵救之，疑信数间使，有二心，使人责让信。信恐诛，因与匈奴约共攻汉，反，以马邑降胡，击太原……七年冬（公元前199年），上自往击，破信军铜鞮，斩其将王喜。信亡走匈奴……（汉）十一年春（公元前195年），故韩王信复与胡骑入居参合，距汉。汉使柴将军击之……遂战。柴将军屠参合，斩韩王信。"

从《史记》的记述中，我们获得了这些信息：一是韩蚡虮出生于公元前315年左右。公元前300年韩蚡虮与韩咎争为太子，在争斗中，韩咎能听取苏代的进言并依计行事，最终胜出被立为太子，说明韩咎能参与政争，有自己的主见，已不是孩童，年龄起码有十五岁左右。韩蚡虮是韩咎的同父异母（韩咎为王后所生，嫡出）哥哥，年龄也应在十五岁左右。依此推算，韩蚡虮出生于公元前315年左右。二是韩王信卒于公元前195年，死时尚未花甲。公元前205年，刘邦立为汉王，韩王信开始追随刘邦，带兵南征北战，正是年富力强壮年期。汉七年（公元前199年），韩王信在逃亡匈奴的途中生次子韩颓当，尚处壮年。汉十一年（公元前195年），韩王信带兵占领参合，与汉敌对，被汉将柴将军所斩，说明他仍在带兵打仗，未到花甲之年，卒时为公元前195年。根据《史记》的记述可知，韩蚡虮约生于公元前315年，韩王信卒于公元前195年，时间跨度120年左右。假定韩蚡虮二十岁成婚，时间当为公元前295年左右；假定韩王信是韩蚡虮的儿子，当出生于公元前294年左右。若假设成立的话，韩王信卒时应是百岁老人。而实际上韩王信卒时尚未花甲，次子韩颓当只有四岁，这就推翻了韩蚡虮与韩王信是父子关系的认定。旧时修谱通常以"父子年差三十年上下为一代人"来推算世系辈分，若以此法推算，韩蚡虮与韩王信是祖孙关系。

其三，近亲代数比对韩王信与韩王安是同辈兄弟。《史记·韩世家第十五》记载："（襄王）十六年（公元前296年）……襄王卒，太子咎立，是为厘王……（厘王在位）二十三年（公元前273年）……厘王卒，子桓惠王立……（桓惠王在位）三十四年（公元前239年），桓惠工卒，子王安立……（王安在位）九年（公元前230年），秦虏王安……韩遂亡。"韩咎是韩蚡虮的弟弟，是同辈人；韩咎的儿子是桓惠王韩然，韩然与韩蚡虮的儿子是同辈人；韩然的儿子是韩安，在位九年失国。从年龄和辈分来看，韩王信与韩王安是同年龄段的近亲兄弟，韩襄王是韩王安和韩王信的共同曾祖父。如果讲韩襄王与韩王信是祖孙关系，那就明显少了一代人。

其四，韩王信的父亲叫韩文（允）。有关韩王信父亲的名讳国史中鲜有记载，但有些韩姓族谱中有记载。《中华姬韩世系宗谱》记载："虮虱子文，文子王信。"湖南省怀化溆浦龙潭《韩氏六修族谱》中记载："二十世韩虮虱，二十一世韩文，二十二世韩王信。"《世界韩氏通谱》载："十九世仓·襄王—二十世虮虱—二十一世文（允）—二十二世信（韩王信）。"《世界韩氏总谱》载："十九世襄王·仓—二十世虮虱—二十一世韩（文）—二十二世韩王信。"《磁州韩氏宗谱》记述："虮虱子文，孙信也。"也有韩氏族谱记载虮虱之子曰"韩允"。这说明韩姓人中早就流传有韩虮虱与韩王信是祖孙关系的信息。无论韩王信的父亲叫韩文也好，或叫韩允也好，关键在于认定了韩虮虱与韩王信之间有一代人。这些记载支持了韩虮虱与韩王信是祖孙关系的认定。

其五，有史料记述韩王信是韩襄王的后裔，非孙子。《史记札记·卷五上·七十列传》（清·郭嵩焘撰）记述："《韩信卢绾列传第三十三》'韩王信者，故韩襄王孽孙也'。案《唐书·宰相世系表》，韩襄王为秦所灭，少子虮虱生信。据《韩世家》襄王十二年太子婴死，公子咎、公子虮虱争立。后又五年，襄王卒，太子咎立为厘王。二十三年，厘王卒，子桓惠王立，三十四年卒，子王安立。王安九年秦灭韩，是为始皇之十七年也。张良略韩地在二世三年，相距虮虱争立时九十五年，韩王信当为襄王之苗裔，未必即其庶孙也。"《韩氏寻踪探源·上》（韩志琦著）记载："在秦汉之际，汉高祖刘邦扶持起来的韩襄王子虮虱之裔孙韩王信则另为一支……刘邦使韩襄王曾孙信为韩太尉，将兵击韩王昌于阳城，郑昌降。"《韩氏春秋》（张思青著）记述："韩王信，乃战国韩襄王之孽孙，非孙也。信被杀于高帝十一年（公元前196年）……上距公元前299年韩襄王公子咎与公子虮虱争当太子时已94年。时虮虱如今为二十岁，于二十岁生子，其子至汉王二年已九十岁矣。即使虮虱之孙，也在五十岁以上。可见信非襄王孙，乃裔孙也。有的书称其为孽孙也（见磁州谱，有虮虱子文，孙信也，甚恰当）。"

综上所述，笔者认为韩虮虱与韩王信是祖孙关系而非父子关系。

韩愈祖籍地望考

祖籍是指父系祖先、长辈长久居住过的地方。地望是指姓氏家族所居之地地名及地理位置。本文拟通过对愈公直系先祖（自愈公父亲仲卿公上联到韩氏得姓始祖万公）不同时期家族居住地及迁徙轨迹的考证，以明确愈公的祖籍故里地。

一、春秋战国时期祖籍地望

春秋战国时期，愈公先祖家族居住地包括韩原、州、平阳、宜阳、阳翟、新郑等。

（一）韩原

韩原，古韩国之地，位于今山西省河津市东北僧楼、赵家庄西乡镇方圆百里之地。

公元前 11 世纪中叶，周武王灭商，建立周王朝。周武王去世后，周成王姬诵继位。因成王年幼，其叔父周公旦代成王执掌朝政，引起朝廷中一些人的不满，后发生了管叔、蔡叔、霍叔和武庚的联合叛乱，史称"三监之乱"。周公旦平定"三监之乱"后，实行大分封。周公旦分封周成王的四弟于韩地，为姬姓诸侯国，因国内有韩原，故以韩命国称韩国。此韩国是中国历史上第一个韩国，国君姬姓，名字不详，史称韩侯。韩国存在二百多年，后因国力太弱，被实力强大的邻国晋国所灭。

周公旦在分封时，把新灭的唐国封给周成王的二弟叔虞，史称唐叔虞。唐叔虞去世后，其子燮继位，迁居晋水之旁，改国号为晋，史称晋侯。晋侯以下为武侯、成侯、厉侯、靖侯、厘侯、献侯、穆侯。穆侯生二子，长子姬仇，继位后称文侯；次子成师，封地曲沃（今山西省曲沃县），号为桓叔。桓叔有两个儿子，长子姬鳝，史称曲沃庄伯；次子姬万，为御戎将军。庄伯姬鳝去世后，其子姬称成为曲沃武公。武公实力强大，经过多年征战，夺取了晋国的统治权，公元前 678 年，周厘王封姬称为晋国国君，列为诸侯，史称晋武公。

姬万是晋武公的叔父，在帮助晋武公夺取政权的斗争中立下了汗马功劳。晋武公即位后，封赏群臣，封叔父姬万食邑旧韩国之地韩原，姬万因封韩原而改为韩姓，成为韩姓人得姓始祖，韩原成为愈公先祖第一个肇基发祥之地。

万公卒后谥号"武"，史称韩武子。万公后裔事晋，世次依序为：赇伯·胜—定伯·简—舆—厥·献子。厥公为晋国执政首卿兼中军元帅，在政坛奉献 40 年，一生侍奉晋灵公、晋成公、晋景公、晋厉公、晋悼公五朝。历史上程婴、公孙杵臼藏赵氏孤儿赵武，韩厥知情并给予暗助。十五年后，在厥公的帮助下，赵武恢复了赵氏声誉，灭了屠岸贾一族。司马迁在《史记·韩世家》中写道："韩厥之感晋景公，绍赵孤之子武，以成程婴、公孙杵臼之义，此天下之阴德也。韩氏之功，于晋未睹其大者也。然与赵、魏终为诸侯十余世，宜乎哉！"厥公的声誉地位及积下的阴德，遗惠后裔十余代，晋国三分，韩氏有其一，终为战国七雄，韩氏后人尊厥公为战国时期韩国的奠基先祖。

（二）州

州，位于今河南省沁阳市东南 40 公里处，古温国十二邑之一，亦称州邑、州县。

《史记·韩世家》记载："献子卒，子宣子代，宣子徙居州。"

《韩文公门谱》记载："起，韩宣子，晋六卿之首，徙居州。"

晋景公十一年，晋国设六卿执政，韩厥在一卿之位，即六卿之首。晋悼公十七年，韩厥去世，其子韩起袭六卿之首。郑简公三十一年（公元前 535 年），郑国卿大夫公孙段去世，公孙段生前曾得到晋国国君赠予的州邑之地，公孙段去世后，其儿子丰施认为自己不能享用先父之禄，恰遇郑国执政卿子产出使晋国，丰施拜托子产将州邑之地归还给晋国。韩宣子时任执政卿，子产便将州邑之地还给韩宣子，韩宣子接收州地后，立即向晋国国君作了汇报。晋国国君当即将州地转赠给韩宣子，韩宣子遂率家族徙居州地。

州邑为愈公先祖第二个祖籍地望。

（三）平阳

平阳，古县名，位于今山西省临汾市鼓楼西南约 10 公里处金殿镇。

《史记·韩世家》记载："宣子卒，子贞子代立。贞子徙居平阳。"

《韩文公门谱》记载："须，晋六卿之首，徙居平阳，谥韩贞子。"

平阳之地原属赵氏，公元前514年，韩贞子看中平阳，用马首（山西省寿阳）与赵氏做交换，换来平阳之地。公元前497年，韩贞子正式定都并迁徙平阳。

平阳的地理位置非常优越，以临汾为界，东边是太岳山，西边是吕梁山，汾河由北至南，穿临汾南下，最后汇入黄河。韩国初建国时，沿用韩氏根据地平阳为都城。平阳有山有水、环境优美、物产丰富，盛产棉、麦，素有"膏腴之地"美誉。汾河谷地是韩国控制区域内农业较为发达的地区，韩国的钱粮所出，多源于此。定都平阳，对韩国的发展非常有利。另外，当时晋国尚存，晋国都在新绛（今山西省运城市新绛县），平阳就在新绛以北不远，方便韩国参与晋国复杂的权力斗争。

韩贞子徙居平阳后，后世世次依序是：不佞（信）·简子—庚·庄子—虎·康子。

（四）宜阳

宜阳，古今县名，位于今河南省洛阳市西南宜阳县。

《史记·韩世家》记载："康子与赵襄子、魏桓子共败知（智）伯，分其地，地益大，大于诸侯。康子卒，子武子代。武子二年，伐郑，杀其君幽公。"

《韩文公门谱》记载："启章……徙都宜阳，韩武子。"

韩、赵、魏三家共败智伯，分其地之后，三家实力增强，都产生了进取中原的想法。但三家都发现各自的都城远离中原地区，于是，三家开始将都城向东、向南迁徙。

韩国的国力远不如赵、魏，无力量与赵、魏争夺地盘，只能根据自身实际向中原中部进军，目标是蚕食郑国，割占地盘，最终灭掉郑国。要实现目标，第一步就是要向东南迁都，靠近郑国，便于攻郑。宜阳正好处在平阳与郑国国都新郑的中间，位置理想，于是，韩国将国都迁到宜阳，靠近郑国，寻机占领郑国。

韩武子启章即位第二年，即着手进攻郑国，杀死了郑国国君幽公。

（五）阳翟

阳翟，古地名，位于今河南省禹州市。

《史记·韩世家》记载："十六年，武子卒，子景侯立。景侯虔元年（公元前408年），伐郑，取雍丘。二年，郑败我负黍。六年（公元前403年），与赵、魏俱得列为诸侯……景侯卒，子列侯取立……列侯卒，子文侯立……文侯二年，伐郑，取阳城。"

《韩文公门谱》记载："虔，周威烈王封诸侯，徙都阳翟，韩景侯。""取，战国七雄，韩列（武）侯。""猷，战国七雄，韩文侯。"

韩国徙都宜阳后，不断对郑国用兵，并多次取胜。为实现吞并郑国的目标，韩国统治集团觉得宜阳不适合再作国都，而阳翟位于宜阳与郑国都城新郑之间，颍水中流，很适合作新都城，于是，在韩景侯元年（公元前408年），韩国迁都阳翟。迁都阳翟，标志着韩国对郑国已取得战略上的巨大优势。景侯元年，韩国伐郑，夺取雍丘（今河南省开封市杞县）。

景侯六年（公元前403年），周威烈王正式认定韩、赵、魏三家为诸侯国，韩虔正式列为诸侯。景侯韩虔之后世次依序为：列侯·取—文侯·猷。

（六）新郑

新郑，古今地名，位于今河南省新郑市。

《史记·韩世家》记载："文侯卒，子哀侯立。哀侯元年，与赵、魏分晋国。二年，灭郑，因徙都郑。"

《韩文公门谱》记载："韩哀侯，战国七雄，徙都新郑。"

公元前453年，韩、赵、魏三家灭掉智氏后，正式拉开了"三家分晋"的序幕。此时，韩、赵、魏三家名义上仍是晋卿，实际上已经是三个互不归属的政权。至于晋的公室政权，实际上已名存实亡，晋国国君完全沦为三卿控制下的傀儡。

公元前403年，周威烈王正式封韩虔、赵籍、魏斯为诸侯，各自建立诸侯国，地位与晋国相同，晋国国君还须小心翼翼地依附韩、赵、魏三国。

韩哀侯二年（公元前375年），韩、赵、魏三家彻底分晋，晋国灭亡。

韩哀侯二年（公元前375年），韩国举兵攻克郑国国都新郑。随后迁都新郑。韩灭郑之战，是战国时期一次重大的兼并战争，韩国按照既定方针，坚持不懈，经过几代国君的努力，终于消灭了具有悠久历史的郑国。韩国在兼并郑国后，国力迅速上升，成为战国七雄之一。

韩、赵、魏三国，韩国疆域最小且缺少平原地带。韩国疆域大致分为南北两个部分，即黄河以北地区和黄河以南地区。黄河以北和黄河以南均山川纵横，活动空间受限，难以施展。新郑地处平原，东出新郑不远是魏国地界，在新郑屯兵，东可以阻止魏兵西进，西则远离强秦，一旦遭秦国侵略，可以与魏国联手，抱团取暖，共同抗秦。因此，徙都新郑是一个很好的选择。

韩哀侯之后，韩国的主政国君依次是：若山·懿侯—武·昭侯—康·宣惠王—仓·襄王—咎·厘王—然·桓惠王—安·韩王。

韩愈直系先祖韩虮虱因与其弟韩咎争夺王位失败匿民间，韩虮虱之子韩文亦匿民间，韩文之子韩信（非淮阴侯韩信）被刘邦封韩王，史称韩王信。

二、秦汉魏晋时期祖籍地望

秦汉魏晋时期愈公先祖居地郡望包括颍川郡、南阳郡、安定郡。

（一）颍川郡

颍川郡，战国韩国故地，秦王嬴政十七年（公元前 230 年）置，位于今河南省许昌市、平顶山市及周边地区。

《史记·韩世家》记载："九年，秦虏王安，尽入其地，为颍川郡，韩遂亡。"

《史记·韩信卢绾列传第三十三》记载："韩王信者，故韩襄王孽孙也……汉二年，韩信略定韩十余城……昌降，汉王乃立韩信为韩王……五年春，遂与剖符为韩王，王颍川。"

在秦始皇统一六国的过程中，因韩国最弱，离秦国最近，挡住了秦国经由函谷关东进的道路，故第一个被秦国所灭。秦灭韩，在韩国之地置颍川郡。

秦统一六国，建立大秦帝国，但也招致六国遗民的反抗。在反秦斗争中，韩王信追随刘邦，屡建战功，刘邦先拜韩王信为韩太尉，许韩王，汉二年，立韩信为韩王，史称韩王信。汉五年，剖符节与韩王信，王颍川。

韩王信封韩王，王颍川，标志着韩国复国成功。但一年后，刘邦又让韩王信王太原，韩国又变成了颍川郡。韩王信王颍川，是为颍川系韩氏始祖，颍川郡成为韩王信后裔第一个引以为豪的著名郡望。

韩王信后裔著籍颍川者（直系单线连接）依次为颀当—孺—说—兴（长君）—增—骞。西汉末年，韩骞避王莽乱，徙居南阳郡堵阳县。

（二）南阳郡

南阳郡，秦置，位于今河南省南阳市及周边地区。

愈公先祖占籍南阳郡堵阳、红阳庙街两地。

1. 堵阳

堵阳，古县名，位于今河南省方城县东部一带。

《史记·韩信卢绾列传第三十三》记载："汉封颓当为弓高侯……弓高侯功冠诸将。传子至孙，孙无子，失侯……颓当孽孙韩嫣……其弟说……卒为案道侯……说孙曾（增）拜为龙额侯，续说后。"

《韩氏英贤列传》记载："骞，河南尹，增之子，避乱徙南阳堵阳，子勋。"

《世界韩氏总谱》记载："（增子）宝、骞；（骞子）勋、良彦；（勋子）容；（容子）寻；（寻子）棱。"

韩骞公系增公次子，韩宝（袭爵龙额侯，无子，国除）之弟，官河南尹，因避王莽政乱徙居南阳郡堵阳县，为南阳系韩氏始祖。韩骞公生二子：勋、良彦。勋公子容，容子寻。

2. 庙街

庙街，古地名，位于今舞钢市庙街乡，韩棱故里。

"百度"网载《舞钢人来看看历史上你是哪个国家的》一文（2020 年 3 月 24 日），文中讲述："西汉成帝河平二年（公元前 27 年）封王立为红阳侯，红阳县属南阳郡。故城在今（舞钢市）庙街乡红石崖一带。辖庙街乡、八台镇及叶县东部邻近地区。新莽元始四年（公元 4 年）王柱嗣封红阳侯，后王莽败，国绝。"

"百度"网载舞钢市历史沿革："秦置柏亭（县），汉代分属汝南郡西平县、南阳郡舞阴县。北魏时为西舞阳，隋为北舞阳，唐开元四年（公元 716 年）为舞阳县。"

查舞钢市历史沿革可知，在汉代，舞钢市庙街乡非舞阳县管辖。东汉韩寻家居庙街大韩庄，此地在西汉末年属南阳郡红阳县管辖，东汉初此地为南阳郡舞阴县辖境。韩寻一族著籍庙街，当为南阳郡人。韩骞著籍南阳郡堵阳县，韩骞之后韩寻家族居南阳郡庙街，堵阳县与庙街相距十几公里。韩寻并非舞阳人。之所以史称韩寻、韩棱（韩寻之子）为舞阳人，是因为北魏时期庙街大韩庄隶属西舞阳，隋代隶属北舞阳，唐代开元四年后隶属舞阳县，而舞阳县隶属颍川郡，故人们习惯称韩寻、韩棱为颍川郡舞阳县人。

《唐书·宰相世系表》记载："弓高侯颓当裔孙寻，后汉陇西太守，世居颍川，生司空棱，字伯师，其后徙安定武安（应为安武）。"

《后汉书·韩棱传》记载："韩棱，字伯师，颍川舞阳人，弓高侯颓当之后也。"

《韩文公门谱》记载："寻，字伯齐，拜光禄大夫，陇西太守。棱，字伯师，拜司空，徙居安定郡安武县。"

从韩棱生平经历来看，韩棱徙居安定郡安武县的可能性不大，《唐书·宰相世系表》讲韩棱"其后徙安定武安（安武）"，当指韩棱的后裔徙居安定郡安武县，非指韩棱后来徙居安定郡安武县。

因史界称韩寻、韩棱为颍川郡舞阳县人，故韩棱的儿子韩辅、韩辅的儿子韩演亦被称为颍川舞阳人。

（三）安定郡

安定郡，古代区划名。西汉元鼎三年（公元前114年），析北地郡置安定郡，辖12县。东汉时辖临泾、彭阳、泾阳、祖历、乌支（乌氏更名）、阴盘、朝那7县，郡治临泾县（今甘肃省镇原县南）。三国魏晋时安定郡领安武、临泾、乌氏（乌支复名）、阴密、鹑觚、西川、都卢7县，郡治迁安定县（今泾川县北）。

据《唐书·宰相世系表》记载，韩棱公后裔"徙安定武安（安武）"，安定郡安武县是为愈公先祖又一祖籍地。

韩棱之子韩辅，拜赵王相；韩辅之子韩演，拜司徒；韩演之子韩昭，拜太仆卿。韩昭二子：长韩福，拜御史中丞，次韩术，拜河东太守。韩福之子韩金，拜三国魏临泾县主簿；韩金之子韩海，拜安定郡主簿；韩海之子韩松，拜临泾县录事史；韩松之子韩燧，拜乌氏县贼捕掾；韩燧之子韩坤，不仕；韩坤之子韩耆，拜胡夏国将军（时安定郡隶属夏国）。

据《韩文公门谱》记载，韩棱后裔韩金—韩海—韩松—韩燧—韩坤—韩耆六代人著籍安定郡，然始迁祖是否为韩金尚难确定，有待考证。

三、北魏隋唐时期祖籍地望

北魏隋唐时期愈公先祖占籍地望包括常山郡九门县、南昌黎郡（定州中山郡英雄城）、北修武县安阳城、西修武县南阳城。

（一）常山郡九门县

常山郡，古代行政区划名称，辖域历代有变化，但一般以今河北省石家庄市附近为中心，治所元氏县。后治所多次更改，最后迁治今河北省正定县。

《魏书·列传第三十九·韩茂传》记载："韩茂，字元兴，安定安武人也。父耆，字黄耇，永兴中自赫连屈丐来降，拜绥远将军，迁龙骧将军、常山太守，假安武侯，仍（乃）居常山之九门。卒，赠泾州刺史，谥曰成侯。茂年十七，膂力过人……进爵安定公，加平南将军……以茂为侍中、尚书左仆射……太安二年夏，领太子少师。冬卒，赠泾州刺史、安定王，谥曰桓王。长子备，字延德……备弟均，字天德……兄备卒，无子，均袭爵安定公、征南大将军……延兴五年卒，谥曰康公。子宝石袭爵。均弟天生……"

韩耆公原籍泾州安定郡安武县，赫连勃勃（一名赫连屈丐）攻占泾州等地，建立大夏国（史称胡夏国），耆公在胡夏国任将军之职。当时北魏与胡夏国并存且敌对，北魏政权军政要员多来自关陇地区，来自关陇地区的将士身份高贵、待遇优厚；而赫连勃勃凶残蛮横，不能善待将士下属。故耆公率部脱离胡夏国赫连勃勃，投奔北魏，北魏封耆公为绥远将军，迁龙骧将军、常山太守。耆公任常山太守时，落户常山郡九门县（常山郡郡治所在地，今河北省藁城市九门乡）。耆公是为常山九门始迁祖。

耆公乃武将出身，其后子孙四代，男丁俱为将官，可谓武将世家。据《韩文公门谱》记载：韩耆之子韩茂，拜冠军将军、征南大将军。韩茂三子：长子韩备，拜宁西将军、征南大将军；次子韩均，拜宁朔将军、征南大将军；三子韩天生，拜平北将军、沃野镇将。韩均四子：长子韩宝石，拜冠军将军，加散骑常侍；次子韩宝玉，拜虎贲中郎将；三子韩宝山，拜宁西将军；四子韩宝璧，拜司卫监。韩宝山四子：长子韩锋，拜内侍长；次子韩钏，拜内厩令；三子韩镶，拜平北将军；四子韩锦，拜扬烈将军。因《韩文公门谱》采用直系连接形式续谱，韩天生、韩宝石、韩宝玉、韩宝璧、韩锋、韩钏、韩锦的后裔均未入谱，官职不详。耆公虽以常山郡九门为居地，但其子孙并非皆居常山郡九门县，而是长年在外带兵为官，或镇守边关，或为官州郡，或南征北战，多分居在常山九门之外。

（二）南昌黎郡

昌黎郡，古郡名。历史上昌黎郡治多次移动，有本土昌黎郡，有侨置昌黎郡，虽名同而地异。

查"百度百科"的"昌黎郡"："是三国至隋朝时期在今辽西地区设置的郡。三国魏始置昌黎郡，隋开皇三年最后废除，其间郡治多次移动。三国魏改辽东属国置，属幽州。治所在昌黎县（今辽宁省锦州市义县）。包括今天辽宁省锦州市、阜新市和朝阳市等地。西晋昌黎郡属平州。晋十六国太元五年（公元380 年），前秦灭前燕，郡治迁龙城（今辽宁省朝阳市），属营州。前秦还为平州治。后燕属平州。北燕都昌黎郡。北魏改为营州治。北齐废。北魏永兴中侨置，属南营州。寄治英雄城（今保定市徐水区西遂城）。隋开皇三年废。"

从"百度百科"的介绍中可知，昌黎郡三国魏初置，延续至北齐废。北魏末期因昌黎郡失陷，永兴中侨置英雄城，隋开皇三年侨置昌黎郡废除。为方便叙述这里将在辽宁本土的昌黎郡称为"北昌黎郡"，把侨置在河北定州英雄城的昌黎郡称为"南昌黎郡"。

侨置，是指古代政权在战争状态下，政府对沦陷地区迁出的移民进行异地安置，为其重建州、郡、县，仍用其旧名。北魏政权于永兴中（公元 532 年）将沦陷的营州侨置在英雄城，史称"南营州"。南营州辖原属 5 郡 11 县，5 郡分别为昌黎郡、辽东郡、建德郡、营丘郡、乐良郡。南昌黎郡辖龙城县、广兴县、定荒县。

英雄城北魏时期属中山郡，中山郡隶属定州。定州辖 5 郡 24 县，治卢奴县（今河北省定州城），5 郡分别为中山郡、常山郡、巨鹿郡、博陵郡、北平郡。中山郡秦时属常山郡，汉景帝三年（公元前 154 年），分常山郡东部置中山国、治所在卢奴县，后改为郡。中山郡与常山郡相毗邻，中山郡治和定州州治曾同在卢奴县。

《元和郡县志·卷 18·遂城县》："后魏孝武帝永熙二年，以韩瓒为营州刺史，行达此城，值卢曹构逆（叛乱），就置南营州，以瓒为刺史。所部三千余人，并雄武冠时，因号英雄城。"《畿辅通志》记载："北魏营州（约今辽宁省海城一带）失陷，乃迁营州侨置于遂城，孝武以韩瓒为营州刺史，时行达此城。值卢曹构逆，就该城置南营州，以瓒为刺史，所部三千余人，雄武冠时，为此该城号英都城。"

英雄城侨置了南昌黎郡，英雄城隶属定州，那么，侨置英雄城的南营州、南昌黎郡此时是在定州辖境内，定州常山郡与英雄城毗邻，愈公的十世祖韩耆定居常山郡，愈公的八世祖韩均任定州刺史，州治在卢奴县，其家族成员分居在定州各处，这就会出现愈公先祖有居住在定州英雄城南昌黎郡区域内的情况。愈公生前常自称"昌黎韩愈"；愈公的侄女婿李翱在《韩文公行状》中写道"公韩愈，字退之，昌黎人"；《旧唐书·韩愈传》载："韩愈，字退之，昌黎人。"愈公自称昌黎人，行状和史书亦称昌黎人，这里所讲的昌黎当指侨置定州的南昌黎郡，定州英雄城侨置昌黎郡内当有愈公的先祖居住。而最有可能的有二人：一个是愈公六世祖韩镶。韩镶为北魏末期平北将军，当时北魏的都城在洛阳，平北将军驻守北方遂城县（后更名英雄城）当有可能，韩镶住地侨置了南昌黎郡，韩镶成为昌黎人合乎情理。二是南营州刺史韩瓒。韩瓒当为愈公同支近门系七世祖。南营州、南昌黎侨置英雄城，韩瓒作为南营州刺史，居住在南昌黎区域内顺理成章。愈公八世祖韩均四个儿子，分别是宝石、宝玉、宝山、宝璧，名字都与玉和石有关，而韩瓒的瓒字是"王"字旁，王字旁又称斜玉旁，斜玉旁的字和玉石有关，在汉字结构里面又被叫作"玉补"。韩瓒不是韩均的儿子，当为韩均之弟韩天生的儿子，是韩宝石、韩宝玉、韩宝山、韩宝璧同辈堂兄弟。韩瓒若是愈公近门七世祖，韩瓒居住南昌黎郡，韩愈自称昌黎人是有据可依的。

南昌黎郡，是为愈公先祖又一祖居地。

（三）北修武安阳城韩庄

北修武，古县名。北魏孝昌二年（公元526年），析修武县为南修武县和北修武县，北修武县县治在浊鹿城（又称清阳城），浊鹿城位于今修武县北李固村南。北齐天保七年（公元556年）废。

安阳城，古城名，北魏孝昌二年至北齐天保七年属北修武县辖地，位于今焦作市马村区安阳城村。

韩庄，古村名，位于今修武县北三十里许。明嘉靖三十七年（公元1558年）《河南通志·卷44·辨疑》载：韩愈本修武人，"修武县东北三十里曰南阳县，韩文公愈之故里也。居人呼其地曰韩庄，又曰韩村，愈自上世居此。"韩庄在安阳城一带，安阳城附近韩陵有韩愈祖茔、韩愈墓。

《韩文公门谱》记载："四十四世宝山子三镶，字文远，拜平北将军，神龟元年政乱，隐居北修武县安阳城。"

镶公因北魏政乱，自河北定州徙居北修武县安阳城。北魏政乱，发生在正光五年（公元524年），北方六个重要军镇的军民发动起义，关陇、河北各族人民纷纷起兵响应，其中一部分起义军持续坚持到永安二年（公元529年）。在北方动乱的背景下，任职平北将军的韩镶公是参加了起义，还是参与了镇压起义不得而知，按《韩文公门谱》的记述，是避乱徙居北修武县安阳城。北修武县始置于北魏孝昌二年（公元526年），镶公当在孝昌二年北修武县置县后徙居安阳城韩庄，《韩文公门谱》记载镶公"神龟元年（公元518年）政乱，隐居北修武县安阳城"，时间上是有误的。南昌黎郡于北魏永熙二年（公元533年）侨置英雄城（此前称遂城县），韩镶徙居安阳城韩庄前若居住英雄城南昌黎郡的话，当在永熙二年之后徙居北修武县安阳城韩庄。

北修武县安阳城韩庄是为修武县愈公家族第一个祖居地。

（四）修武县南阳城

南阳城，始建于周襄王十七年（公元前635年），周襄王因晋文公勤王有功，将阳樊、温、原、攒茅四邑赠予晋文公，晋文公合四邑之土田命名南阳，建南阳城于今修武县境内。东魏天平年间（公元534—537年），在南、北修武县的西边新置西修武县，以南阳城为县城。北齐天保七年（公元556年），将山阳县、南修武县、北修武县合并到西修武县，统称修武县，县名沿用至今。

《韩文公门谱》记载："四十五世，镶子长杰，字景魁，拜修武县尉，隋大业八年世乱，隐居修武县南阳城东关。"

杰公徙居南阳城后，南阳城为修武愈公家族第二个祖居地。杰公后裔著籍南阳者依次为（直系单联）晙—仁泰—睿素—仲卿。

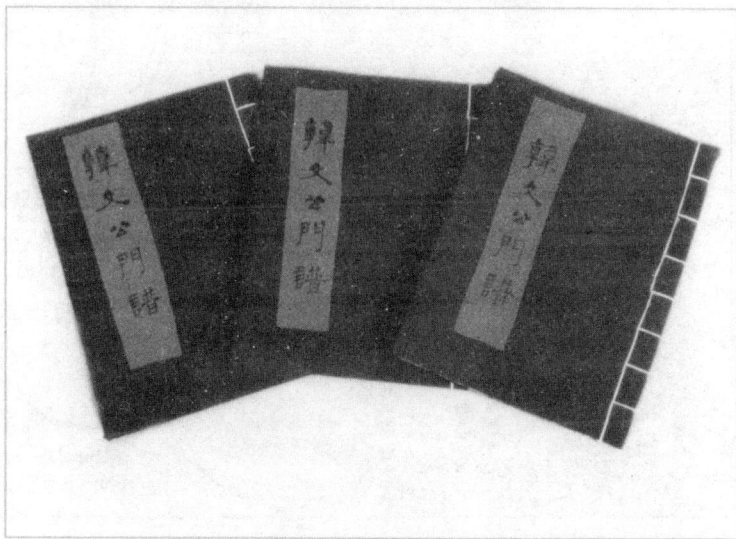

图1 修武县续修千年的韩文公门谱

来源：修武县政协提案文史委员会，修武县历史文化研究会. 韩愈故里在修武 ［M］. 郑州：中州古籍出版社，2008：附图.

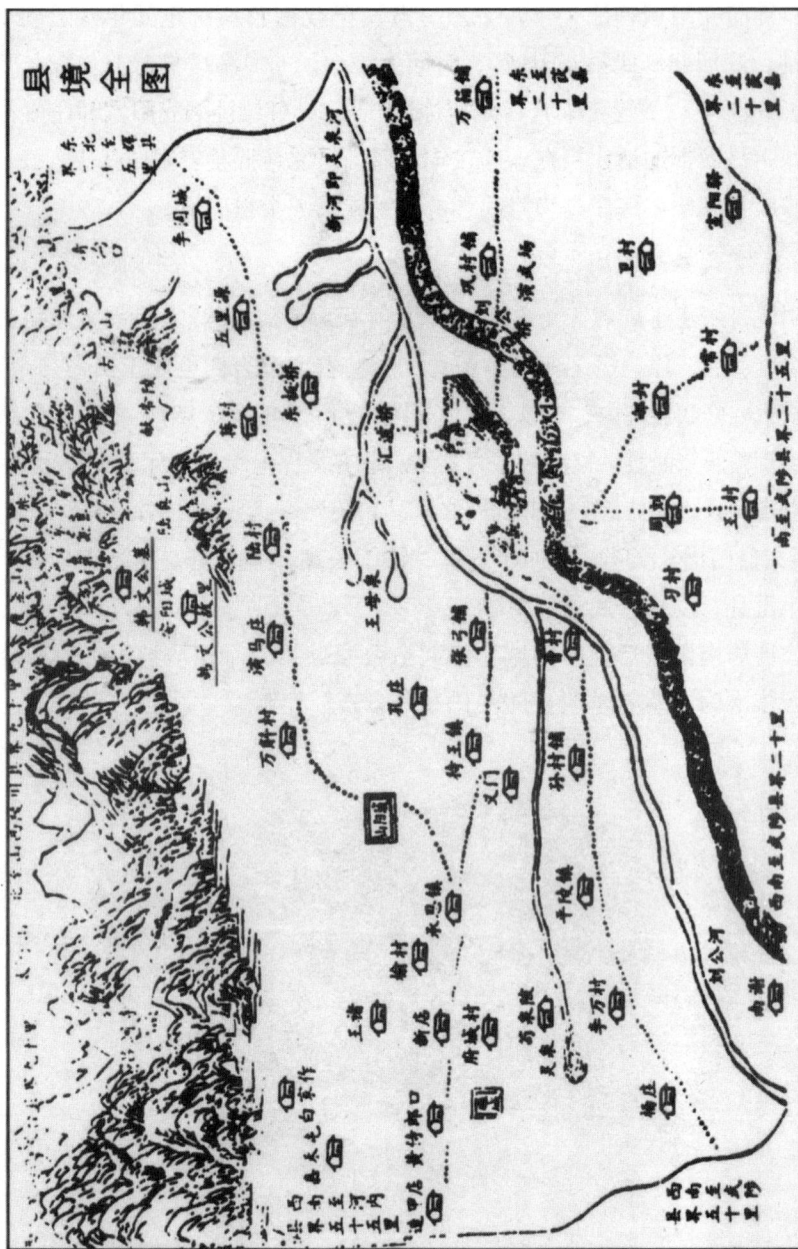

图2 清道光"修武县志"描绘的韩文公故里与韩文公墓位置图

来源：修武县政协提案文史委员会，修武县历史文化研究会. 韩愈故里在修武 [M].
郑州：中州古籍出版社，2008：附图.

清道光《修武县志》刊载县境全图，图中安阳城下注"韩文公故里"。

韩愈与南、北南阳之关联

今河南省历史上有两个南阳，一个在河南省的南部，史称邓州南阳或古宛南阳，位于今南阳市一带；一个在河南省的北部，史称晋启南阳或修武南阳，位于今修武县一带。本文简称古宛南阳或邓州南阳为南南阳，晋启南阳或修武南阳为北南阳。南南阳与北南阳因韩愈故里之争论而闻名于史学界。

韩愈故里南、北南阳之争论源于宋仁宗嘉祐五年（公元 1060 年）由宋祁、欧阳修等编撰《新唐书》面世而起。《新唐书》面世前，《旧唐书》称韩愈是昌黎人，但学界普遍认为昌黎是韩氏著名郡望。而《新唐书》编著者以李白在《武昌宰韩君去思颂碑（并序）》中讲"君名仲卿，南阳人也"为据而认定韩仲卿是南阳人，其儿子韩愈自然是南阳人。又因为邓州南阳是韩愈远代先祖定居的地方，故又在南阳之前加"邓州"二字。由此引发了韩愈是南南阳人还是北南阳人的争论，一直持续到南宋。南宋著名理学家、思想家、哲学家、教育家朱熹经考证认定："……然南阳之为河内修武，则无可疑者。"韩愈故里南、北南阳之争由此沉寂，修武南阳说遂成为主流观点。

其实，南南阳与北南阳的韩氏，在血缘关系、世系传承和先祖占籍居地方面，都与韩愈有关联，否则就不会出现争论。本文试就南、北南阳与韩愈的关联还原一下历史史实。

一、唐、宋时南南阳隶属邓州管辖

南南阳，古称宛。夏朝初，禹把今南阳市境内的邓州作为都城。周朝时，南南阳境内有申、邓、谢等诸侯国。春秋时设宛邑，为楚国属地。秦设南阳郡治宛城。西汉时，南阳郡归荆州部。东汉时，南阳郡仍属荆州部，定宛城为陪都，称"南都"。三国时南阳郡为魏国属地，隶属荆州。晋时南阳称南阳国，定都宛城。东晋南北朝仍为南阳郡。隋文帝"罢天下诸郡"，将州、郡、县三级制改为州县二级制；隋炀帝大举并省州县，且改州为郡，南阳仍称郡。唐承隋制后，又改郡为州，南阳郡分为邓、唐二州。宋朝时南阳郡归京西路管辖，仍设邓、唐二州，州下设县，邓州辖襄樊、南阳、内乡、淅川、顺阳五县，唐州辖泌阳、湖阳、桐柏、方城四县。唐、宋时，南南阳属邓州管辖，故称邓州南阳。

二、韩愈的先祖是邓州南阳人

韩愈系战国时韩国韩襄王的后裔。秦始皇灭掉韩国后，于公元前230年以韩国之地设颍川郡，治所在阳翟（今河南省禹州市）。韩愈的先祖韩王信因追随刘邦屡立战功，被刘邦封为韩王，王颍川。韩王信的儿子韩颓当，汉文帝时自匈奴归汉被赐封弓高侯。汉景帝三年（公元前154年），爆发吴楚七国之乱，韩颓当率军与周亚夫一起平定七国之乱，还写信劝降胶西王刘印，功冠诸将。由于韩颓当从匈奴归汉，而且功勋卓著，所以在《韩氏山南谱》等韩氏族谱中，被尊为韩氏颍川系始祖。

自韩颓当至韩愈，世系传承计三十世：一世韩颓当，二世韩孺，三世韩说，四世韩长君（兴），五世韩增，六世韩骞，七世韩勋，八世韩容（渊），九世韩寻，十世韩棱，十一世韩辅，十二世韩演，十三世韩昭，十四世韩福，十五世韩金，十六世韩海，十七世韩松，十八世韩燧，十九世韩坤，二十世韩耆，二十一世韩茂，二十二世韩均，二十三世韩宝山，二十四世韩镶，二十五世韩杰，二十六世韩晙，二十七世韩仁泰，二十八世韩睿素，二十九世韩仲卿，三十世韩愈。

《羊山韩氏宗谱》有"颍川八世"之说，一世韩颓当，二世韩孺，三世韩说，四世韩长君（兴），五世韩增，六世韩骞，七世韩勋，八世韩渊（容）。按"颍川八世"说，韩骞、韩勋、韩渊（容）均为颍川系韩氏。

《唐书·宰相世系表》载："颓当生孺。孺生案道侯说。说生长君。长君生龙额侯增。增生河南尹骞，避王莽乱，居赭阳。"《旧唐书》将堵阳写为赭阳，赭阳即堵阳，现河南省南阳市方城县东南一带。堵阳汉朝时归属南阳郡。

《韩氏英贤列传》载："骞，河南尹，增之子，避乱徙南阳堵阳，子勋。"

西汉末年，韩骞为避王莽政乱自颍川举族徙居南阳堵阳，其后裔居住南阳，人才辈出，南阳遂成为继颍川之后韩氏的又一著名郡望。韩骞原为颍川六世，徙居南阳后，被尊奉为南阳系始祖。韩骞是韩愈上二十四世祖，韩骞徙居南阳郡，故南南阳是为韩愈先世祖居地。

三、修武县史称"晋启南阳"

北南阳即修武南阳，史称晋启南阳。晋启南阳始于春秋末年，《左传·僖公二十五年》记载："晋侯（晋文公）朝王，王飨醴，命之宥。请遂，弗许，曰：'王章也。未有代德而有二王，亦叔父之所恶也。'与之阳樊、温、原、攒茅之田，晋于是始启南阳。"魏晋大学者杜预作注曰："晋于是始开南阳之疆土，四邑在晋山南河北，故曰'南阳'。"

晋启南阳初始只有阳樊、温、原、攒茅之田，其中攒茅在今修武县境内。为有利于管控，晋国在今修武县境内新建了南阳城，以为晋启南阳治所。随着晋国的崛起，南阳之地逐渐扩展，最大时囊括了后置河内郡全域。东汉经学家马融曰："晋地自朝歌北至中山为东阳，朝歌以南至轵为南阳。"此时的南阳包括今新乡市获嘉县和焦作市六县四区及济源市全部辖境。后因诸侯国互相兼并，战争频仍，古南阳之地你争我夺，四分五裂，不断易主，仅留下南阳城固守着南阳名号，演变为"晋启南阳"的代称。又因南阳城在修武境内，后成为修武县城，南阳演变为专指修武县，人们说修武即指南阳，说南阳就是说修武，故有修武南阳之称。

《战国策·卷六》"苏秦从燕之赵"章载："说赵王曰：'夫秦下轵道，则南阳动。'"南宋大学士鲍彪在《战国策注》中注释："修武者。"

《史记·白起传》载："（昭王）四十四年，白起攻南阳太行道，绝之。"东晋秘书监、著名大学者徐广注："此南阳，河内修武是也。"

《汉书·地理志》修武条下，应劭注曰："晋始启南阳，今南阳城是也，秦改曰修武。"

《水经注》载："修武，故宁也，亦曰南阳。"

北宋史学家刘原父在其所著的《春秋传》中讲："修武有古南阳城，盖南阳其统名，而修武则魏之南阳邑也。"

清代学者沈钦韩在《春秋左传地名补注》中注曰："（南阳城）盖南阳总指河内之地而一城偶袭其号也。"

四、韩愈六世祖定居修武南阳

修武韩愈后裔编修的《韩文公门谱》已流传一千二百多年，三十年一续修。《韩文公门谱》分三卷，分别是"人丁卷""序言卷""札记卷"。

《韩文公门谱》"人丁卷"记载："四十五世宝山子三镶，字文远，拜平北将军，后魏神龟元年政乱隐居北修武县安阳城。四十六世镶子长杰，字景魁，拜修武县尉，隋大业八年世乱隐居修武南阳城东关。"韩镶是韩愈六世祖，北魏末年隐居北修武县安阳城韩庄，安阳城韩庄是韩愈家族第一个徙居地，韩镶是为修武韩氏始迁祖。韩杰为韩愈五世祖，由安阳城徙居修武县南阳城，南阳城是为韩愈家族第二处故里地。

"序言卷"收集了历次续谱谱序，这些序言记述了韩愈近祖定居南阳、是修武南阳人的史实。

唐大中十年（公元856年），时任修武县令杜其在续修《韩文公门谱》序言中写道："……修武韩氏巨族也！南阳韩氏望族也！且巨族中仕官累累也！科第相望也！青衿不少也！云卿公文词独行中朝，退之文公乃华夏硕彦，而称富饶者更多……"此序言写作时间离韩愈去世仅32年，是第一次续修《韩文公门谱》时所作的谱序。杜其在序言中点明修武和南阳是同一个地方，韩愈是修武南阳人。文中的云卿是韩愈的叔父。

唐光启三年（公元886年），韩愈三孙韩绲在第二次续修《韩文公门谱》的序言中讲："自茂公之曾孙镶公徙居南阳，已十有二世，创建门谱以镶公为祖，始建茔地葬韩陂。"此篇序言写作时间离韩愈离世只有62年，韩绲是韩愈的亲孙子，对韩愈里籍家事自是十分了解。

元至元二十一年（1284年），大学者许衡在序言中讲："……今修武韩氏，余孽子新联姻之岳氏也……自后魏徙居修武安阳城。隋末世乱，避乱又徙居南阳城，即今之修武县城。人才辈出，遂为望族，创建族谱，迄今七百五十有年矣！"

北宋神宗元丰七年（公元1084年）成书的《资治通鉴》，为中国古代最权威的通史之作，被誉为"史家之宝、文秘之绝"。《资治通鉴》记载："会（韩愈长兄），南阳人也。"

从上述《韩文公门谱》谱序和《资治通鉴》所载信息中可知，修武即指南阳，南阳亦指修武。从韩愈六世祖韩镶徙居修武始，韩愈家族都是修武南阳人，韩愈的祖茔在修武县韩陂。

五、韩愈是修武南阳人

通过有关史料分析，可以知晓韩愈与南、北南阳韩氏都有密切的血缘联系。南南阳是韩愈二十四世先祖韩骞定居的地方，而北南阳则是韩愈六世先辈定居的地方，南、北南阳都是韩愈先祖居住过的地方。但要确定韩愈故里在哪里，则需有一个确认标准。唐代对写行状有一个规定：行状（旧时死者家属叙述死者世系、籍贯、事迹的文章，多随讣文送亲友，官员者送一份给国史馆以便立传）只叙祖上三代。行状虽对认定故里无关，但其对世系、籍贯只叙上三代的要求可以比照参考，借此来进行故里认定。韩愈的父亲和长兄是修武南阳人，那么，韩愈自然是修武南阳人。

韩愈与南、北昌黎之关联

韩愈生前常自称"昌黎韩愈";韩愈的侄女婿李翱在《韩文公行状》中写道"公韩愈,字退之,昌黎人";韩愈的女婿李汉将韩愈的作品整理成书,定名为《昌黎先生集》;《旧唐书·韩愈传》载"韩愈,字退之,昌黎人";宋神宗于元丰七年追封韩愈为"昌黎伯"。由此可知,韩愈与昌黎韩氏是有密切联系的。笔者经查阅相关史书和谱牒,基本上明白了韩愈为什么自称"昌黎韩愈",厘清了韩愈与昌黎韩氏的族亲关系。

一、历史上的南、北昌黎郡

昌黎郡,古郡名。历史上昌黎郡治曾多次徙址,有本土昌黎郡,有侨置昌黎郡,虽名同而地异。"百度百科"网载:"(昌黎郡)是三国至隋朝时期在今辽西地区设置的郡。三国魏始置昌黎郡,隋开皇三年最后废除,其间郡治多次移动。三国魏改辽东属国置,属幽州,治所在昌黎县(今辽宁锦州市义县),包括今天辽宁省锦州市、阜新市和朝阳市等地。西晋昌黎郡属平州。晋十六国太元五年(公元 380 年)前秦灭前燕,郡治迁龙城(今辽宁省朝阳市),属营州。前秦还为平州治。后燕属平州。北燕都昌黎郡。北魏改为营州治。北齐废。北魏永兴中侨置,属南营州,寄治英雄城(今保定市徐水区西遂城)。隋开皇三年废。"从"百度百科"的介绍中可知,昌黎郡三国魏初置,隋开皇三年废除。其间,北魏永兴中昌黎郡侨置,寄治英雄城,直到隋开皇三年终废,侨置昌黎郡存在 50 年。

侨置,是指古代政权在战争状态下,政府对沦陷地区迁出的移民进行异地安置,为其重建州、郡、县,仍用其旧名。南营州侨置定州英雄城,辖原属 5 郡 11 县,5 郡分别是昌黎郡、辽东郡、建德郡、营丘郡、乐良郡。本文将设置于辽西地区的本土昌黎郡称之为北昌黎郡,将北魏孝武帝永兴中侨治于定州英雄城的南营州昌黎郡称之为南昌黎郡。

二、韩愈家族与南、北昌黎郡族亲世系对照表

表1　韩愈家族与南、北昌黎郡族亲世系对照表

	韩愈家族	韩凤家族	韩播家族	韩褒家族	韩麒麟家族
一世	韩王信	韩王信	韩王信	韩王信	韩王信
二世	韩颓当	韩颓当	韩颓当	韩颓当	韩颓当
三世	韩孺	韩孺	韩孺	韩孺	韩孺
四世	韩说	韩说	韩说	韩说	韩说
五世	韩兴（长君）	韩兴（长君）	韩兴（长君）	韩兴（长君）	韩兴（长君）
六世	韩增	韩增	韩增	韩增	韩增
七世	韩骞	韩骞	韩骞	韩骞	
八世	韩勋	韩勋	韩勋	韩勋	
九世	韩容	韩容	韩容	韩容	
十世	韩寻	韩寻	韩寻	韩寻	
十一世	韩棱	韩棱	韩棱	韩棱	
十二世	韩辅	韩辅	韩辅	韩辅	
十三世	韩演	韩演	韩演	韩演	
十四世	韩昭	韩昭	韩昭	韩昭	
十五世	韩福	韩术	韩术	韩术	
十六世	韩金	韩纯	韩纯	韩纯	
十七世	韩海	韩暨	韩暨	韩暨	
十八世	韩松	韩晏	韩晏	韩肇	
十九世	韩燧	韩安之	韩安之	韩邦	
二十世	韩坤	韩恬	韩恬	韩嗣保	
廿一世	韩耆	韩都	韩偓	韩延之	

	韩愈家族	韩凤家族	韩播家族	韩褒家族	韩麒麟家族
廿二世	韩 茂	韩 贤	韩 颍	韩 斤	
廿三世	韩 均	韩 裔	韩 播	韩 瑰	
廿四世	韩宝山	韩 凤		韩 演	
廿五世	韩 镶			韩 褒	
廿六世	韩 杰				
廿七世	韩 晙				

三、韩愈与北昌黎郡韩氏族亲的关联

北昌黎郡韩氏在南北朝时期位高权重，是名门望族，比较出名的有韩麒麟家族、韩播家族、韩褒家族、韩秀家族、韩凤家族等。韩麒麟家族、韩播家族、韩褒家族、韩凤家族与韩愈家族同根同源，系近支族亲。

（一）韩愈与韩麒麟家族的关系

《北史·列传·第二十八卷》载：“韩麒麟，汉大司马韩增之后。”韩麒麟生于公元 433 年，卒于公元 488 年，南北朝时北魏官员、将军，昌黎棘城人（今辽宁省义县）。历任冀州刺史、齐州刺史、冠军将军等职，卒后赠散骑常侍、燕郡公。

韩瑚，韩麒麟父亲，历任北魏秀容、平原二郡太守。

韩兴宗，字茂先，韩麒麟长子，历任秘书郎、参著作事、秘书中散，卒于太和十四年（公元 490 年），赠宁远将军、渔阳太守。生二子：韩子熙、韩仲穆。

韩显宗，字茂亲，韩麒麟次子。北魏太和初年（公元 477 年），任著作郎。孝文帝南征，兼任中书侍郎，后任右军府长史、征虏将军、统军等职。生一子：韩伯华。

韩麒麟先祖韩增系韩王信之后，在韩氏谱系中称颍川系。颍川系本应尊韩王信为始祖，盖因韩王信叛汉投奔匈奴，其次子韩颓当自匈奴返汉后功冠诸将被封为弓高侯，故后世尊韩颓当为颍川系始祖。颍川系一世韩颓当，二世韩孺，三世韩说，四世韩兴（长君），五世韩增，六世韩骞，七世韩勋，八

世韩容，九世韩寻，十世韩棱。

在颍川世系中，韩麒麟可能是韩勋之弟韩良彦或韩棱兄长韩模、韩校某一人的后裔。韩棱是韩愈的直系先祖，有完整的世系连接史料，韩麒麟不是韩棱的后裔。由于年代久远，史料缺失，有关韩麒麟家族的世次连接有待挖掘考证，暂无法确定。

韩愈是韩增二十六世，韩麒麟是韩增后裔，韩愈与韩麒麟是同宗共祖的族亲关系。

（二）韩愈与韩播家族的关系

韩播本人在史书上无传，但多数韩氏族谱把他尊为昌黎系始祖，且后裔在唐、宋时期出将为相，大放异彩。有关韩播家族的世系世次，见之于不少史书和韩氏谱牒。

《新唐书·宰相世系表》载："弓高侯颓当裔孙寻，后汉陇西太守，世居颍川，生司空棱，字伯师，其后徙安定武安（应为安武）。"

《古今图书集成·氏族典》载："按后汉书韩棱传……父寻……子辅孙演。"

《韩氏六修族谱》载："三十四世韩演，三十五世韩昭（昌黎韩口、南阳韩口），三十六世韩福（韩术）。"

《黄陂枫梓山、大别山、麻城圭峰山、澧县韩氏忠祖以上世系》谱载："三十二世韩棱；三十三世韩辅；三十四世韩演；三十五世韩昭；三十六世韩福（韩术），括号内为旁系祖。"

《韩氏英贤列传》载："韩术（同述），骞公九世孙，河东太守，后徙居昌黎，为昌黎始祖。"

《新唐书·宰相世系表》载："九世孙河东太守术，生河东太守纯。纯生魏司徒南乡恭侯暨……河东太守纯，四世孙安之，晋员外郎。二子：潜、恬。恬，元菟太守。二子：都、偃。偃，临江令，生后魏从事郎中颖。颖生播，字远游，徙昌黎棘城。二子：励、绍。绍，字延宗，扬州别驾。二子：奕、胄。"

韩播的九世祖是韩昭，韩昭是韩愈的十七世祖。韩昭有两个儿子，一个叫韩福，是韩愈的直系先祖；一个叫韩术，是韩播的八世祖。韩愈与韩播是近支族亲关系。

（三）韩愈与韩褒家族的关系

韩褒家族最早是颍川系，继而为南阳系，后徙居昌黎，为昌黎系，又自昌黎徙居燕州昌平。

韩褒是韩术的后裔，有相关的世次连接史料为据。

《新唐书·宰相世系表》载："九世孙河东太守术，生河东太守纯，纯生魏司徒南乡恭侯暨。"

《古今图书集成·氏族典》载："按魏志韩暨传……其以暨为司徒，夏四月薨，谥曰恭侯，子肇嗣。肇薨，子邦嗣。"

《新唐书·宰相世系表》载："六世孙延之，字显宗，后魏鲁阳侯。孙瑰。"

《魏书·韩延之传》载："延之，字显宗，南阳赭（堵）阳人，魏司徒暨之后也。"

《周书·韩褒传》载："褒，字弘业，其先颍川颍阳人也，徙居昌黎。祖瑰，魏镇西将军，平凉郡守、安定郡公。父演，中散大夫、恒州刺史。"

《韩褒墓志铭并序》载："公讳褒，字洪显……魏并州刺史、北平公斤曾孙；魏泾州刺史、安定公瑰孙；魏大都督、河州金城郡守、长乡子演仲子；魏灵、泾、东秦三州刺史、仪同三司、彭城伯惠公悦长弟……"

韩褒在北魏分裂为东魏和西魏、东魏变北齐、西魏变北周、北周灭北齐这段历史演变过程中，是关陇集团的支持者，始终坚定地站在了宇文泰为核心的关陇集团一边，与以高欢为核心的怀朔集团进行针锋相对的斗争。韩褒力劝宇文泰成为关陇集团的舵手，本人成为宇文泰的亲信。《周书·韩褒传》载："褒历事三帝，以忠厚见知。武帝深相敬重，常以师道处之，每入朝见，必有诏令坐，然始论政事。"可见北周皇帝对韩褒的倚重和尊敬。正是因为韩褒家族在朝廷中的地位和影响，北周灭北齐时，北齐权臣韩凤在被捉后免于一死，并在隋朝初期委任陇州刺史。

韩愈与韩褒家族的族亲关系始自韩昭。韩昭是韩褒的十一世祖，是韩愈的十七世祖。韩褒的十世祖韩术与韩愈的十六世祖韩福是亲兄弟，按辈分来讲，韩褒长韩愈六世，两个家族是近支宗亲。

（四）韩愈与韩凤家族的关系

《北史·恩倖传》载："韩凤，字长鸾，以字行。父永兴，开府、青州刺史，高密郡公。"《北齐书·韩凤传》载："韩凤，字长鸾，昌黎人也。父永兴，青州刺史……封昌黎郡王……仕隋，位终于陇州刺史。"

韩裔，字永兴，韩凤之父。《韩裔墓志铭》记述："君讳裔，字永兴，齐国昌黎宾屠（应为徒）人也……进封高密郡开国公，迁东朔州刺史……除特进使持节青州诸军事、骠骑大将军、青州刺史……以天统三年正月十三日卒于青州治所，春秋五十四……"

韩贤，韩凤祖父。《北齐书·卷一九·韩贤传》载："韩贤，字普贤，广宁石门人也……赠侍中，持节，定、营、安、平四州军事，大将军，尚书令，司空公，定州刺史。子裔嗣。"

韩都，韩贤之父，韩凤曾祖父。《新唐书·宰相世系表》载："九世孙河东太守术，生河东太守纯……（纯）四世孙安之，晋员外郎。二子：潜、恬。恬，元菟太守。二子：都、偃……"《后魏书》载："都生普贤，后魏昌黎王。普贤生永兴，高密公。高密公生长鸾、冽东……"

韩凤的十世祖是韩昭，韩昭是韩愈十七世祖，韩凤与韩愈是近支族亲关系。

四、韩愈与南昌黎郡韩氏近亲的关联

北魏孝武帝太昌中（公元 532 年），位于辽西地区的营州失陷，孝武帝于永兴中（公元 533 年）将营州侨置于河北定州中山郡遂城县，史称侨置营州为"南营州"。昌黎郡隶营州，同营州一起侨置遂城县，故称"南昌黎郡"。

遂成县隶中山郡，中山郡隶定州。定州辖中山郡、常山郡、巨鹿郡、博陵郡、北平郡。秦代中山郡是常山郡的辖地，汉景帝三年（公元前 154 年）分常山郡东部置中山国，后更名中山郡。中山郡郡治与定州州治同在中山郡卢奴县。

韩愈先祖曾居住定州常山郡及南昌黎郡，故韩愈自称昌黎人。

《魏书·列传第三十九·韩茂传》记载："韩茂，字元兴，安定安武人也，父耆，字黄耆，永兴中自赫连屈丐来降，拜绥远将军，迁龙骧将军、常山太守，假安武侯，仍居常山之九门。卒，赠泾州刺史，谥曰成侯。"韩耆是韩愈十世先祖，泾州安定郡安武县人。赫连屈丐建立大夏国，辖安定郡，韩耆任职大夏国将军。因不满赫连屈丐贪婪暴虐，韩耆遂率部脱离大夏国，投奔北魏，韩耆被北魏拜为绥远将军，迁龙骧将军、常山郡太守，定居常山郡九门

县（郡治所在地）。

《魏书·韩茂传》记载："韩茂……拜内侍长，进爵九门侯，加冠军将军……拜散骑常侍、殿中尚书，进爵安定公……以茂为侍中、尚书左仆射，加征南将军……拜尚书令，加征南大将军……太安二年（公元456年）夏，领太子少师。冬卒，赠泾州刺史、安定王，谥曰桓王。长子备，字延德……袭爵安定公、征南大将军……备弟均，字天德……兄备卒，无子，均袭爵安定公……子宝石袭爵。均弟天生……平北将军、沃野镇将。"韩茂是韩愈九世鼻祖，一生南征北战、东讨西伐，屡立战功，晚年定居京师平城（今山西省大同市）。

《魏书·韩均传》记载："韩均，字天德，韩备弟，安定安武人也……初为中散，赐爵范阳子，迁金部尚书，加散骑常侍。兄备卒，无子，均袭爵安定公、征南大将军，历定、青、冀三州刺史……除大将军、广阿镇大将，加都督三州诸军事……复授定州刺史，百姓安之。卒，谥康公。"韩均是韩愈直系八世远祖，晚年定居定州。

修武县《韩文公门谱》记载有韩均子、孙信息：

均子长宝石：字尊荣，袭爵安定公，拜冠军将军，加散骑常侍。

均子次宝玉：字尊祖，赠行唐男，拜虎贲中郎将。

均子三宝山：字尊先，赠爵九门子，拜侍辇郎，加宁西将军。

均子四宝璧：字振声，赠爵真定子，拜司卫监。

宝山子长锋：字文静，拜内侍长。

宝山子次钏：字文宣，拜内厩令。

宝山子三镶：字文远，拜平北将军。后魏神龟元年政乱隐居北修武县安阳城。

宝山子四锦：字文芳，拜扬烈将军。

韩均子孙赠爵、为官、居住多在定州及周边地区，故韩愈直系先祖和近亲先祖自会有居遂城县（英雄城）南昌黎郡者。

韩镶，字文远，韩愈六世烈祖，北魏末期任平北将军，率部驻防定州一带。《元和郡县志·卷18·遂城县》记载："后魏孝武帝永熙二年，以韩瓒为营州刺史，行达此城，值卢曹构逆（叛乱），就置南营州，以瓒为刺史。所部三千余人，并雄武冠时，因号英雄城。"北魏孝武帝永熙二年（公元533年），南营州及南昌黎郡侨置遂城县，韩镶此时当率部随韩瓒进驻英雄城，驻扎南昌黎郡所在地。北魏孝武帝永熙三年（公元534年），以高欢为代表的怀朔军人集团和以宇文泰为核心的关陇集团针锋相对，矛盾难以调和，终导致北魏灭亡，分裂为东魏和西魏。面对政争和分裂，韩镶不愿站队任何一方，而是采取回避态度，离职隐居北修武县安阳城韩庄。

《韩文公门谱》记述韩镶"后魏神龟元年政乱隐居北修武县安阳城"有误。其一，北魏神龟元年（公元518年），北魏政权稳定，并未发生大的政乱或起义。其二，北修武县设立于北魏孝昌二年（公元526年），韩镶当在北修武县设立之后隐居该县。其三，时间与其子韩杰年龄不符。韩镶拜平北将军，能拜为将军者，年龄起码在二十岁以上，在古代这也是结婚生子的年龄。韩镶避乱隐居北修武县安阳城韩庄时，其长子韩杰当已出生。《韩文公门谱》记述韩杰"隋大业八年世乱隐居修武南阳城东关"，隋大业八年为公元612年，北魏神龟元年为公元518年，时间相距94年，此时韩杰尚在世，故韩镶于神龟元年隐居北修武安阳城之说疑记载有误。韩镶很可能在北魏孝武帝永熙三年（公元534年）徙居北修武县安阳城，此年正是北魏分裂为东魏和西魏之年，又是东魏天平元年。永熙三年（公元534年）至大业八年（公元612年），相距78年，符合韩杰的年龄实际。

韩愈自称昌黎人，或与南营州刺史韩瓒有关联。

《畿辅通志》记载："北魏营州失陷，乃迁营州侨置于遂城，孝武以韩瓒为营州刺史，时行达此城，值卢曹构逆，就该城置南营州，以瓒为刺史，所部三千余人，雄武冠时，为此该城号英雄城。"有关韩瓒的家庭信息史书无载，韩瓒当为韩天生之子。韩天生长兄韩备无子，次兄韩均生四子，分别取名为宝石、宝玉、宝山、宝璧，名字都与玉石有关。韩瓒的"瓒"字为斜玉旁，斜玉旁的字与玉石有关，韩瓒当为韩宝石、韩宝玉、韩宝山、韩宝璧的堂兄弟。韩瓒任职南营州刺史，居住南昌黎郡所在地（英雄城内）当属正常。

综上所述，可知北昌黎郡是韩愈同宗旁支先祖居住的地方，南昌黎郡是韩愈直系先祖和近亲先祖居住过的地方，韩愈以祖居地为荣自称昌黎人是有据可依的。

韩愈与大、小河阳之关联

　　有关韩愈故里的认定，学界多有争议。有人讲韩愈是昌黎人，有人讲韩愈是南阳人，有人讲韩愈是修武人，有人讲韩愈是河阳人，可谓是言人人殊，莫衷一是。从韩愈先祖不同时期占籍轨迹来看，其祖籍地望确与昌黎、南阳、修武、河阳有着这样或那样的联系。有关韩愈与昌黎、南阳、修武的关联，笔者已分别在《韩愈与南、北昌黎之关联》《韩愈与南、北南阳之关联》《韩愈河阳修武人辨》三文中进行了探究，不再赘言。本文拟专题探讨一下韩愈与大、小河阳的关联，以明了韩愈河阳人的真相。

　　韩愈生前，在今河南省境内同时存在大、小两个河阳。大河阳即唐建中二年（公元781年）设置的河阳军，亦称河阳节度使；小河阳是指位于黄河北岸的河阳县（今孟州市）。大、小河阳行政区划级别不同：河阳军（河阳节度使）是州以上一级行政区划单位；河阳县是州以下三级行政区划单位。大、小河阳辖域大小不同：河阳军（河阳节度使）较长时间辖有黄河两岸河南道、河北道西部地区；河阳县辖河内县以南、济源县以东、温县以西区域。大、小河阳隶属关系不同：河阳军（河阳节度使）直接听命于朝廷；河阳县隶属河阳军（河阳节度使），两者是上下级关系。

　　明确大、小河阳之间的区别，知晓大、小河阳的历史沿革，将有助于我们全面了解韩愈与大、小河阳有什么关联。

一、大河阳的历史沿革

　　《中国古今地名大辞典》（臧励龢主编）载有河阳军词条："河阳军，唐置，治河阳城，在今河南孟州市西三十五里，建中初曰怀郑汝陕四州及河阳三城节度使，寻割郑州隶永平军，以河阳三城、怀州为河阳军，含河南河北道西部之地。元和中以魏博军归顺，徙镇汝州，今河南临汝县治，改曰河阳怀汝节度，寻还镇河阳。会昌中移治怀州，今河南沁阳县治，寻还治孟，即河阳城也。文德初属于朱全忠，宋曰孟州河阳军，寻改为济源郡。"

《中国历史地名大辞典》（史为乐主编）所载"河阳军"词条曰："河阳军，唐、五代方镇名。唐建中二年（公元781年）置河阳三城节度使，寻改为河阳节度使，治所在河阳县（今河南孟州市南十五里）。元和九年（公元814年）徙治汝州（今河南汝州市），十三年（公元818年）废（移治河阳）。会昌三年（公元843年）复置，还治孟州河阳县。较长时间领有河阳、温县、济源、汜水、河阴等县及怀、卫二州，辖境相当于今河南黄河故道以北、太行山以南、浚县以西和今黄河南岸孟津县及荥阳市的汜水、广武二镇地。北宋初废。"

"百度百科"网载有"怀卫节度使（河阳军）"信息："河阳三城节度使，简称河阳节度使，又称怀卫节度使。公元776年，设置河阳三城使，公元779年，设置镇遏使。建中二年（公元781年）设置节度使，驻守河阳三城，下辖怀州、卫州、郑州、汝州、陕州。郑州归永平军。管辖范围：公元783年开始长期管辖河阳三城、五县（河阳、河清、济源、温县、王屋）和怀州、卫州。相当于今河南省黄河故道以北、太行山以南、浚县以西和黄河南岸的孟津县、荥阳市的汜水镇、广武镇等地。公元785年，设都团练使，公元796年再设节度使。公元814年治汝州，公元818年汝州归东都畿都防御使，还治河阳。公元843年改河阳三城设置孟州，一度领泽州。"

《中国古今地名大辞典》《中国历史地名大辞典》及"百度百科"对河阳军的介绍虽不完全一致，但大同小异，且可相互对照、相互补充，使我们对河阳军（河阳节度使）有了一个较为全面的了解。

1. 河阳军是唐代的方镇之一。方镇，亦称军镇、节镇、藩镇，是节度使的辖区，是治理地方的行政区划单位。"育民网·历史故事"载有《唐朝时期的十大节度使四十八藩镇分别是哪些地方？唐朝分了多少个节度使》一文，文中讲道："……安史之乱爆发后，为了抵御叛军进攻，军镇制度扩展到了内地，最重要的州设立节度使，指挥几个州的军事，较次要的州设立防御使或团练使，以扼守军事要地。于是在今陕西、山西、河南、安徽、山东、江苏、湖北等地出现不少节度使、防御使、团练使等大小军镇。后来又扩充到全国，到元和年间形成四十八藩镇的局面……"河阳军即为唐元和年间的四十八藩镇之一。

2. 河阳军亦称河阳节度使。节度使原本是官职名称,是军镇(藩镇)的最高军政长官。"百度百科"网载:"节度使……(唐睿宗)景云二年(公元711年),贺拔延嗣为凉州都督充河西节度使,节度使开始成为正式的官职……节度使初置时,作为军事统帅,主要掌管军事,防御外敌,而没有管理州县的职责,后来渐渐总揽一区的军、民、财、政,所辖区内各州刺史均为其节制,并兼任驻在州之刺史。"节度使与藩镇(军镇)紧密相连,史称藩镇节度使。藩镇(军镇)是节度使的管辖区,节度使在藩镇(军镇)治所(政府驻地)办公。久而久之,人们习惯把藩镇(军镇)与节度使视为一体,把节度使管辖的藩镇称为节度使。这样,河阳军就多了一个名称——河阳节度使,本为官职名称的河阳节度使也多了一层含义——河阳军的代称。如今我们见到的河阳军政区图,多使用河阳节度使之名,我们见到的河阳军词条,多拿河阳节度使代河阳军来进行介绍。

3. 河阳军(河阳节度使)是州以上一级行政区划单位。"百度知道"网载:"唐朝后期节度使有什么作用,节度使成为地方行政区划是由唐代中期开始设置的,又称藩镇,主管地方军事、行政与财政,位高权重。"《唐代"府""道"和"方镇"成为地方政区及其对后世地方政区制度的影响》一文曰:"唐朝是中国地方政区沿革史上的一个大变革时期。唐玄宗时把'府'加入地方行政区划中来,唐太宗时设置的'道'和唐睿宗时变成正式建制的节度使辖区(方镇)在唐朝后期逐渐跃居州(府)之上成为地方一级政区,使唐代的地方行政区划逐渐由简单的州—县二级制经州(府)—县二级制最终转变为道(镇)—州(府)—县三级制。府、道和方镇(节度使辖区)成为地方政区对后世地方政区制度的发展产生了深刻的影响……据《新唐书·职官志》记载,唐后期的节度使,除掌军事外,有兼观察使的,有兼安抚使的,有兼支度、营田、招讨、经略使的,已兼及民政、财政和监察。这样,节度使辖区(方镇)也成为凌驾于州府之上的地方最高一级政区。安史之乱后,内地也遍设节度使,使这种原为边关的军事制度变成为内地实际的行政区划单位……"[1] 由上文介绍中可知,河阳军(河阳节度使)不仅是军事单位,而且还是内地实际的行政区划单位,是州(府)以上一级行政区。

---

① 温德强.唐代"府""道"和"方镇"成为地方政区及其对后世地方政区制度的影响 [J].康定民族师范高等专科学校学报,2009,18(6):30-33.

4. 河阳军（河阳节度使）辖区时大时小，名称亦有变化。唐建中二年（公元781年），置河阳节度使（河阳军），治河阳县，初名怀郑汝陕四州及河阳三城节度使，同年，割郑州隶永平军；公元783年，改称怀卫节度使（河阳军），长期管辖怀州、卫州、河阳三城与五县（河阳、河清、济源、温县、王屋），治河阳县；公元796年，称河阳节度使，治河阳县；公元814年，徙治汝州，改曰河阳怀汝节度使，辖黄河以北怀州、河阳三城与五县（河阳、河清、济原、温县、王屋），黄河以南汝州、陕州、洛阳、禹州、午阳、方城、南召、栾川、卢氏等州县；公元818年，河阳节度使（河阳军）还治河阳；会昌中（公元843年），河阳节度使（河阳军）移治怀州沁阳，不久还治孟州河阳县；会昌四年（公元844年），割泽州隶河阳节度使（河阳军）；唐僖宗文德初（公元888年），为朱全忠管辖；北宋初河阳军废。

作为方镇之一，河阳军的名称在不同时期虽有变化，但以河阳节度使（河阳军）之称最为流行。河阳军（河阳节度使）的辖区时大时小，但在唐代始终辖有河阳县和怀州地区。

二、小河阳的历史沿革

小河阳系指河阳县，明洪武十年（公元1377年）改称孟县，公元1996年撤县设市称孟州市。

《中国古今地名大辞典》① 所载"河阳县"词条曰："河阳县，春秋晋河阳驿……战国属魏、汉置县、晋省（废去）。后魏复置，北齐省。故城在今河南省孟州市西三十五里。隋复置，移治北中府城北，在今孟州市南。金移治今孟县治，明废。"

《中国历史地名大辞典》记载："河阳县：西汉置，属河内郡。治所在今河南孟州市西三十五里冶戍镇。西晋末废。北魏孝昌中复置，北齐废。隋开皇十六年（公元596年）复置，属怀州，移治北中府城（今孟州市西南十五里）。大业初属河内郡。唐为孟州治。金大定中徙治孟县。明洪武初省，入孟州……"

乾隆《孟县志·卷一·地理上·沿革》载："……秦置三川，即为河雍县。汉高祖封陈涓为侯国。武帝分天下为十三部，此曰河阳县隶河内，即属

---

① 中国古今地名大辞典 [M]. 香港：商务印书馆，1931.

司隶校尉。莽改河亭。后汉复前。魏、晋、后魏同之……隋开皇十六年，分温、轵二县重置河阳县，属怀州。唐武德初，改为大基县。四年，平王世充，理盟州，八年省。咸亨五年复置。后以讳，复为河阳。开元初，以温、河阳、汜水、济源、河清五县为东京畿邑，属河南府……德宗建中二年，以李芃为河阳三城节度使……武宗会昌三年……请河阳望升为孟州。遂以五县为属邑，隶河北道。寻有敕，割河阳隶孟州。河清还河南府。时河阳节度使以怀州为理所。会昌四年，又割泽州隶河阳节度使，仍移理于孟州……"

"历史知识·词典网"载："河阳县，春秋晋邑，西汉置县，在今孟州市西。汉、晋属河内郡，后废。北魏孝昌中复置。北齐废入温、轵二县。隋开皇十六年（公元 596 年）复置。移治北中城（今孟州市南）。属怀州，大业中属河内郡。唐曾为盟州，孟州治。建中二年（公元 781 年）置河阳三城节度使于此。金大定中因河患移治今孟州市。金、元为孟州治。明洪武初废入孟州。"

综合《中国古今地名大辞典》《中国历史地名大辞典》《孟县志》与"历史知识·词典网"所载信息，可知河阳县始置于汉武帝元封五年（公元前 106 年），明洪武十年（公元 1377 年）更名孟县。唐建中二年（公元 781 年）置河阳三城节度使，寻改为河阳节度使，河阳县为河阳节度使（河阳军）治所。在不同历史时期，河阳县虽多次置废，更换县名，但以河阳县之名最为流行（直至明初终废）。河阳县的辖域时大时小，但始终在黄河北岸济源以东、沁阳以南、温县以西这个区域内。

三、韩愈与河阳的关联

韩愈生前，其故里修武县为河阳军（河阳节度使）辖地，而河阳县亦为河阳军（河阳节度使）辖地。辖属关系及地域相连，决定着韩愈与大、小河阳有着必然的联系。

（一）韩愈与大河阳的关联

大河阳即河阳军（河阳节度使），简称河阳。韩愈的上六代先祖占籍修武县，修武县是为韩愈故里。河阳军（河阳节度使）辖修武县，因此可以讲，河阳军是韩愈老家，就像今河南省人称"老家河南"一样。

1. 韩愈故里在大河阳修武县

修武县周代之前称宁邑。商末周武王伐纣，大军途经宁邑时大雨三日而不能行军，遂就地驻扎修兵练武，故改宁邑为修武。春秋时晋文公合阳樊、温、原、攒茅四邑之地置南阳，建南阳城于修武境内，南阳城为南阳治所。晋平公在位时（公元前557—公元前532），在修武之地置南阳县，任命解狐为县令。秦王政五年（公元前242年），初置东郡，修武为东郡辖地。秦统一六国后实行郡县制，置修武县。西汉高祖三年（公元前205年），将修武县拆分为山阳、修武两县，隶河内郡。三国时修武县隶魏国，隶司州河内郡。黄初三年（公元222年），改隶冀州朝歌郡。西晋泰始二年（公元266年），隶司州汲郡。北魏孝昌二年（公元526年），分修武县为南修武县和北修武县。东魏天平年间（公元534—537年）另置西修武县。北齐天保七年（公元556后），将南修武、北修武、西修武、山阳四县合并为修武县，隶司州汲郡。唐武德二年（公元619年），在浊鹿城设陟州，隶河北道，修武县属之。唐德宗建中二年（公元781年），置河阳军（河阳节度使），修武县为河阳军（河阳节度使）辖县，韩愈故里在修武县。

2. 韩愈生前河阳军辖修武县

韩愈生于公元768年，卒于公元824年，享年57岁。河阳军（河阳节度使）始置于唐建中二年（公元781年），时韩愈13岁。自此，河阳军（河阳节度使）一直辖有怀州之地，怀州领五县：修武县、河内县、武陟县、武德县、获嘉县。韩愈故里在怀州修武县。河阳军（河阳节度使）为一级行政区划单位，怀州为二级行政区划单位，修武县为三级行政区划单位。从隶属关系方面来讲，修武县既是怀州属县，亦是河阳军（河阳节度使）的辖县。

3. 韩愈习惯以"河阳"代称故里修武

韩愈的父亲韩仲卿和长兄韩会生前没有河阳军（河阳节度使）行政区划建制，故尝以"南阳"代称故里修武。韩愈13岁时，故里一带有了河阳军（河阳节度使）行政区划建制，其后，韩愈则习惯在其作品中简称河阳军（河阳节度使）为"河阳"，并以"河阳"代称故里修武县。

韩愈在其文学作品中习惯简称河阳军（河阳节度使）为"河阳"。例如，在《送温处士赴河阳军序》中写道："大夫乌公一镇河阳"，文中的"河阳"即为河阳军（河阳节度使）的简称。又如，韩愈写有《赠河阳李大夫》一诗，诗名中的"河阳"亦为河阳节度使的简称。

在谈及故里修武时，韩愈习惯以"河阳"代称故里河阳军修武。例如，在《画记》一文中韩愈写道："……明年出京师至河阳，与二三客论画品格，因出而观之。"文中所述"至河阳"即回到河阳军修武县。又如，韩愈在《祭十二郎文》中讲道："……吾与汝俱幼，从嫂归葬河阳……又四年，吾往河阳省坟墓，遇汝从嫂丧来葬。"文中所讲的"河阳"即为河阳军修武县的代称。再如，韩愈在《女挐圹铭》一文中写道："……归女挐之骨于河南之河阳韩氏墓葬之。"该文中的"河阳"亦为河阳军修武县的代称。韩愈的祖茔在修武县安阳城（今焦作市马村区安阳城街道）韩陂。

韩愈以"河阳"代称河阳军修武县，符合人们对家乡地名的习惯称呼。无论古人还是今人，出门在外，当谈及何方人士时，多习惯用简称且以大代小。例如，某人是河南省焦作市修武县人，在北京工作，当问到他是哪里人时，一般会回答"河南人"，以"河南"代表了"焦作市修武县"。同样，韩愈长年在外地生活，在谈及故里名称时，亦是说大不说小，习惯以"河阳"代称故里河阳军修武县。

（二）韩愈与小河阳的关联

小河阳指河阳县，河阳县与修武县同为河阳军（河阳节度使）属县，同处河阳地区。韩愈故里修武县与河阳县相距不远，韩愈曾到过河阳县，故韩愈与河阳县是有一些关联的。

1. 修武县与河阳县同为河阳军辖地

《中国史稿地图集》① 载有唐代河阳节度使（河阳军）建中二年辖区图与元和九年辖区图，两幅辖区图均显示修武县与河阳县同为河阳节度使（河阳军）辖县。

《中国古今地名大辞典》《中国历史地名大辞典》均载河阳节度使（河阳军）较长时间领有怀、卫二州、河阳三城及河阳、温县、济源、汜水、河阴等州县。

韩愈故里修武县与河阳县地域相近，有着同根同源的文化底蕴，同为河阳节度使（河阳军）属县，从某种意义上讲，修武人是韩愈的老乡，河阳县人同样是韩愈的老乡。

2. 河阳县与河阳地区同称"河阳"

"百度百科"网载："山水阴阳，山南水北叫作阳，山北水南叫作阴。"河阳，是指河的北岸区域。

---

① 郭沫若. 中国史稿地图集［M］. 北京：中国地图出版社，1990.

冯并先生在《河阴与河阳》一文中写道："河阴河阳、河东河西，是历史上的地域概念。唐开元二十二年，唐玄宗为了便利漕运，在汴河口修建了河阴仓，并将汜水、荥泽连同武陟的一部分划为河阴县。自此，河阴与河阳成为重要的古地域名，出现在黄河两岸。河阴河阳以黄河为界。一般来说，从小浪底南岸的洛阳孟津到郑州荥阳，主要是荥阳地区为河阴；北岸的焦作武陟地区为河阳，包括了新乡……河阳也叫河内地区，也指孟津对面的黄河北岸，那里有韩愈的故里……"据冯文所讲可知，河阳在唐玄宗开元二十二年（公元734年）成为重要的古地域名，在黄河北岸，也叫河内地区。

河内地区即古河内郡辖境。"百度百科"网载："河内郡，为古代郡名，是汉代设立的郡置。楚汉之际置河内郡，辖今豫北的西部，治怀县。西晋移治野王（今河南沁阳）。隋于野王为河内县。隋唐河内郡即怀州。元怀庆路。明清怀庆府。河内县之名不变，常为治所。民国政府时，改河内县为沁阳县……河内郡区域范围：位于太行山东南与黄河以北。领县十六：汲县、共县、林虑县、获嘉县、修武县、野王县、州县、怀县（郡治）、平皋县、河阳县、沁水县、轵县、山阳县、温县、朝歌县、武德县。"

河阳地区包括今河南省焦作市全境及新乡市部分县市。修武县与河阳县同在河阳地区，同在黄河北岸、太行山以南。就地域名称而言，河阳县人与修武县人均可称河阳人，就如今天孟州人、修武人均可称焦作人一样。河阳地区简称"河阳"，河阳县亦简称"河阳"，韩愈以"河阳"代称故里修武县时，与河阳县简称"河阳"有同名之关联。

3. 韩愈曾到访河阳县

唐贞元十五年，韩愈为宣武节度使董晋的僚属，任观察推官。是年二月初三日，董晋病故，韩愈陪同董晋的儿子护送灵柩归葬东京洛阳。在护丧途中，韩愈得知宣武军在汴州发生兵变，心中十分焦急，担忧妻、子在汴州的安危。接下来得知妻、子已安全离开汴州前往徐州暂住，韩愈松了一口气，但仍放心不下。护丧至洛阳后，韩愈当日即离开洛阳赶往河阳军驻地河阳县，拜访河阳节度使李元淳，为日后在河阳军谋职铺路。在河阳县留宿一个晚上，第二天韩愈起早急忙赶往故里修武，为家眷迁回老家做前期安排。暂停数日后，韩愈即离开修武，黄昏时南渡黄河住宿汜水镇。韩愈在《此日足可惜赠张籍》诗中记述："……从丧朝至洛，还走不及停。假道经盟津，出入行涧冈。日西入军门，羸马颠且僵。主人愿少留，延入陈壶觞。卑贱不敢辞，忽忽心如狂。饮食岂知味，丝竹徒轰轰。平明脱身去，决若惊凫翔……"

韩愈在人生动荡不安之时前往河阳县，足见河阳县与韩愈有缘。河阳之行令韩愈对河阳县印象深刻，终生难以忘怀。

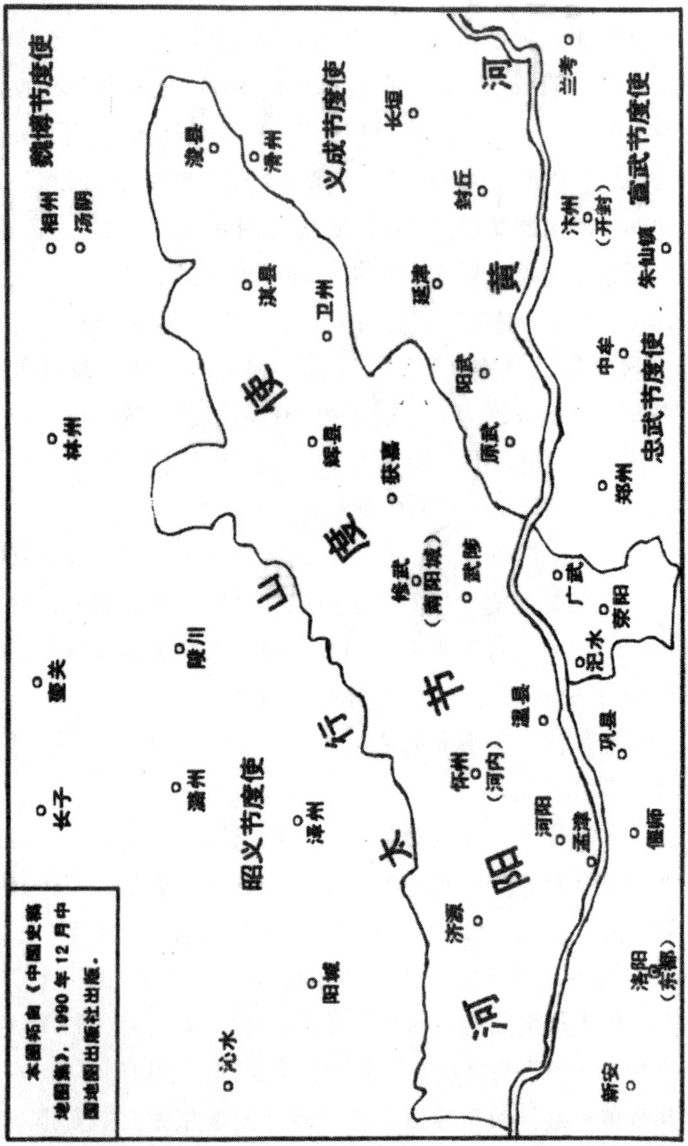

图3 唐代河阳节度使初建时期（建中二年）辖区图

来源：修武县政协提案文史委员会，修武县历史文化研究会. 韩愈故里在修武 [M].
郑州：中州古籍出版社，2008：173-174.

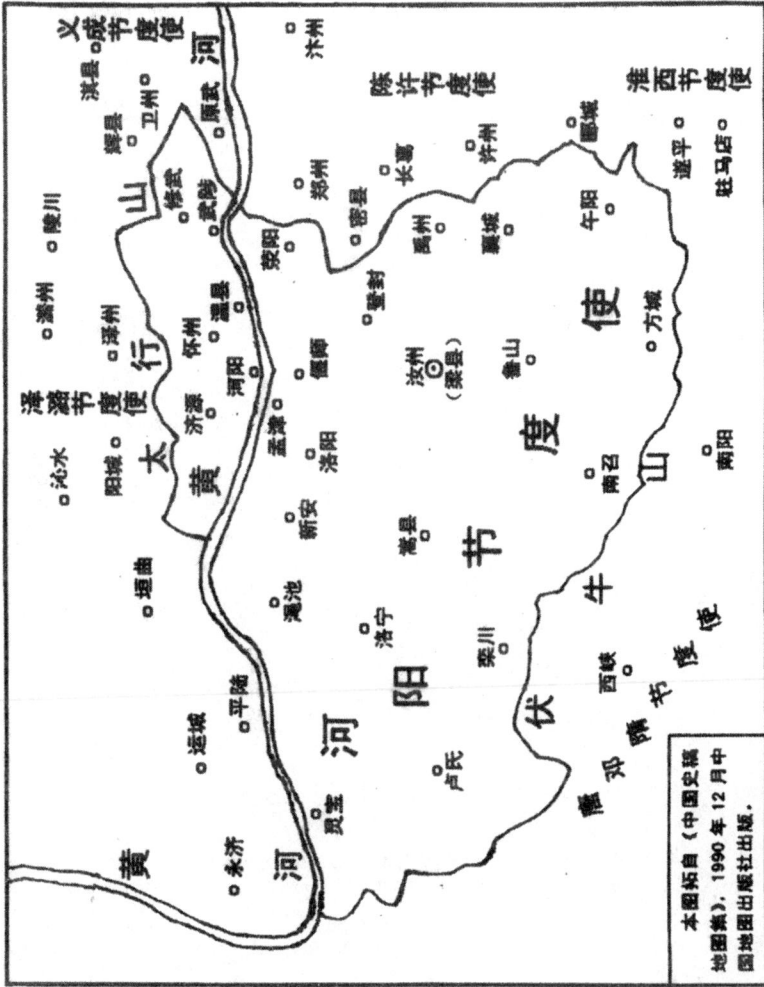

图4 唐代河阳节度使南扩后（元和九年）辖区图

来源：修武县政协提案文史委员会，修武县历史文化研究会. 韩愈故里在修武［M］.
郑州：中州古籍出版社，2008：173-174.

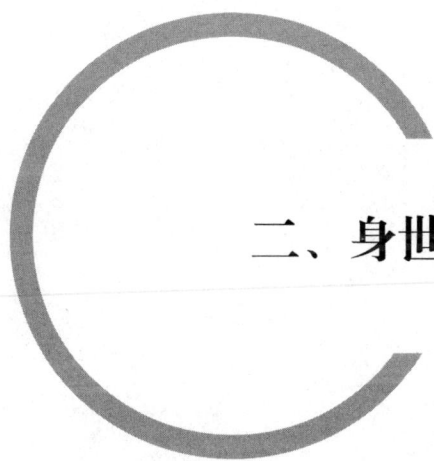

二、身世篇

韩文公事略

唐代宗大历三年（公元768年）　戊申　一岁

公于大历三年正月十五日出生于京师长安。时公父在京师任秘书郎。公生未两月，母亲去世，由乳母照看。公《乳母墓铭》云："愈生未再周月，孤失怙恃。李怜，不忍弃去，视保益谨。"修武县《韩文公年谱》载：公生于"唐代宗大历三年戊申正月十五日"。

唐代宗大历四年（公元769年）　己酉　二岁

公父任秘书郎，公随父居长安。

唐代宗大历五年（公元770年）　庚戌　三岁

是年，公父去世，葬修武县韩陂祖茔。公遂由兄会抚养。李翱《韩文公行状》云："……生三岁，父殁，养于兄会舍。"公《祭郑夫人文》曰："我生不辰，三岁而孤。"此前，公兄会寄居上元（今江苏省南京市江宁区）。与名士卢东美、崔造、张正则并称"上元四夔"。

唐代宗大历六年（公元771年）　辛亥　四岁

公由兄、嫂抚养。居修武县故居，与兄、嫂家人一起为父亲守孝。

唐代宗大历七年（公元772年）　壬子　五岁

公居修武县故居，与兄、嫂家人一起为父亲守孝。

唐代宗大历八年（公元773年）　癸丑　六岁

公居修武县故居，与兄、嫂家人一起为父亲守孝。守丧期满，暂居洛阳。古代守丧一般为二十七个月。

唐代宗大历九年（公元774年）　甲寅　七岁

公随兄、嫂暂居洛阳。是年，受李栖筠的推荐，兄会以"文学才望"为宰相元载所青睐，擢任起居舍人，官六品，公随兄自洛阳迁居长安。吴文治《韩愈》云："七岁，韩愈又随兄居京师，开始刻苦读书。"公《祭郑夫人文》

云："未龀一年，兄宦王官，提携负任，去洛居秦。"

唐代宗大历十年（公元 775 年） 乙卯 八岁

公随兄、嫂居京师长安。

唐代宗大历十一年（公元 776 年） 丙辰 九岁

公随兄、嫂居京师长安。

唐代宗大历十二年（公元 777 年） 丁巳 十岁

三月，宰相元载失宠被诛，公兄会被视为元载一党。五月，公兄会由起居舍人贬为韶州（今广东省韶关市）刺史。公随兄、嫂由京师迁居韶州。清顾嗣立《昌黎先生年谱》载："三月，诛元载。五月，起居舍人韩会坐元载贬官。"《旧唐书·韩愈传》载："（大历十二年）夏五月，起居舍人韩会，坐元载贬官。"公《祭郑夫人文》云："年方及纪（古时十二年为一纪，即大历十二年），荐及凶屯，兄罹谗口，承命远迁。"

唐代宗大历十三年（公元 778 年） 戊午 十一岁

是年，公随兄、嫂居韶州。

唐代宗大历十四年（公元 779 年） 己未 十二岁

是年，公随兄、嫂居韶州。

唐德宗建中元年（公元 780 年） 庚申 十三岁

是年，公兄会卒（公元 738—780 年），公嫂郑夫人带领全家扶柩北归，葬兄会于修武县韩陂祖茔。公居修武县老宅。宋洪兴祖《韩子年谱》云："德宗以去年五月即位（公元 779 年，仍用大历年号），是年（公元 780 年）改元。《与凤翔邢尚书书》云：'生七岁而读书，十三而能文。'今年十三。"修武县《文公年谱》载："德宗建中元年，兄卒，依嫂郑氏北旋。"公《祭郑夫人文》云："微嫂之力，化为夷蛮，水浮陆走，丹旐翩然。至诚感神，返葬中原。"

唐德宗建中二年（公元 781 年） 辛酉 十四岁

是年，公随嫂郑夫人居修武县老宅。建中二年，以路嗣恭为河阳军节度使，河阳军辖怀、郑、汝、陕四州及河阳三城，修武县为怀州辖县。故公将回修武故里称为"回河阳"。唐代黄河南岸一带称"河阴"，黄河北岸河内地区称河阳，修武县位于河内地区，愈公回修武亦称回河阳。

唐德宗建中三年（公元 782 年） 壬戌 十五岁

是年，公随嫂仍居修武县老宅。

唐德宗建中四年（公元 783 年）　　癸亥　十六岁

建中四年，天下动荡不安，中原混乱。李希烈带兵陷汝州，取尉氏，围郑州，威胁东都洛阳。八月，李部围襄城。十月，朱泚反，据京师长安，唐德宗出奔奉天（今陕西省乾县）。朱泚自称大秦皇帝，李希烈亦自称为帝。为避战乱，居住修武县的愈公家族百余人在郑夫人的带领下徙居安徽宣城（今宣城市）。

愈公家族与江南宣城有较深的渊源，且有一定的人脉资源。公二叔父韩少卿曾任宣州当涂县丞；三叔父韩云卿于上元二年（公元 761 年）任宣州广德县令；四叔父韩绅卿曾任扬州高邮县尉、扬州录事参军（离宣州不远）。因有这些资源条件，"安史之乱（公元 755—763 年）"期间，公父辈兄弟四人在江南宣城置有房屋地产，以备不时之需。故愈公家族百余口到宣城后，能维系正常生活。

公在作品中透露了自修武县徙居宣城的时间。公《赠河阳李大夫》诗云："四海失巢穴，两都困尘埃。"公《欧阳生哀辞》云："建中、贞元间，余就食江南，未接人事，往往闻詹名间巷间。"公《复志赋》云："值中原之有事兮，将就食于江之南。"公《祭郑夫人文》云："既克反葬，遭时艰难，百口偕行，避地江濆。"

唐德宗兴元元年（公元 784 年）　　甲子　十七岁

是年，公与家人居宣城。

唐德宗贞元元年（公元 785 年）　　乙丑　十八岁

是年，公与家人居宣城。

唐德宗贞元二年（公元 786 年）　　丙寅　十九岁

是年，公被推荐参加进士考试，自宣城赴京师长安，备考。唐代科考正常情况下每年举行一次，进士科举子（被推荐参加进士考试的读书人）每年十月份申送，考试时间在申送当年的十一月至来年三月之间进行。公当为贞元二年十月前到达京师，途中经河中，写有《条山苍》诗，可知时尚未入秋。公《祭十二郎文》云："吾年十九，始来京师。"公在京师得到堂兄韩弇的照顾。

唐德宗贞元三年（公元 787 年）　　丁卯　二十岁

是年，公居京师，春，参加进士考试，未考中。修武县《文公年谱》载："（贞元）三年，丁卯，应进士试，报罢（考试落选）。"公《欧阳生哀辞》

云："贞元三年，余始至京师举进士。""始至"当为"初次到"解。此年，公堂兄韩弇（殿中侍御史）随浑瑊参加平凉会盟，遭到吐蕃劫持，英勇殉国，时年三十五岁。

唐德宗贞元四年（公元 788 年）　戊辰　二十一岁

是年春，居京师，第二次参加进士考试，未考中。修武县《文公年谱》载："（贞元）四年，戊辰，二十一岁，应进士试，报罢。"韩弇去世后，公在京师生活无以为继，幸得韩弇上司北平王马燧的资助，得以生活下去。

唐德宗贞元五年（公元 789 年）　己巳　二十二岁

是年春，居京师，第三次参加进士考试，再次落第。修武县《文公年谱》载："（贞元）五年，己巳，二十二岁，应进士试，报罢。"

唐德宗贞元六年（公元 790 年）　庚午　二十三岁

是年，因三次考试落选，沮丧落寂，东归宣城家中。途经郑州，写有《上贾滑州书》，希望权臣贾耽能提携自己，住在旅店等回信，结果未引起贾耽重视，失望而归。公《祭十二郎文》云："吾年十九，始来京师，其后四年，而归视汝（时十二郎居宣城）。"修武县《文公年谱》载："（贞元）六年，庚午，二十三岁，归宣州省家。"

是年著文《猫相乳》《河中府连理木颂》《上贾滑州书》。

唐德宗贞元七年（公元 791 年）　辛未　二十四岁

是年，公复入京师，为来年春进士考试做准备。修武县《文公年谱》载："（贞元）七年，辛未，二十四岁，复至京师。"

著文《送齐皞下第序》。

唐德宗贞元八年（公元 792 年）　壬申　二十五岁

贞元八年春，公第四次参加进士考试，及第。宋洪兴祖《韩子年谱》云："八年，壬申，春，登进士第。"公《与凤翔邢尚书书》云："二十五而擢第于春官。"《唐科名记》载："贞元八年，陆贽主司，试《明水赋》《御沟新柳诗》。"

是年著文《明水赋》《争臣论》《瘗砚铭》；诗作《落叶送陈羽》《北极赠李观》等。

唐德宗贞元九年（公元 793 年）　癸酉　二十六岁

唐代进士及第仅是任命官职的条件之一，经礼部录取的进士还须经过吏部博学宏词考试合格方才任命官职。公应博学宏词考，初选有名，后为中书宰相除名。公《答崔立之书》云："凡二试于吏部，一既得之，而又黜于中书。"修武县《文公年谱》载："九年，癸酉，二十六岁，应吏部博学宏词试，报罢。"

是年著文《省试颜子不贰过论》《上考功崔虞部书》《应科目时与人书》；诗作《长安交游者赠孟郊》《孟生诗》《青青水中蒲三首》《岐山下》等。

唐德宗贞元十年（公元794年）　甲戌　二十七岁

公第二次参加吏部博学宏词考试，仍未被录取。公《答侯继书》云："仆又为考官所辱。"修武县《文公年谱》载："（贞元）十年，甲戌，二十七岁，应吏部博学宏词试，报罢。"

是年著文《与凤翔邢尚书书》《省试学生代斋郎议》《太子校书李公墓志铭》；诗作《重云李观疾赠之》《谢自然诗》等。

唐德宗贞元十一年（公元795年）　乙亥　二十八岁

贞元十一年春，公第三次参加吏部博学宏词考试，仍未选中。公《上宰相书》云："今有人生二十八矣……四举于礼部乃一得，三选于吏部卒无成。"公三上宰相书，均未得到宰相赵憬、贾耽、卢迈的回复。无奈东归，回河阳军修武县故里省坟墓。

公五月离开京师，出潼关，息河阴，行至荥阳汜水镇住进旅店，时侄儿十二郎扶郑夫人（公长嫂）灵柩亦在此旅店停留，不期而遇。公遂备下祭品，在汜水镇旅店祭奠亡嫂郑夫人。翌日，公与十二郎扶柩自汜水镇玉门渡口北渡，归故里修武，葬郑夫人于祖茔韩陂。为报嫂恩，公在韩陂结庐为郑夫人服丧守墓百日。公《感二鸟赋》云："贞元十一年五月戊辰，愈东归。癸酉，自潼关出，息于河之阴。时始去（离）京师，有不遇时之叹。"公《祭十二郎文》云："又四年，吾往河阳省坟墓，遇汝从嫂丧来葬（自江南宣城归修武）。"修武县《文公年谱》载："（贞元）十一年，乙亥，二十八岁。五月去京师，过东都，至南阳（修武县古称南阳）省坟墓，值嫂郑氏卒，庐墓百日，服期以报。"

公庐墓服丧期间，尝去修武县云台山百家岩，观赏了天门谷和西白涧胜景。是日，太阳将落山时，公骑马返家，回到韩陂时，天空尚有余晖照在祭坛上。公《题西白涧》诗云："天门幽深十里西，无奈落日催人归。谁能叮嘱天宫事，为我乞取须臾期。上天无梯日不顾，牢落归来坛未暮。闭门下马一衾寒，梦想魂驰在何处。"天门谷及西白涧是云台山百家岩景区的重要景点，距愈公庐墓所在地韩陂约三十里的路程，故愈公在太阳将要落山时骑马返回，到家时天空尚有余晖。有人讲愈公故里和祖茔在孟州市尹村（今孟州市赵和镇苏庄村），该村距云台山约二百里路程，愈公不可能在太阳将落至天空尚有余晖的时间段内骑马赶到尹村，其说误甚。

九月，公庐墓百日后离开修武故里，南行经玉门渡口过黄河至汜水镇，西行途经偃师县，顺道凭吊田横墓，入东京洛阳暂居，后返回京师。公《祭田横墓文》云："贞元十一年九月，愈如（往）东京，道出田横墓下，感横义高能得士，因取酒以祭，为文而吊之……"从公返京路线来看，公故里在修武县而非孟县，若在孟县，过孟津黄河渡口后，一路向南四十公里抵洛阳，不可能"道出田横墓"，偃师在孟津东四十多公里。

是年著文《感二鸟赋（并序）》《画记》《答侯继书》《上宰相书》三篇、《答崔立之书》《赠张童子序》《送董邵南序》《祭郑夫人文》《祭田横墓文》；诗作《马厌谷》《题西白涧》等。

唐德宗贞元十二年（公元 796 年）　丙子　二十九岁

上半年，公在京师。七月，应宣武军节度使董晋之召，前往汴州，试秘书省校书郎，任观察推官。李翱《韩文公行状》云："……汴州乱，诏以旧相东都留守董晋为平章事、宣武节度使，以平汴州。晋辟公以行，遂入汴州，得试秘书省校书郎，为观察推官。"宋洪兴祖《韩子年谱》云："十二年七月，（晋）拜检校尚书左仆射，同中书门下平章事、汴州刺史、宣武军节度使。公既受命，遂行。"本年李翱自徐州至汴州师从愈公学古文。

是年著文《监军新竹亭记》。

唐德宗贞元十三年（公元 797 年）　丁丑　三十岁

贞元十三年，公在汴州，任观察推官，安家汴州陈留。宋朱熹《韩文考异》云："仲卿生会、愈，而中间尝徙陈留。"张思青《韩氏春秋》云："约于是年初（贞元十三年），韩愈即把家属也带到汴州附近居住下来，生活过得很清苦。"陈留在唐之前为县，唐为郡，今为河南省开封市祥符区陈留镇。

十月，孟郊至汴州结识愈公。推荐张籍。籍十月自和州至汴，随愈公学文。吴文志《韩愈》云："上年秋天李翱从徐州来汴，随韩愈读书学文。后一年十月，张籍经孟郊介绍，也来到汴州，随韩愈学文。"

是年著文《复志赋（并序）》《送权秀才序》《奏汴州得嘉禾嘉瓜状》《送汴州监军俱文珍诗序》；诗作《送汴州监军俱文珍》等。

唐德宗贞元十四年（公元 798 年） 戊寅 三十一岁

十四年，公在汴州任职观察推官，公务之余，指导李翱、张籍等人学文。该年长女生于陈留；堂兄韩弇遗孀韦夫人携女来投；居江南宣城的韩老成（十二郎）等家族近亲亦有来陈留者。一时家庭人口增至三十人，造成生活上的困难。公《祭十二郎文》云："又二年，吾佐董丞相于汴州，汝来省吾，止一岁，请归取其孥（韩湘）；明年，丞相薨，吾去汴州，汝不果来。"

是年著文《进士策问十三首》《汴州东西水门记》《答张籍书》《与冯宿论文书》《清边郡王杨燕奇碑文》；诗作《病中赠张十八》《醉留东野》《天星送杨凝郎中贺正》《答孟郊》等。

唐德宗贞元十五年（公元 799 年） 己卯 三十二岁

十五年二月，公仍任观察推官，汴州军乱，去职。秋，为徐州节度推官。安家徐州南符离集（今安徽省宿州市埇桥区符离镇）。

二月三日，宣武军节度使董晋卒于汴州，《董晋行状》云："十五年二月三日，丞相薨。公之将薨，命其子三日敛。"愈公与董晋儿子一起护丧归东京洛阳殡葬。离汴四日，行至偃师，公闻汴州军乱，因家在汴州陈留镇，公心中非常不安。不久又有信息传来，家人已乘船逃离汴州，前往乳母李真的老家彭城（徐州），学生李翱等同行，心情有所平静。公《此日足可惜赠张籍》云："……夜闻汴州乱，绕壁行彷徨。我时留妻子，仓促不及将……俄有东来说，我家免罹殃。乘船下汴水，东去趋彭城。"彭城南有符离镇，又称符离集，唐代为大运河汴河段上游重镇，公家人自汴州乘船直达徐州南符离集，安置在符离滩上。"滩古称睢水，故道始自今河南省开封市陈留镇浪荡渠，东流经杞县北、商丘睢县北、宁陵县南、商丘睢阳区北、虞城县南、夏邑县、永城北、安徽省濉溪县南、宿州、灵璧县、江苏省睢宁县北，至宿迁南流入淮河。睢水至宿州段称濉河。"①"上"指北，符离集在濉河北。"符离滩上"即濉河北岸符离集（镇）。

公护丧至洛阳，心中记挂家人，同时也在为日后的任职和安家作打算。至洛阳后，公未停留，即刻骑马赶往河阳军军营（位于河阳县境）拜访河阳军节度使李元淳，因汴州军乱无法任职，意欲在河阳军节度使李元淳府署谋

---

① 冯并. 千里走运河：运河城镇笔记［M］. 北京：中国民主法制出版社，2022. 另：郦道元. 水经注·第二十四卷［M］. 重庆：重庆出版集团，重庆出版社，2008：388-390.

职。当晚，李元淳设宴招待愈公，公留宿河阳军军营。第二天早上，公天亮起床，骑马赶往修武老家，打算若在河阳军就职，就把家安置在修武县老宅。回到修武老家安排好有关事宜，择日带上仆人前往县南方向的汜水镇。黄昏时赶到汜水镇玉门渡口黄河北岸，呼喊等待良久，始来船渡过黄河，夜宿汜水镇。二月二十日，在郑州时门短暂休息，继而途经陈许节度使辖境赴徐州，二月底，到达徐州南符离集，与家人相聚，与友人相见，家族百余口（包括在宣城的亲人）没有死伤遇难。公《此日足可惜赠张籍》诗云："从丧朝至洛，还走不及停。假道经盟津，出入行泂冈。日西入军门，羸马颠且僵。主人愿少留，延入陈壶觞。卑贱不敢辞，忽忽心如狂。饮食岂知味，丝竹徒轰轰。平明脱身去，决若惊凫翔。黄昏次汜水，欲过无舟航。号呼久乃至，夜济十里黄。中流上滩潍，沙水不可详。惊波暗合沓，星宿争翻芒。辕马蹢躅鸣，左右泣仆童。甲午憩时门，临泉窥斗龙。东南出陈许，陂泽平茫茫……行行二月暮，乃及徐南疆。下马步堤岸，上船拜吾兄。谁云经艰难，百口无夭殇。仆射南阳公，宅我睢水阳……"睢水"阳"，即睢河北岸地区，水北岸称阳。

三月，因河阳军节度使李元淳调任昭义军节度使，公欲去河阳军谋职愿望落空，李翱投书徐、泗、濠节度使兼徐州刺史张建封，举荐愈公（见《荐所知于徐州张仆射书》）。秋，公被张建封辟为节度推官。张建封为邓州南阳县人，贞元十年（公元794年），赐爵南阳县开国男。卒葬孟州河阳县，有人据葬处而讲张建封是河阳县人，有误。《徐州刺史赠司空张建封墓志铭》载："公讳建封，字本立，姓张氏，南阳人……十年，加检校中郎、尚书、南阳县开国男……"腊月，公奉张建封之命朝京师贺新正，欧阳詹推荐愈公为四门博士，因故未准。

此年在徐州符离，公长子韩昶出生，乳名曰符；公侄女（韩弇之女）嫁李翱，孟郊、张籍、侯喜、王涯等俱到徐州参加李翱婚礼。

是年著文《子产不毁乡校颂》《答李翊书》《与李翱书》《太学生何蕃传》《爱直赠李君房别》《徐泗濠三州节度掌书记厅石记》《贺徐州张仆射白兔书》《上张仆射书》《上张仆射第二书》《董公行状》《祭董相公文》《崔评事墓志铭》；诗作《汴州乱二首》《赠河阳李大夫》《此日足可惜赠张籍》《汴泗交流赠张仆射》《赠张徐州莫辞酒》《嗟哉董生行》《赠族侄》《龊龊》《鸣雁》《雉带箭》《从仕》《暮行河堤上》《驽骥吟》等。

唐德宗贞元十六年（公元 800 年）　庚辰　三十三岁

公去岁末"朝正于京师"，本年春自京师返徐州，作《归彭城》一诗。因与张建封在一些问题上意见相左，请辞，被张建封免去节度推官一职，举家离开符离。五月十四日，公至下邳，会旧识学生，作《题李生壁》，李翱、王涯、侯喜同行。五月十三日，张建封卒，五月十五日，徐州军乱，公十四日已到下邳，免于兵乱。公《题李生壁》云："余始得李生于河中，今相遇于下邳，自始及今，十四年矣……余黜于徐州，将西居于洛阳……陇西李翱、太原王涯、上谷侯喜，实同与焉。贞元十六年五月十四日，昌黎韩愈书。"夏，公举家寄居洛阳。冬，公赴京师参加吏部铨选考试。公《县斋有怀》诗云"求官去（离开）东洛，犯雪过西华"，即述赴京参考事。

是年著文《题李生壁》《与卫中行书》《闵己赋》《与孟东野书》《答张籍书》《重答张籍书》《与冯宿论文书》《祭穆员外文》；诗作《归彭城》《送僧澄观》《河之水二首寄子侄老成》《古风》《烽火》《夜歌》《海水》《幽怀》等。

唐德宗贞元十七年（公元 801 年）　辛巳　三十四岁

十七年三月，公顺利通过吏部铨选考试，自京师返回洛阳待命。秋末冬初，被任命为国子监四门博士。公《与汝州卢郎中论荐侯喜状》云："去年愈从调选，本欲携持同行……及春末自京还，怪其久绝消息。五月初至此，自言为阁下所知。"

是年著文《送孟东野书》《送窦从事序》《送李愿归盘谷序》《与汝州卢郎中论荐侯喜状》《答尉迟生书》《获麟解》《行难》《圬者王承福传》《答李翊书》《重答李翊书》《欧阳生哀辞》《题哀辞后》《贝州司法参军李君墓志铭》；诗作《赠侯喜》《山石》《将归赠孟东野房蜀客》等。

唐德宗贞元十八年（公元 802 年）　壬午　三十五岁

春，公请假返洛将家眷接至京师长安。公《与陈给事书》云："去年春，亦尝一进谒于左右矣……其后，如东京取妻子，又不得朝夕继见。"（陈给事即陈京，贞元十九年自考功员外郎行给事中）

公本年仍任四门博士，并以四门博士身份，致书陆傪，推荐侯喜、李翊、尉迟汾、沈杞、李绅、张后余、刘述古、侯云长、韦群玉、张苪十人参加礼部进士考试。当年尉迟汾、沈杞、侯喜、李翊考中进士，余六人数年相继登第。后来许多举子慕名投奔愈公门下，称"韩门弟子"。

是年著文《上巳日燕太学听弹琴诗序》《与崔群书》《与祠部陆员外书》《与于襄阳书》《答李秀才书》《答陈生书》《答胡生书》《师说》《独孤申叔哀辞》《施先生墓志铭》《唐故赠绛州刺史马府君行状》；诗作《送陆歙州诗并序》《古意》等。

唐德宗贞元十九年（公元803年） 癸未 三十六岁

上半年，公任职四门博士。七月，与柳宗元、刘禹锡等好友被任命为监察御史。公任监察御史，性直好谏，曾向德宗谏言罢除宫市。该年关中连续7个月不雨，公上书《御史台论天旱人饥状》，请求京畿诸县停止征收赋税。德宗对奏章甚为不满，加之权臣京兆尹李实进谗言，十二月，德宗帝下旨免公监察御史之职，贬为连州阳山县令，并被逼立即离京赴任。宋吕大防《韩吏部文公集年谱》载："贞元十九年，癸未，是年拜监察御史，坐言事，贬连州阳山令。"公《赴江陵途中寄赠三学士》诗云："孤臣昔放逐，血泣追愆尤……或自疑上疏，上疏岂其由。是年京师旱，田亩少所收……上陈人疾苦，无令绝其喉……朝为青云士，暮作白首囚。商山季冬月，冰冻绝行舟。春风洞庭浪，出没惊孤舟。逾岭到所任，低颜奉君侯……"该诗详述了被贬阳山县令的缘由及赴任情况。

该年元月，公堂兄韩弇遗孀韦夫人葬陈留县安丰乡岗，陈留县曾是愈公家眷及韦夫人居住过的地方，故韦夫人去世后葬陈留。李翱《昌黎韩君夫人京兆韦氏墓志铭》云："贞元十六年，以其女子归于陇西李翱。夫人从其女子依于李氏焉。降年短命三十有二，贞元十八年八月甲辰，卒于汴州开封新里乡之某村。其明年正月辛酉，陇西李氏以其丧葬之于陈留县安丰乡岗。"侄十二郎老成于本年去世，葬江南宣城。

是年著文《御史台论天旱人饥状》《禘祫议》《讼风伯》《与陈给事书》《上李尚书书》《论今年权停举选状》《送王秀才序》《送许郢州序》《赠崔复州序》《送董邵南序》《送何坚序》《送牛堪序》《送浮屠文畅师序》《送陈密序》《祭十二郎文》《唐故河南府法曹参军卢府君夫人苗氏墓志铭》；诗作《苦寒》《落齿》《哭杨兵部凝陆歙州参》等。

唐德宗贞元二十年（公元804年） 甲申 三十七岁

二十年正月，赴阳山途经湖南。三月，公到达连州阳山县。公《祭张署》云："我落阳山，君飘临武，君止于县，我又南逾。"

唐代的阳山县乃天下之穷处，地广人稀，猿猴乱窜，舟楫难行，百姓思想不开化。愈公在阳山任职约一年两个月，时间不长，却做了不少实事：一是亲临政务，廉政为民。亲理县政建设，深入农舍，与老农共饮一碗酒，亲自参与渔业劳作，探求治理阳山的方略。二是重视农桑，发展经济。引进中原先进的农耕技术、农耕工具，教人耕织，重视水利设施的兴建维护，改良农作物品种，推广先进的间种、套种技术，大力发展农业生产力。三是宣扬德礼，兴办学校。招生授徒，教化百姓，提高阳山百姓的文化水准和文明程度。四是建章立制，整顿秩序。制定乡规民约，整治社会秩序，打击恶势力，抑制豪强，保护好人民群众的利益。五是排忧解难，大办实事。整治连江河道，修筑县城街道，解决百姓行船难、行路难、过渡难等问题。当地百姓感念愈公恩德，生子多以其姓及字名之。

公在阳山县，家仍居京师长安。

是年著文《别知赋》《送杨支使序》《答窦秀才书》《燕喜亭记》；诗作《同冠峡》《次同冠峡》《贞女峡》《李员外寄纸笔》《湘中》《县斋读书》《送惠师》《送灵师》《新竹》《晚菊》《答张十一功曹》等。

唐德宗贞元二十一年永贞元年（公元 805 年）　乙酉　三十八岁

正月二十三日，唐德宗驾崩。正月二十六日，唐顺宗即位。二月甲子（二十四日）大赦天下。公《县斋有怀》诗云："嗣皇新继明，率土日流化。"表达了新皇登基遇赦的高兴心情。

夏，公遇赦离开阳山，北上郴州，在郴州刺史李伯康处暂居，等待新的任命。待命三个月期间，公受到盛情款待，得以潜心著述，完成了《原道》《原性》《原毁》《原人》《原鬼》名篇创作。公《上兵部李侍郎书》云："旧文一卷，扶树教道，有所明白。"文中所讲"扶树教道"当指"五原"诸篇。

八月庚子（四日），唐顺宗因病禅位，唐宪宗即位，将当年定为永贞元年。宪宗即位，大赦天下，公再次得赦，被任命为江陵法曹参军。公因患疟疾，稽留至九月初方同张署（新任江陵功曹参军）一起动身到江陵任职。途经衡州、潭州、岳州等地，沿途受到邹君、杨凭、窦痒等地方官员的盛情接待。约十月底，至江陵。在江陵、公与贬官刘禹锡、柳宗元相晤。

是年著文《五箴》《原道》《原性》《原毁》《原人》《原鬼》《荆潭唱和诗序》《送廖道士序》《送陈秀才序》《上兵部李侍郎书》《送区册序》《施州房使君郑夫人殡表》；诗作《叉鱼》《湘中酬张十一功曹》《八月十五夜赠张功曹》《杂诗四首》《闻梨花发赠刘师命》《梨花下赠刘师命》《县斋有怀》

《刘生诗》《宿龙宫滩》《射训狐》《东方半明》《郴州祈雨》《遣疟鬼》《彬口又赠二首》《合江亭》《题木居士二首》《谒衡岳庙遂宿岳寺题门楼》《别盈上人》《峋嵝山》《赴江陵途中寄赠王二十补阙李十一拾遗李二十六员外翰林三学士》《潭州泊船呈诸公》《洞庭湖阻风赠张十一署》《岳阳楼别窦司直》《陪杜侍御游湘西两寺独宿有题因献杨常侍》《木芙蓉》《永贞行》《晚泊江口》《喜雪献裴尚书》等。

唐宪宗元和元年（公元 806 年）　丙戌　三十九岁

正月，宪宗帝改元元和。六月，公召授权知国子博士，在国子监从事教学工作。自江陵回京师，途经襄阳，六月十二日至邓州，西行抵长安。公《释言》云："元和元年六月十日，愈自江陵法曹诏拜国子博士。"下半年，公在京师和家人团圆，并与张籍、孟郊、张彻、侯喜等交往甚密。该年公堂兄韩发去世，公撰祭文及墓志铭。

是年著文《上襄阳于相公书》《祭十二兄文》《虢州国司户韩府君墓志铭》《祭郴州李使君文》；诗作《寒食日出游》《郑群赠簟》《赠郑兵曹》《杏花》《春雪间早梅》《早春雪中闻莺》《春雪（看雪乘清旦）》《春雪（片片驱鸿急）》《感春四首》《答张彻》《丰陵行》《送文畅师北游》《游青龙寺赠崔大补阙》《赠崔立之评事》《送区弘南归》《喜侯喜至赠张籍张彻》《赠崔立之》《题张十一旅舍三咏（榴花·井·葡萄）》《醉赠张秘书》《南山诗》《短灯檠歌》《荐士》《秋怀诗十一首》《会合联句（与张籍、孟郊、张彻、侯喜）》《秋雨联句（与孟郊）》《城南联句（与孟郊）》《斗鸡联句（与孟郊）》《征蜀联句（与孟郊）》等。

唐宪宗元和二年（公元 807 年）　丁亥　四十岁

二年正月，公作《元和圣德诗》，赞扬宪宗皇帝盛德，帝大悦。宰相郑絪十分欣赏愈公诗作，请公抄写一份送呈，公遵嘱抄写赠郑宰相。公《释言》云："退录诗书若干篇，择时以献。"郑絪向宪宗帝推荐愈公为翰林学士，因有京官嫉妒，恶意诽谤诬陷而未果。公感到京师不宜久留，主动请求外放地方任职，遂被批准以权知国子博士分司洛阳。李翱《韩文公行状》云："入为权知国子博士，宰相有爱公文者，将以文学职除（授官职）公，有争先者，构公语以非之，公恐其难，遂求分司东都。"夏末，公携家眷离京赴洛阳，分司东都。本年堂兄开封尉韩俞去世，俞妻赵氏早俞十一年去世。公乞求分司洛阳，其中原因之一是为了照顾和教育韩俞子女（二女三男）及去年去世的堂兄韩岌的子女。这些子女均安置在汴州陈留。公《四门博士周况妻韩氏墓志铭》云："四门博士周况妻韩氏，讳好，尚书礼部郎中讳云卿之孙，开封尉讳俞之女。开封娶赵氏，生二女三男……赵氏卒十一年，而开封亦卒。开封从父弟愈，于时为博士，乞分教东都生，以收其孥于开封界中教畜之，而归其长女于周氏况。"

《元和姓纂》（唐宪宗元和七年成书）载："陈留，本颍川人棱后徙陈留。唐礼部郎中韩云卿，弟绅卿，京兆司录，兄（仲卿）子会、愈。会，起居舍人。愈，职方员外。"《元和姓纂》讲韩云卿、韩绅卿、韩仲卿之子韩会、韩愈徙居陈留，依据了这些信息：其一，愈公于唐德宗贞元十三年（公元797年）在汴州任观察推官，安家在汴州陈留。其二，唐德宗贞元十四年（公元798年），愈公三叔父韩云卿次子韩弇（卒于贞元三年）遗孀京兆韦夫人携女来投居陈留；愈公长兄韩会之子韩老成（十二郎）自宣城到陈留居一年，计划回宣城迁家眷居陈留，因汴州军乱愈公离职徙居徐州符离而无果。其三，唐德宗贞元十九年（公元803年），公堂兄韩弇遗孀京兆韦夫人去世葬陈留。其四，唐宪宗元和二年（公元807年），愈公三叔父韩云卿长子韩俞（开封尉）去世，俞妻赵氏早俞十一年去世，愈公将堂兄韩俞之三男（无竞、启馀、州来）二女安排在陈留养育。公四叔父韩绅卿之子韩岌于元和元年（公元806年）去世，公于元和二年将堂兄遗孀田氏及一子（象）二女（门、都）安置在陈留居住，以方便照顾。时年愈公为权知国子博士，分司东都洛阳。愈公父辈韩仲卿、韩少卿、韩云卿、韩绅卿均无居住陈留，《元和姓纂》所讲韩云卿、韩绅卿、韩会徙陈留，皆为其后人曾居陈留。《元和姓纂》未提及愈公父亲韩仲卿及二叔父韩少卿徙居陈留，可知陈留并非愈公家族故里地。

是年著文《释言》《张中丞传后叙》《答冯宿书》《毛颖传》《处士卢君墓志铭》《唐故太原府参军事苗君墓志铭》《考功员外卢君墓铭》；诗作《元和圣德诗并序》《酬裴十六功曹巡府西驿途中见寄》《三星行》《剥啄行》《嘲鼾睡二首》《陆浑山火和皇甫湜用其韵》等。

唐宪宗元和三年（公元808年）　戊子　四十一岁

元和三年，公由权知（代掌）国子博士改授真国子博士，分司洛阳。李翱《韩文公行状》云："权知三年，改真博士。"

十月九日，与处士石洪、吏部员外郎王仲舒、水部员外郎郑楚相、洛阳县令潘宿阳、前左武卫胄曹李演、前杭州钱塘县尉郑纮同游洛阳福先寺塔。

十二月修书，劝李渤出山入仕。在洛阳，公结交了很多朋友，收了一些门生，并与柳宗元、刘禹锡书信频繁，大力推动古文运动的发展。

是年著文《与少室李拾遗书》《河南少尹裴君墓志铭》；诗作《崔十六少府摄伊阳，以诗及书见投，因酬三十韵》《东都遇春》《孟东野失子》《赠唐衢》《祖席（得前字）》《祖席（得秋字）》等。

唐宪宗元和四年（公元809年）　己丑　四十二岁

上半年，公仍任职国子博士分司洛阳。六月十日，改授都员外郎，分司东都兼判祠部。陆克明《韩愈年表》云："元和四年己丑，四十二岁，六月，韩愈由国子博士改为都官员外郎，仍分司东都。"都员外郎属刑部，掌刑狱。公忠于职守，敢于同宦官及僧侣的不法行为展开斗争。李翱《韩文公行状》云："改真博士，入省，为分司都官员外郎。"

是年著文《河南府同官记》《嵩山天封宫题名》《送李判官正字础归湖南序》《送郑十校理序》《讳辩》《祭蔡助教文》《国子助教河东薛君墓志铭》《监察御史元君妻京兆韦氏夫人墓志铭》《河南缑氏主簿唐充妻卢氏墓志铭》；诗作《送李翱》《送湖南李正字归》《和虞部卢四汀酬翰林钱七徽赤藤杖歌》《送侯参谋赴河中幕》等。

唐宪宗元和五年（公元810年）　庚寅　四十三岁

五年，公仍为都官员外郎，分司东都。东都洛阳的僧道，在宦官的纵容下，胡作非为。公大刀阔斧，整顿僧道违法乱纪行为，引起宦官不满和报复。东都留守郑余庆和河南尹李素等人软弱怕事，不为愈公撑腰。冬，公受恶势力打压，降职为河南令。公任河南令后，仍不断同恶势力展开斗争，幸得宪宗帝的支持，否则后果难测。宋·程俱《韩文公历官记》云："五年，代薛戎为河南令。"李翱《韩文公行状》云："改河南县令，日以职分辨于留守及尹，故军士莫敢犯禁。"

是年著文《送石处士序》《上郑尚书相公启》《为河南令上留守郑相公启》《送温处士赴河阳军序》《送幽州李端公序》《河中府法曹张君墓碣铭》《中散大夫河南尹杜君墓志铭》《朝散大夫赠司勋员外郎孔君墓志铭》《登封县尉卢殷墓志铭》；诗作《感春五首》《招杨之罘》《河南令舍池台》《同窦韦寻刘尊师不遇》《月蚀诗效玉川子作》《燕河南府秀才得生字》《学诸进士作精卫衔石填海》等。

唐本载《送温处士赴河阳军序》作于元和六年。考公《乌氏庙碑铭》

云："元和五年四月，中贵人诱卢从史缚之。壬辰（四月二十三日），诏用乌公为河阳节度使。"公《送温处士赴河阳军序》云："大夫乌公，以铁钺镇河阳之三月，以石生为才，以礼为罗，罗而致之幕下，未数月，以温生为才，又致之。"石处士七月为河阳军节度使乌重胤幕僚，温处士当在冬天赴河阳军为乌重胤幕僚。

唐宪宗元和六年（公元811年）　辛卯　四十四岁

元和六年上半年，公仍为河南县令。三月十八日，公乳母李正真疾卒，二十一日，公率全家葬乳母于河南县北十五里处。公《乳母墓铭》云："乳母李，徐州人，号正真……元和六年三月十八日疾卒。卒三日，葬河南县北十五里。愈率妇孙视窆封，且刻其语于石，纳诸墓，为铭。"

六月，公升职调回京师，任尚书职方员外郎。宋代吕大防《韩吏部文公集年谱》云："元和六年辛卯，拜职方员外郎。"宋代洪兴祖《韩子年谱》云："六年辛卯，行尚书职方员外郎。"

是年著文《送穷文》《代张籍答李浙东书》《复仇状》《答杨子书》《答渝州李使君书》《乳母墓铭》《兴元少尹房君墓志铭》《河南府王屋县尉毕君墓志铭》《江西观察使韦公墓志铭》《襄阳卢丞墓志铭》；诗作《辛卯年雪》《李花二首》《寄卢仝》《石鼓歌》《峡石西泉》《入关咏马》《谁氏子》《酬司门卢四兄云夫院长望秋作》《送无本师归范阳》《赠张籍》《双鸟诗》《送陆畅归江南》《卢郎中云夫寄示送盘谷子诗两章歌以和之》等。

唐宪宗元和七年（公元812年）　壬辰　四十五岁

七年春，公复为国子博士。《宪宗实录》云："七年二月乙未，职方员外郎韩愈为国子博士。"公任职后，因事过华州，误以为华州刺史赵昌结党诬奏华阴县令柳涧贪赃，遂上疏为柳涧申诉，朝廷派御史复查，查实柳涧贪赃，上以公妄议为由，贬职为国子博士。李翱《韩文公行状》云："入为职方员外郎，华州刺史奏华阴令柳涧有罪，遂将贬之，公上疏请发御史辨曲直方可处以罪，则下不受屈。既柳涧有犯，公由是复为国子博士。"

是年著文《进学解》《答陈商书》《石鼎联句诗序》《祭石君文》《集贤院校理石君墓志铭》《银青光禄大夫守左散骑常侍致仕上柱国襄阳郡王平阳路公神道碑铭》《河南少尹李公墓志铭》；诗作《寄崔二十六立之》《赠刘师服》《和崔舍人咏月二十韵》等。

唐宪宗元和八年（公元813年） 癸巳 四十六岁

八年三月，公在京师，由国子博士升职为比部郎中、史馆修撰。《新唐书·韩愈传》云："愈数黜官，又下迁，乃作《进学解》以自喻。执政（宰相武元衡、李吉甫、李绛）览之，奇其才。"《旧唐书·韩愈传》云："执政览其文而怜之，以其有史才，改比部郎中、史馆修撰。"《宪宗实录》云："八年三月乙亥，国子博士韩愈比部郎中，史馆修撰。"十一月，公受命开始修撰《顺宗实录》。

是年著文《答刘秀才论史书》《送水陆运使韩侍御归所治序》《乌氏庙碑铭》《河东节度观察使荥阳郑公神道碑文》《殿中侍御史陇西李府君墓志铭并序》《息国夫人墓志铭》《魏博节度观察使沂国公先庙碑铭》《朝散大夫商州刺史除名徙封州董府君墓志铭》；诗作《送刘师服》《送进士刘师服东归》《奉和武相公镇蜀时咏使宅韦太尉所养孔雀》《奉和虢州刘给事使君三堂新题二十一咏并序》《和武相公早春闻莺》《酬蓝田崔丞立之咏雪见寄》《雪后寄崔二十六丞公》《桃源图》等。

唐宪宗元和九年（公元814年） 甲午 四十七岁

九年十月，公由比部郎中转任考功郎中（掌百官功过事迹，属吏部）。十二月十五日，以考功郎中知制诰（实职，撰写百官的任免命令）。《宪宗实录》云："九年十月甲子，韩愈考功郎中，依前史馆修撰。十二月戊午以考功知制诰。"宋代洪兴祖《韩子年谱》云："九年甲午，冬，为考部郎中，知制诰。"

是年著文《答元侍御书》《答魏博田仆射书》《送张道士序》《与袁相公书》《与郑相公书》《为韦相公让官表》《祭裴太常文》《祭薛中丞文》《祭左司李员外太夫人文》《检校尚书左仆射右龙武军统军刘公墓志铭》《赠潞州大都督彭城刘公墓碑》《贞曜先生墓志铭》《试大理评事王君墓志铭》《扶风郡夫人墓志铭》；诗作《江汉答孟郊》《奉酬振武胡十二丈大夫》《送张道士》《饮城南道边古墓上逢中丞过赠礼部卫员外少室张道士》等。

唐宪宗元和十年（公元815年） 乙未 四十八岁

元和十年，公在京师任职考功郎中知制诰。

正月，吴元济反，纵兵侵掠，烧舞阳、犯叶、襄城，威胁到东都洛阳的安全。二月，宪宗帝诏鄂岳观察使柳公绰以兵五千参与讨伐吴元济，愈公写有《与鄂州柳中丞书》。五月，宪宗帝遣御史中丞兼刑部侍即裴度赴蔡州行营宣慰，了解军情及用兵形势。裴度还朝言淮西用兵必胜吴元济。时朝廷存在主战与主和两派的尖锐斗争，宰相韦贯之为代表的主和派占人多优势，愈公坚定支持以武元衡和裴度为代表的主战派。六月，平卢节度使李师道、成德节度使王承宗暗通吴元济，存反叛之心。李师道遣部将訾嘉珍、门察等人人京刺杀宰相武元衡，刺伤御史中丞兼刑部侍郎裴度。宪宗帝下诏悬赏抓到凶犯者，官封五品并赏钱万贯。神策军王士则、王士平抓到成德节度使王承宗门客张宴等八人，指控八人受王承宗指派刺杀了宰相武元衡。宪宗帝分别封王士则、王士平为五品官，因宰相张弘靖疑张宴之冤，多次提醒宪宗帝，帝处死张宴等人后亦生疑，故未赏王士则、王士平。愈公不了解内情，上《论捕贼行赏表》，反复强调朝廷"守之以信"的重要性，引起宪宗帝心中不快。武元衡去世不久，宪宗帝诏命裴度为宰相，支持平叛。

　　是年著文《与鄂州柳中丞书》《再与鄂州柳中丞书》《蓝田县丞厅壁记》《答刘正夫书》《为宰相贺雪表》《与华州李尚书书》《为裴相公让官表》《除崔群户部侍郎制》《进顺宗皇帝实录表状二首》《顺宗实录》《祭虞部张员外文》《虞部员外郎张府君墓志铭》《秘书少监赠绛州刺史独孤府君墓志铭》《清河郡公房公墓碣铭》《瞿州徐偃王庙碑》《唐故监察御史卫府君墓志铭》；诗作《奉和库部卢四兄曹长元日朝回》《寒食直归遇雨》《题百叶桃花》《山南郑相公樊员外酬答为诗其未咸有见及语樊封以示愈依赋十四韵以献》《春雪·新年都未有芳华》《戏题牡丹》《盆池五首》《芍药》《晚春》《送李十六协律归荆南》《送李尚书赴襄阳八韵》《示儿》《晚寄张十八助教周郎博士》《游太平公主山庄》等。

唐宪宗元和十一年（公元816年）　丙申　四十九岁

　　十一年正月二十日，公拜中书舍人。五月十八日，降职为太子右庶子。宋洪兴祖《韩子年谱》云："十一年丙申，春，迁中书舍人。夏，为太子右庶子。"《宪宗实录》载："五月癸未，降为太子右庶子。"李翱《韩文公行状》云："月满迁中书舍人，赐绯鱼袋，后竟以它事改右庶子。"

　　淮西吴元济叛乱久未平息，以宰相李逢吉、韦贯之为代表的官员主张议和安抚，以宰相裴度为代表的官员主张用兵剿灭。愈公支持用兵平叛，并上奏《论淮西事宜状》，对用兵的利害得失、部署安排作出详细的阐述，力促宪宗皇帝坚定讨伐吴元济的决心。愈公的言行引起主和派的不满，借故打压。愈公任江陵法曹时，得到荆南节度使裴均的厚待。裴均的儿子裴锷平庸粗俗，回家看望父亲，愈公为其饯行并写有序文，序文中直呼裴均的字，这在古代是不可以的。古代同辈可以互相称字，但晚辈不能称长辈的字。裴均大愈公十八岁，当视为长辈，故愈公不能称裴均的字。李逢吉、韦贯之等主和派以过往旧事大做文章，贬愈公为太子右庶子。《旧唐书·韩愈传》载："俄有不悦愈者，摭其旧事，言愈前左降为江陵掾曹，荆南节度使裴均馆之颇厚，均子锷凡鄙，近者锷还省父，愈为序饯锷，仍呼其字。此论喧于朝列，坐是改太子右庶子。"

是年著文《论淮西事宜状》《科斗书后记》《冬荐官殷侑状》《谢许受王用男人事物状》《进王用碑文状》《四门博士周况妻韩氏墓志铭》《祭周氏侄女文》《袁氏先庙碑》《曹成王碑》《太原郡公神道碑文》；诗作《和席八十二韵》《人日城南登高》《游城南十六首》《感春三首》《题张十八所居》《调张籍》《和侯协律咏笋》《奉和钱七兄曹长盆池所植》《奉酬卢给事云夫四兄曲江荷花行见寄并呈上钱七兄阁老张十八助教》《庭楸》《听颖师弹琴》《酬马侍郎寄酒》《符读书城南》《早赴街西行香赠卢李二中舍人》《大行皇太后挽歌词三首》等。

唐宪宗元和十二年（公元 817 年）　丁酉　五十岁

十二年上半年，公仍为太子右庶子。七月，以太子右庶子兼御史中丞。八月，充彰义军行军司马，赐三品衣鱼，随裴度东征淮西。十二月二十一日，拜刑部侍郎。宋洪兴祖《韩子年谱》云："十二年秋，度讨无济，奏愈为行军司马，官如故，兼御史中丞，赠三品服。"《旧唐书·韩愈传》载："元和十二年八月，宰臣裴度为淮西宣慰处置使，兼彰义军节度使，请愈为行军司马，仍赠金紫。淮蔡平，十二月随度还朝，以功授刑部侍郎。"宋樊汝霖《韩文公年谱》云："十二年丁酉。七月，以太子右庶子兼御史中丞，充彰义军行军司马，从裴晋公东征。八月三日，发赴行营。二十七日至郾城。十月二十二日己卯，蔡州平。十一月二十八日，起蔡州。十二月十六日，至京。二十一日，拜刑部侍郎（见《旧史·宪宗纪》）。"

平定藩镇作乱，愈公做了几件有功的大事。一是单骑入汴州，说服淮西诸军都统韩弘出兵。韩弘本乐于自擅，欲倚贼自重，不愿淮西速平。经愈公劝说，韩弘命其子韩公武率兵一万二千人助裴度平叛，又归材与赋以济诸军。《韩文公神道碑》云："说都统弘，弘悦用兵。"二是经调查研究，了解到蔡州城空虚，可乘机率兵破城擒拿叛首吴元济，可惜裴度未批准愈公请求。唐、邓、隋节度使李愬了解蔡州空虚，遂率军雪夜入蔡州擒住吴元济，愈公失去了夺得头功的机会。但公对双方形势的判断及请命灭敌的勇气为人称道。《韩文公神道碑》云："势审其贼虚实，请节度使裴度曰：'某领精兵千人取元济，度不听察。居数日，李愬自文城果行无人，擒贼以献，遂平蔡方。三军之士为先生恨。'"三是向裴度建言，吴元济被诛，暗通吴元济的镇州节度使王承宗已感害怕，不必劳师动众，劝降为上。裴度采纳了愈公建言。李翱《韩文公行状》云："公令柏耆口占为丞相书，明福祸，使柏耆袖之以至镇州。承宗果大恐，上表请割德、棣二州以献。"未出兵而镇服王承宗，避免了战乱和百姓遭殃，公功不可没。

是年著文《举钱徽自代状》《为宰相贺白龟状》《荐樊宗师状》《送殷员外序》《试大理评事胡君墓铭》《河南令张君墓志铭》《祭河南张员外文》；诗作《奉和裴相公东征途经女几山下作》《送张侍郎》《过鸿沟》《赠刑部马侍郎》《郾城晚饮奉赠副使马侍郎及冯李二员外》《酬别留后侍郎》《同李二十八夜次襄城》《同李二十八员外从裴相公野宿西界》《过襄城》《宿神龟招李二十八冯十七》《次硖石》《和李司勋过连昌宫》《桃林夜贺晋公》《晋公破贼回重拜台司以诗示幕中宾客愈奉和》《次潼关上都统相公》《次潼关先寄张十二阁老使君》《闲游二首》等。

唐宪宗元和十三年（公元 818 年）　　戊戌　　五十一岁

十三年，公任职刑部侍郎。正月十四日，公奉诏撰写《平淮西碑文》。三月二十五日，《平淮西碑文》问世刻碑。碑文盛赞宪宗皇帝削藩功绩和大唐中兴，并较多赞扬宰相裴度平定淮西的功绩。碑文引起李愬的不满，李愬认为自己擒吴元济是头功，碑文却夸大了裴度的功绩。李愬之妻是宪宗皇帝姑母唐安公主之女，为碑文事多次入宫面帝，诉说碑文所言不实。宪宗帝无奈之下下诏磨去愈公所撰碑文，令翰林学士段文昌重撰碑文勒石。愈公所撰碑文虽被磨去，却依然被人们传诵着。宋代苏轼诗云："淮西功业冠吾唐，吏部文章日月光。千载断碑人脍炙，不知世有段文昌。"

是年著文《进撰平淮西碑文表》《平淮西碑文》《奏韩弘人事物表》《谢许受韩弘物状》《答殷侍御书》《改葬服议》《唐故相权公墓碑》《凤翔陇州节度使李公墓志铭》；诗作《独钓四首》《送李员外院长分司东都》《读皇甫湜公安园池诗书其后》等。

唐宪宗元和十四年（公元 819 年）　　己亥　五十二岁

十四年，公因谏迎佛骨，惹帝大怒，贬为潮州刺史，遇赦量移袁州刺史，家眷随迁。

正月丁亥，宪宗帝令中使押宫人持香花迎佛骨，留皇宫三日后送回凤翔法门寺。《旧唐书·韩愈传》记述当时的情况："王公士庶奔走舍施，唯恐在后。百姓有废业弃产、烧顶灼臂而求供养者。愈上疏极陈其弊。癸巳，贬潮州刺史。"公在《论佛骨表》中写道："乞以此骨付之有司，投诸水火，永绝根本，断天下之疑，绝后代之惑。"还写道："汉明帝时，始有佛法。明帝在位才十八年耳，其后乱亡相继，运祚不长。宋、齐、梁、陈、元魏以下，事佛渐谨，年代尤促。"帝阅后大怒，持示宰相，令处死愈公。幸赖裴度、崔群等极力劝说，求宪宗帝开恩宽恕，才免愈公一死，遂贬为潮州刺史，勒令立即离京赴任。并以罪臣家属不得留京为由，逼迫家眷随公遣逐。赴任行至陕南商州路上，女挐不幸病故。三月二十五日，公全家到达潮州。公《潮州祭神文》云："愈承朝命，为此州长，今月二十五日至治下。"

公主政潮州八个月，关心百姓疾苦，心装天下苍生，亲民爱民，勤政廉政，干了几件名垂千秋的大好事：一是为民除害，驱逐鳄鱼。二是兴办学校，发展教育。三是兴修水利，推广北方先进耕作技术。四是赎放奴婢，禁止蓄奴。潮州人民为表达对愈公的热爱与怀念，为其建庙立碑，世代奉祀，并将流经潮州的恶溪改名韩江，将潮州的东山改名韩山，故潮州素有"半城江山皆姓韩"的说法。纵观中国历史，享受这般荣誉的仅有愈公一人。

七月十三日，群臣为宪宗皇帝上尊号为"元和圣文神武法天应道皇帝"。礼毕，大赦天下。宪宗帝有意复用愈公，宰相皇甫镈不喜欢愈公好直言，恐其入朝，遂进言皇上："愈终大狂疏，且可量移一郡。"帝乃授公为袁州刺史。公于十月十四日接到调任袁州刺史的诏令，移交政务后，携家眷赴袁州。于次年正月初八日达袁就任。公《袁州刺史谢上表》云："臣以去年正月上疏论佛骨事，先朝恕臣愚直，不加大罪，自刑部侍郎贬授潮州刺史。伏遇其年七月十三日恩赦至，其年十月二十四日，准例量移，改授袁州刺史。以今月八日，到任上讫。"

是年著文《论佛骨表》《记宜城驿》《潮州刺史谢上表》《祭鳄鱼文》《潮州请置乡校牒》《潮州祭神文五首》《贺册尊号表》《与大颠师书》《祭柳子厚文》《中散大夫少府监胡良公墓神道碑》；诗作《元日酬蔡州马十二尚书

去年蔡州元旦见寄之什》《左迁至蓝关示侄孙湘》《武关西逢配流吐蕃》《路傍堠》《食曲河驿》《过南阳》《次邓州界》《题楚庄王庙》《泷吏》《题临泷寺》《晚次宣溪，辱韶州张端公使君惠书叙别酬以绝句二章》《过始兴江口感怀》《赠别元十八协律六首》《初南食贻元十八协律》《答柳柳州食虾蟆》《宿曾江口示侄孙湘二首》《琴操十首》《从潮州量移袁州张韶州端公以诗相贺因酬之》《别赵子》等。

唐宪宗元和十五年（公元 820 年）　庚子　五十三岁

闰正月八日，公至袁州（今江西省宜春市）任刺史。九月，穆宗帝诏拜为国子监祭酒。十月接到诏令，移交政务后，全家自袁州启程赴京师，十二月至京师。宋代洪兴祖《韩子年谱》云："十五年庚子，召为国子祭酒。"宋代樊汝霖《韩文公年谱》云："十五年庚子，正月，宪宗崩，穆宗即位。九月二十二日，自袁州召拜国子祭酒。"公《祭湘君夫人》云："十五年十月，朝散大夫，守国子祭酒。"

公至袁州后，勤政为民，政绩卓著，兴教育，办学堂，培养了当时江西的第一个状元。元和十五年夏，袁州大旱，民生堪忧，愈公率州县官吏士绅祈雨于城隍庙，又去仰山神庙祈雨。公在祈雨祭文中写道："天降之罚，以久不雨，苗且尽死。刺史虽得罪，百姓何辜？宜降疾咎于某躬身，无令鳏寡蒙兹滥罚。谨告。"为百姓祈雨，公甘愿降灾疾于己身，其爱民之心溢于言表。不久，雨至，公亲撰《谢雨文》。其道风遗韵，为后世铭记。公在袁州还干了一件推之天下的善事。当时袁州地僻落后，一些穷人家庭或因公私债负，或因水旱天灾，无法度日，遂将子女作为抵押品，典贴给富户人家当奴婢，如果超过期限不还债赎回，就永远成为富人家的奴婢。公了解此情后，认为典贴奴婢"既乖律法，实亏政理"，遂依据《唐律·杂律》，一边奏知朝廷，一边制定府规，巧用"计庸折值"，依法取缔了典贴奴婢的陋习，释放奴婢 731 人。离开袁州时，公写下《应所在典贴良人男女等状》，向唐穆宗"奏乞以在袁州放免佣奴之法，推之天下，著为令"。唐穆宗准奏，通令全国不许典贴良人男女作奴婢。公之爱民措施得到袁州及全国百姓的拥护赞颂。

在袁州期间，愈公侄孙韩滂因病去世，年仅十九岁，葬袁州城南一里处，公亲为侄孙撰写了祭文和墓志铭文。

是年著文《慰国哀表》《宪宗崩慰诸道疏》《贺皇帝即位表》《皇帝即位贺宰相启》《皇帝即位贺诸道状》《贺赦表》《贺册皇太后表》《贺庆云表》

《袁州刺史谢上表》《举韩泰自代状》《与孟尚书书》《袁州申使状》《袁州祭神文三首》《谢雨文》《应所在典贴良人男女等状》《新修滕王阁记》《举荐张维素状》《黄家贼事宜状》《祭涝文》《韩涝墓志铭》《处州孔子庙碑》；诗作《将至韶州先寄张端公使君借图经》《韶州留别张端公使君》《题秀禅师房》《除官赴阙至江州寄鄂岳李大夫》《次石头驿寄江西王十中丞阁老》《游西林寺题萧二兄郎中旧堂》《自袁州还京行次安陆先寄随州周员外》《又寄随州周员外》《题广昌馆》《酒中留上襄阳李相公》《去岁，自刑部侍郎以罪贬潮州刺史，乘驿赴任，其后，家亦遣逐，小女道死，殡之层峰驿旁山下，蒙恩还朝，过其墓，留题驿梁》《贺张十八秘书得裴司空马》《送侯喜》等。

唐穆宗长庆元年（公元 821 年）　辛丑　五十四岁

上半年，公在京师任职国子祭酒；推荐张籍为博士。六月庚申（二十六日），拜兵部侍郎。宋代樊汝霖《韩文公年谱》云："六月庚申，拜兵部侍郎。"《新唐书·韩愈传》载："召拜国子祭酒，转兵部侍郎。"

是年著文《举荐张籍状》《请复国子监生徒状》《国子监论新注学官牒》《举韦凯自代状》《钱重物轻状》《黄陵庙碑》《祭张给事彻文》《朝散大夫尚书库部郎中郑君墓志铭》《朝散大夫越州刺史薛公墓志铭》《昭武校尉守左金吾卫将军李公墓志铭》《殿中少监马君墓志铭》；诗作《雨中寄张博士籍侯主簿喜》《杏园送张彻侍御归使》《奉和兵部张侍郎酬郓州马尚书祗召途中见寄开缄之日马帅已再领郓州之作》《南内朝贺归呈同官》《南山有高树行赠李宗闵》《朝归》等。

唐穆宗长庆二年（公元 822 年）　壬寅　五十五岁

上半年，公任职兵部侍郎，九月三日，转任吏部侍郎。

二年正月，叛将王廷凑围牛元翼于深州城。朝廷令十万官军三面救牛元翼，但各军皆以缺粮而不进攻，深州城危。朝廷无奈，于二月二十日授王廷凑为成德军（治所镇州）节度使。王廷凑虽受旌节，仍困牛元翼于深州城。穆宗帝遂令兵部侍郎愈公为宣慰使，前往镇州慰问王廷凑，劝其罢兵以解深州之围。公启程后，元稹奏曰："韩愈可惜！"穆宗听奏，亦觉一代文豪此去性命堪忧，于是派使者追上愈公宣诏："度事从权，能入则入，不能入则不必强入。"公接诏后对使者讲："止者，君之仁；死者，臣之义也。安有受君命而滞留自顾！"遂催马前行，勇进镇州。达王廷凑大营，军士拔刃弦弓矢相迎，甲士罗于庭。公大义凛然，镇静应对，面对将士，谕以逆顺，晓之利害，一番肺腑之言，情辞恳切，说服了王廷凑及其众军士，遂放走牛元翼。三月末，公自镇州归京师，入朝尽奏与王廷凑言及三军语，帝大悦，由是有意重用愈公，赐公祭田万亩。愈公晚年只身入叛军虎穴，以真情感化乱军将士，可谓英雄壮举！苏轼赞公此举为"勇夺三军之帅！"见诸《旧唐书·韩愈传》《新唐书·韩愈传》、皇甫湜撰《韩文公神道碑》及《韩文公墓志铭》、修武县《韩文公门谱》等。

九月，公由兵部侍郎迁为吏部侍郎。《穆宗实录》载："二年九月庚寅（三日），兵部侍郎韩愈为吏部侍郎。"

是年著文《韦侍讲盛山十二诗序》《郓州溪堂诗序》《论变盐法事宜状》《祭窦司业文》《国子司业窦公墓志铭》《楚国夫人墓志铭》；诗作《早春与张十八博士籍游杨尚书林亭寄第三阁老兼呈白冯二阁老》《奉使常山早次太原呈副史吴郎中》《夕次寿阳驿题吴郎中诗后》《奉使镇州行次承天行营奉酬裴司空》《镇州路上谨酬裴司空相公重见寄》《镇州初归》《同水部张员外曲江春游寄白二十二舍人》《和水部张员外宣政衙赐百官樱桃诗》《奉和李相公题萧家林亭》《奉酬天平马十二仆射暇日言怀见寄之作》《和仆射相公朝回见寄》《郓州溪堂诗》等。

唐穆宗长庆三年（公元 823 年）　癸卯　五十六岁

长庆三年元月至五月，公仍为吏部侍郎。六月辛卯（八日），公由吏部侍郎迁京兆尹兼御史大夫。十月癸巳（十二日），转任兵部侍郎。十月庚子（十九日），改授吏部侍郎。《旧唐书·韩愈传》载："……转京兆尹，兼御史大夫，以不台参，为御史中丞李绅所劾。愈不伏，言准敕仍不台参。绅、愈性皆褊僻，移刺往来，纷然不止。乃出绅为浙西观察使，愈亦罢尹，为兵部侍郎。及绅面辞赴镇，泣涕陈叙，穆宗怜之，乃追制以绅为兵部侍郎，愈复为吏部侍郎。"

冬，公组织家人将亡女韩挐骸骨从商州迁葬河阳军修武县韩陵祖茔。公撰有《祭女挐女文》《女挐圹铭》。

是年著文《京尹不台参答友人书》《举马总自代状》《送郑尚书序》《贺雨表》《贺太阳不亏状》《祭竹林神文》《曲江祭龙文》《举张正甫自代状》《论孔戣致仕状》《柳州罗池庙碑》《幽州节度判官赠给事中清河张君墓志铭》《祭侯主簿文》《祭马仆射文》《祭女挐女文》《女挐圹铭》《司徒兼侍中中书令赠太尉许国公神道碑铭》《太学博士李君墓志铭》；诗作《早春呈水部张十

八员外二首》《送郑尚书赴南海诗》《示爽》《和李相公摄事南郊览物兴怀呈一二知旧》《奉和杜相公太清宫纪事陈诚上李相公十六韵》等。

唐穆宗长庆四年（公元 824 年）　甲辰　五十七岁

四年元月至四月，公任职吏部侍郎。五月，因病告假，疗养于城南庄别宅。八月，请免吏部侍郎，自城南庄别宅回到长安靖安里第。十二月二日，公病逝于靖安里第。敬宗皇帝为之辍朝，追赠礼部尚书，谥号"文"。宝历元年三月癸酉，公葬河阳军怀州修武县韩陂祖茔。李翱《韩文公行状》云："……长庆四年得病，满百日假，既罢，以十二月二日卒于靖安里第。"皇甫湜《韩文公神道碑》云："……病满三月免，四年十二月丙子，薨靖安里第，年五十七。嗣天子不御朝，赠礼部尚书。宝历元年三月癸酉（二十九日），葬河南某县。"《旧唐书·韩愈传》载："……长庆四年十二月卒，时年五十七，赠礼部尚书，谥曰文。"

公长子韩昶是年登进士第。

是年著文《送杨少尹序》《江南西道观察使中大夫洪州刺史兼御史中丞上柱国赐紫金鱼袋赠左散骑常侍太原王公神道碑》《南阳樊绍述墓志铭》《正议大夫尚书左丞孔公墓志铭》；诗作《南溪始泛三首》《与张十八同效阮步兵一日复一夕》《玩月喜张十八员外以王六秘书至》等。

"韩愈服丹药"说考辨

韩愈是唐代儒家思想的杰出代表人物，他以匡扶儒学为己任，果敢地扛起排佛辟道大旗，使儒家文化在唐代中后期再度复兴，为宋、明两代儒学的发展奠定了坚实的基础。宋代大文豪苏东坡盛赞韩愈在文化思想领域的不朽贡献，称其"文起八代之衰，而道济天下之溺"①。

唐代盛行佛、道学说，求仙长生、服食丹药成为自皇帝到士大夫的普遍风气。韩愈以儒学道统继承者自居，旗帜鲜明地排斥佛老学说，矢志不渝地站在反对方士骗术的前列，更是在其作品中发出远离丹药的警世强音。在《谢自然诗》《谁氏子》诗文中，韩愈历数慕道希仙之谬；在《殿中侍御史李君墓志铭》文中痛批服食丹药之愚；在《太学博士李君墓志铭》文中直斥道家服食说："杀人不可计，而世慕尚之益至，此其惑也！"并以"目见亲与之游而以药败者六七公"为例，力陈服食丹药毒副作用使人痛不欲生、受尽折磨、终致夺命的严重后果，警告世人"此可以为诫者也"②。韩愈一生辟道拒丹，始终如一，节操高尚，人格伟岸！

韩愈之声望及历史地位无人撼动。然"行高于众，人必非之"。韩愈之排佛辟道行为，自然受到佛、道教徒的仇视与攻击。韩愈去世后，佛、道教徒编造故事，散布谣言，称韩愈晚年皈依了佛教，受韩湘子影响重新修行，位列仙班。晚唐以降，诸如"韩愈服丹药"之类的声音不绝于耳。批韩者以唐代白居易"退之服硫黄"诗句及宋代朱翌"（韩退之）乃乞丹于随州"之语为口实，批评韩愈言行不一、行为矛盾，"戒人服金石，复躬蹈之"③"作

---

① （宋）苏轼. 潮州韩文公庙碑 [Z]. 潮州.
② （唐）韩愈. 韩昌黎文集校注 [M]. 马其昶，校注. 马茂元，整理. 上海：上海古籍出版社，1986：553-555.
③ 张伯伟. 稀见本宋人诗话四种 [M]. 南京：江苏古籍出版社，2002：222.

《志》还自屠"①（陈师道《嗟哉行》）。黑韩者以北宋陶谷《清异录》及南宋王谠《唐语林》虚构故事为依据，诋毁韩愈晚年"有二妾""颇亲脂粉""食火灵库"壮阳、"始亦见功，终致绝命"②，诟病韩愈是道貌岸然的伪君子。当然，亦有韩愈研究者对批韩、黑韩的言论提出质疑，据理辩驳，以维护韩愈的清誉。

本文拟通过对"韩愈服丹药"说者所凭依据的考证，以辨明韩愈是否服食丹药之事实真相。

一、"韩愈食硫黄"说辨析

唐会昌元年（公元841年），白居易因怀念几位已故道友作《思旧》诗，诗云："闲日一思旧，旧游如目前。再思今何在，零落归下泉。退之服硫黄，一病讫不痊。微之炼秋石，未老身溘然。杜子得丹诀，终日断腥膻。崔君夸药力，经冬不衣绵。或疾或暴夭，悉不过中年。唯余不服食，老命反迟延……"③ 白诗中提及的"微之"指元稹，"杜子"指杜元颖，"崔君"指崔玄亮（一说指崔群，但崔群无饵药记述）。"退之"所指，则众说纷纭，或说指韩愈（字退之），或说指卫中立（字退之）。双方各执一词，自晚唐至今聚讼不已。

（一）退之系指韩愈说

持此说者给出四个认定的理由：

一是韩、白相识是旧友。台湾学者罗联添先生云："白诗题称《思旧》，诗又云：'闲日一思旧，旧游如目前。'则退之必为白之旧交。"④

二是卫中立身份低微非白旧友。现代史学家陈寅恪先生认为："乐天（白居易）之旧友至交，而见于此诗之诸人，如元稹、杜元颖、崔群（当为崔玄亮），皆当时宰相藩镇大臣，且为文学词科之高选，所谓第一流人物也。若卫中立则既非进士出身，位止边帅幕僚之末职，复非当日文坛之健者，断无与微之诸人并述之理。然则此诗中之退之，固舍昌黎莫属矣。"⑤

---

① 吴文治. 韩愈资料汇编 [M]. 北京：中华书局，1983：167.
② （五代）陶谷. 清异录 [M]. 北京：中华书局，1991：144.
③ （唐）白居易. 白居易诗集校注 [M]. 谢思炜，校注. 北京：中华书局，2006：2273.
④ 罗联添. 韩愈研究 [M]. 天津：天津教育出版社，2012：118.
⑤ 陈寅恪. 元白诗笺证稿 [M]. 上海：上海古籍出版社，2020：331-341.

三是韩、白有诗篇来往。罗联添先生考证："考居易此诗作于唐武宗会昌元年（公元841年），长庆二三年间（公元822—823年）居易与韩愈交游并有诗篇来往，则此退之自指韩愈而言。若'退之'为指卫中立，则白居易当有与中立唱和之作，今白集未见有与卫中立来往篇什，则中立绝非白之旧交。"①

四是卫、白并无交集。罗联添先生指出："卫中立元和初守丧三年，元和五年前后至九年均在南方，而白居易自贞元十八年入朝至元和十年俱在北地（长安、渭南下邽），似无机缘得识卫中立，中立当非白之旧交。"②

（二）退之当指卫中立说

持此说者亦给出四个认定理由：

第一，史籍无韩愈服硫黄记载。查史籍志书，尚未见有韩愈服食丹药相关记述，"退之"并非韩愈专属，故不能确认白诗中的"退之"一定是韩愈。当代学者钱冬父先生指出："韩愈死于服食丹药的说法并不确切，白居易对韩愈死因的记载，可能得之于传闻，而传闻出自道教徒捏造的诽谤之词。也可能'退之'另有其人，不是指韩愈。"③

第二，卫中立死于服食丹药。宋代校勘家方崧卿考证："中立饵奇药，求不死而卒死，故白乐天诗谓'退之服硫黄，一病讫不痊'，乃中立也……况白氏所纪退之、微之、杜子、崔君三四公，盖非皆有闻于时者，适以中立字之偶同，遂归过于公。千载之诬，自兹一洗。"④

第三，白居易旧友并非皆为高官。白居易旧友很多，有宰相、大臣，亦有小吏、百姓。元集虚曾为小官吏，后归隐庐山，成为白居易道友；王质夫，避世之人，既无官职，又非文坛之健者，却被公认为白居易的至交好友。卫中立官秩不高，但与白居易有共同的炼丹嗜好，成为道中好友不仅可能，而且就是。

第四，韩愈不可能力诋丹药之害又身试其祸。清代史学家、考据学家钱大昕在《十驾斋养新录》中指出："白乐天诗'退之服硫黄，一病讫不痊'。后人以为昌黎晚年惑于金石之证。顷阅洪庆善《韩子年谱》有方崧卿《辩

---

① 罗联添. 韩愈研究 [M]. 天津：天津教育出版社，2012：118.

② 罗联添. 韩愈研究 [M]. 天津：天津教育出版社，2012：119.

③ 钱冬父. 韩愈 [M]. 北京：中华书局，1980.

④ （宋）洪兴祖. 韩子年谱 [M].

证》一条云……中立饵奇药,求不死,而卒死。乐天诗谓'退之服硫黄者',乃中立也。近世李季可谓公长庆三年作《李于墓志》,力诋六七公皆以药败,明年则公卒,岂咫尺之间身试其祸哉。"①

（三）白诗"退之"所指何人辨析

有关"退之服硫黄"指卫还是指韩的争论由来已久,至今未臻定论。难以达成共识的关键,或为双方对卫中立的了解多停留在卫、韩字偶同层面上,而对卫中立的生平事迹、观念信仰、思想行为知之甚少或不曾关注所致。在缺乏基本了解的基础上判定白诗"退之"是卫或是韩,其结论自是缺乏说服力。卫中立史籍无传,信息鲜见。庆幸的是卫中立去世后,韩愈为其撰写墓志铭文,概括介绍了卫中立的家世、身世,为后世研究者留下不少有价值的史料信息。

韩愈在《唐故监察御史卫府君墓志铭》文中写道:"君讳某,字某,中书舍人御史中丞讳某之子,赠太子洗马讳某之孙。家世习儒,学词章,昆弟三人,俱传父祖业,从进士举。君独不与俗为事,乐弛置自便。父中丞薨,既三年,与其弟中行别,曰:'……我闻南方多水银、丹砂,杂他奇药,熬为黄金,可饵以不死。今天若丐我,我即去。'遂逾岭厄,南出。药贵,不可得。以干容帅,帅且曰:'若能从事于我,可一日具。'许之,得药,试如方,不效,曰:'方良是,我治之未至耳?'留三年,药终不能为黄金,而佐帅政成,以功再迁监察御史。帅迁于桂,从之。帅坐事免,君摄其治,历三时,夷人称便。新帅将奏功,君舍去。南海马大夫使谓君曰:'幸尚可成,两济其利。'君虽益厌,然不能无万一冀。至南海,未几竟死,年五十三。子曰某。元和十年十二月某日,归葬河南某县某乡某村,附先茔。"②

读《唐故监察御史卫府君墓志铭》,从中可了解卫中立的人生追求、思想行为、生活轨迹、生平事迹诸方面的信息。

其一,卫中立希仙恋丹。志载:"父中丞薨,既三年,与其弟中行别,曰:'……我闻南方多水银、丹砂,杂他奇药,熬为黄金,可饵以不死。今天若丐我,我即去。'遂逾岭厄,南出。"

---

① （清）钱大昕. 十驾斋养新录［M］. 南京:凤凰出版社,2016:432.
② （清）董诰. 全唐文［M］. 王水照,主编. 丁锡根,等整理. 海口:海南出版社,2002:3934.

其二，卫中立痴迷炼丹食药。志载："得药，试如方，不效。曰：'方良是，我治之未至耳？留三年，药终不能为黄金。'"

其三，卫中立食丹药终致丧命。志载："南海马大夫使谓君曰：'幸尚可成，两济其利。'君虽益厌，然不能无万一冀。至南海，未几竟死，年五十三。"

其四，卫中立升迁监察御史回到京城。志载："而佐帅政成，以功再迁监察御史。"《新唐书·百官志》载："监察御史十五人，正八品下，掌分察百僚，巡按州县，狱讼、军戎、祭祀、营作、太府出纳皆莅焉；知朝堂左右厢及百司纲目。"①

其五，卫中立从进士举。志载："家世习儒，学词章，昆弟三人，俱传父祖业，从进士举。"

其六，卫中立代理桂帅摄治九个月。志载："帅坐事免，君摄其治，历三时，夷人称便。""三时"，指春、夏、秋三季农作之时。三个季度为九个月。

其七，卫中立为求得丹药两去岭南入边帅幕府。志载第一次抛家弃业去岭南："遂逾岭厄，南出。药贵，不可得。以干容帅，帅且曰：'若能从事于我，可一日具。'许之。"志载第二次辞去监察御史之职去岭南："帅迁于桂，从之。"

依据卫中立墓志所载信息，基本可以判定白诗"退之服硫黄"所指对象为卫中立而非韩愈。辨析如下：

首先，卫中立字退之，炼丹食药终致夺命。卫中立为达获取丹药"饵以不死"之目的，第一次抛家弃业、第二次辞官南行，最终因丹药毒发死在南海，其经历情状符合"退之服硫黄，一病讫不痊"诗句所述。韩愈无服食丹药经历，死于瘴疠脚气病，白诗"退之"非指韩退之。

其次，卫中立任监察御史在长安有结识白居易的条件。卫中立为获取丹药两下岭南有其人脉背景。据相关史料介绍，卫中立父亲卫晏，唐建中元年任岭南黜陟使，巡岭南五管，时房启为卫晏幕僚。宋代孙良臣曰："贞元二十一年五月房启为容管经略使（治容州）；元和八年四月房启为桂管观察使（治桂州），是岁七月启以罪降为太仆少卿。"②"容帅"者，房启也。房、卫两家是为世交，卫中立去南方心中有底气，盖因容帅房启可以依靠。贞元二十一年房启为容帅，卫中立正好为父守丧三年服除，遂于当年或次年（唐元和元年）至岭南投靠房启。入房启幕府三年，"以功再迁监察御史"回到京城，时元和三年至元和四年之间。元和八年四月，房启调任桂管观察使，卫中立受南方多丹药诱惑，辞去监察御史之职，去桂州再入房启幕府。房启获罪，卫中立"摄其治，历三时"。

卫中立在元和三年至元和四年间回到京城，元和八年辞职离开京城赴桂州。白居易元和三年至元和四年在京城任左拾遗；元和五年改任京兆府户部参军；元和六年离职丁忧，至下邽。元和三年至元和六年间，卫、白同朝为官，俱住京城，有相识交友的条件。

陈寅恪先生言"若卫中立则既非进士出身，位止边帅幕僚之末职"与卫中立墓志所云"从进士举""君摄其治，历三时""以功再迁监察御史"明显不符。罗联添先生讲卫中立"元和五年前后至九年均在南方"似忽视了卫中立"以功再迁监察御史"回到京城这一史实。

再次，卫中立与白居易志趣相投是道中好友。卫中立与白居易无诗篇往来，并非文友，但不影响二人成为烧药道友。白居易早年即惑于烧药事，卫中立回京前在南方已有三年烧药经验，回京后二人交流烧药心得当为可能。志趣相投，有共同语言，是二人成为道中好友的心理基础。

白居易在《不二门》诗中自述："亦曾烧大药，消息乖火候，至今残丹砂，烧干不成就。"陈寅恪先生以白诗《同微之赠别郭虚舟炼师》为例，评曰："然则乐天之中年会惑于烧丹术可无疑矣。"以白诗《予与故刑部李侍郎早结道友以药术为事与故京兆元尹晚为诗侣有林泉之期周岁之间二君长逝李住曲江北元居升平西追感旧游因贻同志》为例，评曰："又可证知乐天'早结道友''同学金丹'也。"以白诗《烧药不成命酒独醉》为例，评曰："目其题意观之，乐天是时殆犹烧药，盖年已六十六矣。然则真是早年好尚，虽至晚岁终未免除，逮感叹借酒自解耳。"[1]

白居易一生惑于炼丹，中年时期便与卫中立结为道友。卫中立因饵丹药早逝，白居易自是不舍，难以忘怀。《思旧》诗中深切怀念的道友"退之"，自是非卫中立莫属。

---

① 陈寅恪. 元白诗笺证稿［M］. 上海：上海古籍出版社，2020：331-341.

最后，韩愈、白居易虽有短期交往但非朋友关系。韩、白交往始于长庆元年（公元 821 年），时韩愈任兵部侍郎，白居易任主客郎中知制诰（十月转任中书舍人）。是年韩作《雨中寄张博士籍侯主簿喜》诗篇，白作《和韩侍郎苦雨》诗唱和，韩、白自此有诗作来往。不久，韩愈游郑家池，与白居易不期而遇，遂同游共饮，白作《同韩侍郎游郑家池吟诗小饮》诗以纪此游。此后，白作《老戒》诗赠韩，韩未奉和。

长庆二年初春，韩愈作《早春与张十八博士籍游杨尚书林亭第三阁老兼呈白、冯二阁老》诗赠白，白作《和韩侍郎题杨舍人林池见寄》诗酬和。三月，韩作《同水部张员外籍曲江春游寄白二十二舍人》诗寄白，白作《酬韩侍郎张博士雨后游曲江见寄》诗奉和。此后，韩、白关系渐行渐远。

韩、白二人长庆元年至长庆二年虽有过三次诗篇酬和、一次寄诗、一次同游，但这些往来仅为一般交往应酬，终究是蜻蜓点水，友谊不深，算不上朋友，更称不上好友。韩、白二人一生未成为好朋友，盖因二人之间因信仰、观念、立场、追求等方面的不同，难有共同语言，不能深入交心，终分道扬镳，形同陌路。

1. 对李白的评价不同留下心理阴影。李白是唐代伟大的浪漫主义诗人，将积极浪漫主义诗歌推向新高峰。杜甫是唐代伟大的现实主义诗人，其作品被誉为"诗史"。元稹、白居易等人极力捧杜贬李，引起韩愈不满，遂于元和十一年作《调张籍》诗予以批评，诗云："李杜文章在，光焰万丈长。不知群儿愚，那用故谤伤。蚍蜉撼大树，可笑不自量……"自此，韩、白在心理上留下了阴影。

2. 信仰立场不同存在感情距离。韩愈一生尊崇儒学，排斥佛、道，立场坚定，始终如一。白居易早年排佛，晚年尊佛，长庆元年五十岁时受戒持斋，与中书舍人韦处厚结香火缘。白居易不仅信佛，与道教关系尤密，广结道友，惑于烧药。信仰不同，无形中成为情感交流的障碍。

3. 朋友圈不同产生猜疑。韩愈与元稹关系不和，白居易成为元稹最要好的朋友；长庆三年，韩愈转任京兆尹兼御史大夫，御史中丞李绅以不台参为由弹劾韩愈，韩愈以皇帝准许不台参予以辩解，二人移剌往来，纷争不止。韩、李关系紧张如此，白居易却与李绅关系密切，成为好友。韩愈由此对白居易产生猜疑，关系开始疏远。

4. 文体改革各树旗帜难有共同语言。韩愈、柳宗元是"古文运动"的倡导者和推动者，文体改革以反对骈体文、提倡散文为重点，其理论纲领为"文以明道"。白居易、元稹是"新乐府运动"的倡导者与推动者，文体改革以强调自创新乐府题目咏写时事为特点，其性质为诗歌革新运动。韩、白同为文体改革的领军人物，然关注的对象却不相同，各树一帜，各吹各号，缺乏共同语言，自难亲近起来。

5. 韩、白诗歌风格不同互不欣赏。韩愈喜好作古诗，措辞用韵力求奇险，白居易的诗喜"浅近平易"。二人对诗歌风格的追求不同，互不欣赏。

白居易曾作《久不见韩侍郎，戏题四韵寄之》来解嘲韩、白渐行渐远的关系，诗云："近来韩阁老，疏我我心知。户大嫌甜酒，才高笑小诗。静吟乘月夜，闲醉旷花时。还有愁同处，春风满鬓丝。"白居易寄诗，韩愈无诗奉和。长庆二年十月，白居易赴任杭州刺史，韩愈无诗送行。长庆四年十二月，韩愈去世，白居易无诗文悼念。凡此种种，可证韩愈晚年与白断交，二人绝非好友关系。

白居易《思旧》诗为思念旧友而作，诗中提及的退之、微之、杜子、崔君皆为白居易道中好友，皆因饵丹药"悉不过中年"。韩愈与佛、道无缘，坚拒金丹，非白朋友，且在晚年与白互不看好断绝来往，白居易会在《思旧》诗中怀念韩愈吗？答案不言而喻。

二、"韩退之乞丹于随州"说辨析

唐元和十五年（公元 820 年），韩愈自袁州返京途中因病在安陆（今湖北省安陆市）医治期间，给随州刺史周君巢寄诗两首。第二首名为《又寄随州周员外》，诗云："陆孟丘杨久作尘，同时存者更谁人？金丹别后知传得，乞取刀圭救病身。"① 诗中"乞取刀圭救病身"句，一直被"韩愈服丹药"说者解读为韩愈向周君巢乞取金丹，并作为韩愈服丹药之佐证频频引用。

宋代学者朱翌在《猗觉寮杂记》中即讲："退之戒人服丹，其言甚切，乃乞丹于随州（原误循州）。乐天云'退之服硫黄'，信然。"② 朱翌之言，成为后世引证"韩退之乞丹于随州"之经典之语。朱翌之"韩退之乞丹于随州"

---

① （唐）韩愈. 韩昌黎诗系年集释［M］. 钱仲联，集释. 上海：上海古籍出版社，1984：1193.

② （宋）朱翌. 猗觉寮杂记［M］//笔记小说大观：第 6 册. 扬州：江苏广陵古籍刻印社，1983：26.

说，是在不了解韩愈"乞取刀圭救病身"事件背景、错把"刀圭"认作丹药的情况下作出的认定，其说大谬不然。

（一）韩愈乞草药"威灵仙"于随州

韩愈于唐元和十四年任潮州刺史，元和十五年任袁州刺史，均在南方。古代南方多瘴气，韩愈因接触瘴气而罹患瘴疠。瘴气是热带、亚热带林中的动植物腐烂后生成的有毒气体以及飘散在空气中的微生物。由瘴气引发而在南方地区流行的恶性疟疾、痢疾、脚气、出血热等疾病统称瘴疠。韩愈所患瘴疠为脚气病（亦称足弱病、软脚病）。唐长庆四年，韩愈在《南溪始泛》诗中讲述自己"足弱不能步，自宜收朝迹"①。"足弱"即指由瘴气引发的脚气病。

元和十五年十月，韩愈接到诏令履新国子祭酒，归京途经安陆，脚气病发作，不得不在安陆停留治疗足疾。在安陆期间，韩愈给随州刺史周君巢寄诗《自袁州还京行次安陆，先寄随州周员外》，告诉周自己归京途中脚气病发，"面犹含瘴色"，暂留安陆治疗，很快将路过随州与好友相聚。唐贞元十二年至贞元十五年，韩愈、周君巢、陆长源、孟叔度、丘颖、杨凝在宣武军任职，结下同僚之谊。陆、孟、丘、杨早已过世，在世者仅存韩、周二人，故韩愈非常珍惜与周君巢的故友情谊。

由瘴气引发的脚气病对人体危害甚大。《太平圣惠方·卷四五》载："夫江东岭南，土地卑湿，春夏之间，风毒弥盛。又山水湿蒸，致多瘴毒。风湿之气，从地而起，易伤于人。所以此病多从下上，脚先屈弱，然后痹疼。头痛心烦，痰滞吐逆，两胫微肿，小腹不仁，以热憎寒，四肢缓弱，精神昏愦，大小便不通，毒气攻心，死不旋踵。此皆瘴毒脚气之候也。"② 韩愈侄儿韩老成（十二郎）、好友柳宗元皆死于瘴毒脚气病，故韩愈对此病的危害性认识深刻。

唐贞元年间，周君巢撰有《威灵仙传》，传中记述："威灵仙去众风、通十二经脉，朝服暮效。疏宣五脏冷脓宿水变病，微利不泻人。服此四肢轻健，手足微暖，并得清净。先时商州（今陕西省商洛市）有人重病，足不履地者

---

① （唐）韩愈. 南溪始泛 [M] // 普通高中课程标准实验教科书语文必修3. 北京：人民教育出版社，2004：54-55.

② （宋）王怀隐. 太平圣惠方 [M]. 北京：人民卫生出版社，19581355-1398.

数十年，良医殚技莫能疗，所亲置之道旁，以求救者。遇一新罗僧见之，告曰：'此疾一药可活，但不知此土有否？'因为之入山求索，果得，乃威灵仙也。使服之，数日能步履。其后山人邓恩齐知之，遂传其事。此药治丈夫妇人中风不语、手足不遂……伤寒瘴气，憎寒壮热……其法：采得根，阴干月余，捣末，温酒调一钱匕，空腹服之。如人本性杀药，可加及六钱。利过两行则减之，病除乃停服。其性甚善，不触诸药，但恶茶及面汤，以甘草、栀子代饮可也。"

韩愈在安陆闻知周君巢写有《威灵仙传》，并有治疗足疾良方及药物威灵仙后，立即给周寄去第二首诗《又寄随州周员外》，其中"陆孟丘杨久作尘，同时存者更谁人"句，大意为："陆长源、孟叔度、丘颖、杨凝早已仙逝归入尘土，当年的同僚好友在世者除了你我还有谁呢？"韩愈先叙老朋友感情友谊，为乞求治病药物作铺垫。而"金丹别后知传得，乞取刀圭救病身"句，则是讲："辞却了孟简的金丹后得知您处有治疗瘴毒脚气病的秘方良药，特乞求您施予良药救治我的病体。"一个"救"字，表达了韩愈对病情的重视程度及尽快求得良药的迫切心情。韩愈在周君巢处求得秘方及良药后，遵嘱服用，疗效明显，自长庆元年至长庆三年，在威灵仙药物作用下，脚气病得到有效控制，一直能坚持正常上朝处理政务。

韩愈"乞取刀圭救病身"诗句中的"刀圭"是指中草药而非丹药。"词典网·汉语词典""刀圭"释义："（1）中药的量器名……《本草纲目·序例》引南朝梁国陶弘景《名医别录·合药分剂法则》：'凡散云刀圭者，十分方寸匕之一，准如梧桐子大也……一小撮者，四刀圭也。'（2）指药物。唐代王绩《采药》诗：'且复归去来，刀圭辅衰疾。'（3）指医术。明代陆采《明珠记·访侠》：'愿弃了升斗微官，早学那刀圭金鼎，便携家共住。'（4）乳酸类食物的别名。宋代陶谷《清异录·草创刀圭》引《高丽博学记》：'酥名大刀圭，醍醐名小刀圭，酪名水刀圭，乳腐名草创刀圭。'（5）汤匙。章炳麟《新方言·释器》：'斟羹者或借瓢名，惟江南运河而东，至浙江、福建数处，谓之刀圭，音如条耕。'""刀圭"有多种释义，韩愈诗中的"刀圭"具药物义，即指中草药威灵仙。

威灵仙有祛风湿、通经络、镇痛消炎等功效，临床上可治疗风湿痹痛，肢体麻木、筋脉拘挛，屈伸不利等症，治疗足疾效果明显。唐代时威灵仙的使用并不多，其显威是在宋代，故唐代人对威灵仙的毒副作用缺乏了解。威灵仙无论外用或内服，均有一定的毒副作用，可引起患者出现恶心、呕吐、皮疹、瘙痒等不良反应。长期大剂量使用时，毒性可损伤肝脏组织，严重者可致死亡。

长庆四年，韩愈脚气病情加重，足不能步，出行几乎全靠车马轿子，疼痛导致食量大大下降，不得不加大威灵仙的药量来控制病情。因长期大剂量使用威灵仙，其毒副作用引起的不良反应随之显现出来，韩愈身体出现皮疹、瘙痒症状，皮肤搔破处出现溃疡难愈。在瘴毒脚气和威灵仙毒副作用并发症的联合摧残下，韩愈身体日益衰败，于长庆四年十二月二日病逝。

宋代王谠《唐语林》记述：韩愈去世前，召群僧曰："吾不药，今将病死矣。汝详视吾手足肢体，无诳人云'韩愈癞死'也。"①《唐语林》乃轶事小说，小说之言未可全信，因虚构成分比较大。但所讲韩愈让人视看手足肢体溃疡，告诫众人不要传播韩愈死于癞病（麻风病：以皮肤损害、周围神经受损为主要表现）情状，与韩愈大量服用威灵仙出现皮疹、瘙痒、皮肤溃疡症状基本相符。

（二）、"刀圭"既非外丹亦非内丹

道家炼丹，分为外丹和内丹。"刀圭"与外丹、内丹均有关联，但其既无外丹义，亦无内丹义。

外丹是指炼丹家用"五石""八石"等矿物原料配制后，放入炉鼎中烧炼而成的化合物，即道家所谓的秘药、仙丹、金丹等。外丹家以"物性互化"为理论依据，认为服用丹药能健身强体、长生成仙。

"刀圭"的本义是中医量取药物的器具，形如刀，端锐中洼。一刀圭药等于一方寸匕的十分之一，相当于一粒梧桐子那么多。刀圭与丹药发生联系是因外丹家常用刀圭来量取丹药，久之，刀圭成为量取丹药的专用工具，以"一刀圭"表示单位药量。晋·葛洪《神仙传》云："沈羲学道于蜀老君，使玉女持金案玉杯，盛药赐羲曰：'此是神丹，饮者不死，夫妇各饮一刀圭。'"由此可知，外丹与刀圭非同一事物、同一概念。

外丹药分上、中、下三等，其功效为：上药令人身安命延，升为天神，遨游天下，奴役万灵；中药养性；下药除病。晋·葛洪《抱朴子》（内篇·卷十一·仙药篇）载："仙药之上者丹砂，次则黄金，次则白银，次则诸芝，次

---

① （宋）王谠.唐语林校证［M］.周勋初，校证.北京：中华书局，1987：189-322.

则五玉，次则云母，次则明珠，次则雄黄，次则太乙禹余粮，次则石中黄子，次则石桂，次则石英，次则石脑，次则硫黄，次则石粘，次则曾青，次则松柏脂、茯苓、地黄、麦门冬、木巨胜、重楼、黄连、石韦、楮实、象柴（一名纯）卢是也。"①

内丹，"内"指身体内部，"丹"指人体精气神结合而成的产物。内丹又称金丹、内金丹、大丹。内丹术是道家重要的修炼方法，修炼者以"天人合一、天人相应"的思想为理论，进行性命的修炼。即以人的身体为炉鼎，以体内的精气神为修炼对象，循行一定的经络，经过"炼经化气、炼气化神、炼神还虚"步骤，在体内炼成"圣胎"或称"金丹"，即内丹。在道教内，修炼此功法的派别被称为内丹派。

在内丹原理中，"刀圭"指土、脾、意。内丹家运用五行相配原则，以金、木、水、火、土五行，与人体的心、肝、肺、肾、脾五脏及东、西、南、北、中五方位相配。内丹家认为五脏中的心属火，藏神；肝属木，藏魂；肺属金，藏魄；肾属水，藏精；脾属土，藏意。金的方位为西，水的方位为北。水和金同性，都是阴中之阳，只有相生关系，不能相互交和，而只能金和木二者阴阳配合，才能结成正果。但是，金与木相配合，必须通过土的牵引媒合，才会成功。故"刀圭"所指的"土、脾、意"在内丹修炼中是不可或缺的帮手，起着重要的媒合作用。显而易见，内丹家所讲的"刀圭"，是指"土、脾、意"，是内丹修炼时促成阴阳配合在人体内结成金丹的聚合因子，而非内金丹本身。《太极道诀·张三丰大道指要》附《三丰先生辑说》云："愚按作丹之土，欲使四象攒簇，必令五行相辏，其所谓'戊己中'者，不是离中、坎中，乃是中宫、中央也。东西间隔，刀圭合之，二物变四象，四象团入一村，一村聚会五行，五行聚而丹乃结。"张三丰讲"刀圭合之"，即指刀圭在结丹过程中起着媒合作用。

内丹家修真中有"饮刀圭"之说。此说认为水火二者会聚于中宫丹田。中宫为脾为土，真水聚此为己土（阴土），真火聚此为戊土（阳土），阴阳二土合而为"圭"，取"戊"字一撇和"己"字一折和而成"刀"，故又称中宫为"刀圭"，称吞津液、取坎添离为不同修真阶段的饮刀圭。北宋张伯端《悟真篇》云："敲竹唤龟吞玉芝，鼓琴招凤饮刀圭，近来透体金光现，不与凡人

---

① （东晋）葛洪. 抱朴子内篇 [M]. 长春：吉林人民出版社，2005：150-172.

话此规。"唐李洞宾《沁园春·七返还丹》云："当时自饮刀圭，又谁信无中
养就儿。"古诗词中的"饮刀圭"，均指修真阶段的吞津液、取坎添离行为。
蔡衍颙先生讲解《入药镜》（文字实录）释曰："'饮刀圭'，以最直接的话就
是咽津，就是吞口水。刀圭本义为量药的小器具。饮刀圭其实有几层意思：
一是有口水要一小口一小口（古人说分三小口）吞下去，就好像用刀圭这种
器具量药一样；二是刀表示金，圭表示玉，饮刀饮圭其实就是金液还丹，就
是玉液还丹；三是我们舌头下有两个穴位金津和玉液，按古人说会分泌口水，
也就是将舌头下面的金津玉液吞到肚子里面去。"

近有研究者认为：外丹服食者常用刀圭量取丹药，久之，刀圭就有了丹
药义；内丹家修炼借用外丹术语"刀圭"，故刀圭一词又有了内丹义。此说是
为无稽之谈，目前尚未发现"刀圭指丹药"的释义记载，道家学说中亦无有
关"刀圭即指内丹、外丹"之说法。

（三）"退之乞丹于随州"说是伪话题

所谓伪话题，是指所讲之事并不存在、讲述者自己假设出来的话题。朱
翌抛出的"退之乞丹于随州"说即为典型的伪话题。之所以认定"退之乞丹
于随州"说是伪话题，是因为历史上从未发生过韩愈乞丹于随州这件事，是
朱翌在没有任何史料依据的情况下自己假设出来的一种说法。此说既不符合
史实，又有违一般常理，且混淆了不同事物的属性与概念。

"退之乞丹于随州"说查无依据。韩愈《又寄随州周员外》诗中有"乞
取刀圭救病身"句，诗句所讲之"刀圭"是指中草药而非丹药。韩愈诗中未
讲"乞取金丹"，韩愈与周君巢相见时未曾面求金丹，史籍中亦无韩愈乞丹于
随州的记载，那么，朱翌所说则为不经之语。

"退之乞丹于随州"说有违一般常理。韩愈在《又寄随州周员外》诗中
讲到"金丹别后"，即指辞却孟简所赠金丹一事。金丹非一般丹药，而是由丹
砂、黄金、白银、雄黄、铅等为原料合炼而成的黄色药金成品，道家视为长
生仙药，是丹药中的极品，不仅昂贵，而且难得。孟简与周君巢均为韩愈故
交好友，于情，韩愈不可能薄此厚彼，辞却孟简所赠金丹驳其面子而向周君
巢讨取丹药给足面子。于理，韩愈岂会拒绝好意送来的极品丹药，转身向另
一人求情乞取一般丹药，这种轻重倒置的事情不合情理，断难发生。

"退之乞丹于随州"说混淆了不同事物的属性与概念。"刀圭"与"丹
药"，是不同的概念，有着不同的本质属性。"刀圭"本义是指中药的量器名

称，在不同语境中，刀圭又指中药、中医术、乳酸类食物、汤匙、沙僧别名；"丹药"既指外丹，又包括内丹，外丹由矿物原料烧炼而成，内丹则是在人体内部经修炼精气神结合凝成的"金丹"。无论外丹或内丹，均不称"刀圭"。刀圭之于外丹，是量取丹药的工具；刀圭之于内丹，是促成金丹结成的媒合因子。"刀圭"虽与内、外丹均有关联，但并不具丹药义，亦不是内、外丹的别称。朱翌将"乞取刀圭"理解成"乞取丹药"，并抛出"退之乞丹于随州"说，明显模糊了"刀圭"与"丹药"的区别，混淆了中草药与丹药的概念与本质属性。

综上，可知韩愈向随州周君巢乞取的是中草药而非丹药，朱翌"退之乞丹于随州"说谬误之处断可识矣。一直以来，某些研究者未能对韩愈《又寄随州周员外》诗进行全面深入的研析，未能对朱翌之说作出详细认真的考证，盲目信从朱翌说，一头扎进朱翌煽引的话语场，引述传播者趾踵相接，借题发挥诽议韩愈者大有人在，致使韩愈蒙受千年不白之诬。

三、韩愈"食火灵库""有二妾"说辨析

传说"韩愈服丹药"者虽人数众多，但其说法、评价、态度却不尽相同。持批评态度的学者认为：韩愈戒人服丹却自食硫黄，拒丹又乞丹，行为矛盾，为人言行不一。持理解态度的学者认为：韩愈服食硫黄实为治病，而非信道求仙，行为正当，无可厚非。持黑韩态度的写手认为：韩愈晚年颇亲脂粉，纳有二妾，为纵欲服食硫黄，食硫黄鸡（火灵库）壮阳，终风流绝命，晚节不保，是道貌岸然的伪君子。显然，持批评态度或理解态度的学者言论，是正常的学术争鸣，属学术研讨范畴。而持黑韩态度的写手言论，多为戏谑开涮，低俗荒诞，难与学术研讨相提并论。最早在作品中黑韩者当属五代的陶谷及北宋的王谠之流。

（一）陶谷"韩愈食火灵库"说辨析

北宋陶谷编著有《清异录》一书，该书是一部琐事笔记小说，记载唐、五代时期人们对一些人、事、物新奇名称的称呼，每一名称列为一条，而于其下介绍这一名称的来历。书中的名称大多新颖奇特，许多还含有戏谑意味，"火灵库"便是其中一条。陶谷在《清异录》中这样介绍火灵库："昌黎公愈，晚年颇亲脂粉故服食。用硫黄末搅粥饭啖鸡男，不使交，千日，烹庖，

名'火灵库'，公间日进一只焉，始亦见功，终致绝命。"① 唐代有人养、食火灵库（硫黄鸡）壮阳或有可能，但陶谷将火灵库与韩愈编在一起，讲韩愈晚年因颇亲脂粉而养、食火灵库（硫黄鸡），则是有意戏谑，成心黑韩。

陶谷所谓的"韩愈食火灵库"说，纯属胡编乱造，不合情理，经不起推敲。

韩愈晚年缺乏食用硫黄鸡的时机。晚年是指人生将尽的岁月，即一生最后度过的年份、最后的阶段。时机是指具有时间条件。唐元和十四年至元和十五年，韩愈先后任潮州刺史、袁州刺史，两年时间内，韩愈由京城到潮州，由潮州到袁州，由袁州到京城，搬家三次，水陆行程一万多里，路途耗时七个月左右，颠沛转徙，跋山涉水，无时间、无条件饲养、食用硫黄鸡。唐长庆元年，韩愈回京城任职，具备了饲养硫黄鸡的条件。依陶谷所言，硫黄鸡（火灵库）须饲养"千日"，方可"烹庖"。假定韩愈长庆元年开始饲养硫黄鸡，至长庆三年冬季方可食用。此时，韩愈所患瘴毒脚气病日益严重，足不能步，上朝靠车马轿子代步。长庆四年五月，韩愈因病不得不请长假，八月辞职，十二月病逝。如此状况，韩愈只能专心治病，根本没有吃硫黄鸡壮阳纵欲的时间条件。

韩愈晚年身体条件不允许"颇亲脂粉"。陶谷讲韩愈因颇亲脂粉而食火灵库（硫黄鸡），意思很明确，即韩愈因贪恋女色而食硫黄鸡补身壮阳。而实情是韩愈晚年身体不允许贪恋美色。韩愈早年体质较弱，中年即现早衰之势，其在《寄崔二十六立之》诗中自述："……我虽未耋老，发秃骨力羸。所余十九齿，飘飘尽浮危。玄花著两眼，视物隔褷褵。"② 在《祭十二郎文》中亦提及："……吾年未四十，而视茫茫，而发苍苍，而齿牙动摇。念诸父与诸兄，皆康强而早世，如吾之衰者，其能久存乎。"③ 晚年，韩愈罹患瘴毒脚气病，自此一直遭受病痛折磨，靠服用"威灵仙"方药控制病情。生命的最后一年，足不能步，比瘫痪好不了多少，食量大减，增加了皮疹、皮肤瘙痒、皮肤溃疡等病症，如此状况，岂容韩愈沉迷美色，过度纵欲。即使韩愈有心为之，也只能是心有余而力不足，间日食一只硫黄鸡，更是好吃难消化。是吃硫黄

① （宋）陶谷. 清异录 [M]. 北京：中华书局，1991：144.

② （唐）韩愈. 韩愈全集 [M]. 钱钟联，马茂元，校点. 上海：上海古籍出版社，1997.

③ 唐宋八大家韩愈 [M]. 乔万民，吴永喆，选注. 天津：天津出版社传媒集团，天津古籍出版社，2016：228.

鸡壮阳纵欲，还是吃药止疼保住性命，孰重孰轻，不言自明。

短期食用"火灵库"不会夺人性命。古人养、食"火灵库"的目的很明确，即减轻硫黄对人体的毒副作用。公鸡食硫黄末千日尚健在，何况人乎？如果食硫黄鸡的毒性大于食硫黄，唐代人断不会大费周章去喂、食硫黄鸡。唐代服食丹药毒发身亡者大有人在，然丹药夺人性命是一个渐进过程，往往经过几年的积累，毒性才会发作致人死亡。假定韩愈晚年真的食用了硫黄鸡，一年半载不至于夺命，因硫黄鸡的毒性低于直接服食硫黄。陶谷讲韩愈晚年食火灵库"始亦见功，终致绝命"之谬显而易见。

陶谷虚构的"韩愈食火灵库"八卦故事虽荒诞不经，但对后世影响深远，历代以此故事为依据说事者大有人在。至今仍有不少网络写手借题发挥、随意编造网络故事，毁谤韩愈晚年"沉迷美色""风流成性""妻妾成群""为壮阳大量服食硫黄""食硫黄鸡壮阳""纵欲致死""好色之徒"等，肆意败坏着韩愈的清誉与形象。可见陶谷"韩愈食火灵库"说流毒之深远。

（二）王谠"韩退之有二妾"说辨析

北宋王谠编著有文言轶事小说《唐语林》，该书卷六有这样一段内容："退之有二侍妾，一曰绛桃，一曰柳枝，皆能歌舞……柳枝踰垣遁去，家人追获，故镇州初归诗云云，自是专宠绛桃矣。"[1] 王谠所编故事虽系虚构，但被后世黑韩者频频引用，成为认定韩愈晚年颇亲美色、妻妾成群、服丹壮阳的重要依据及佐证。考王谠所谓的"韩退之有二妾"说，发现竟是借用韩愈《镇州初归》诗句内容编造出来的虚假故事。

唐长庆二年二月底，韩愈奉使前往镇州宣抚乱军，孤身独闯叛军兵营，恩威并施，说服叛将王廷凑及其部属归顺朝廷，放出围困在深州的牛元翼，终不辱使命，宣抚成功。三月末，韩愈凯旋归京，受到皇帝奖赏，心情大好，欣然写下《镇州初归》一诗，诗云："别来杨柳街头树，摆弄春风只欲飞。还有小园桃李在，留花不发待郎归。"诗的大意是：始离长安时街头的杨柳春意萌动，归来时枝条吐翠舞动春风飘荡飞升。更有家中小花园的桃李含苞待放，静候着远行的主人归来观赏。这是一首抒情诗，作者以奇特的想象、拟人的手法，生动地写出杨柳舞动春风、飘荡飞升的活泼；桃李含苞待放，静候主人归来欣赏的情意。笔意轻灵，字里含情，人对自然景物的热爱与自然景物

---

① 罗联添. 韩愈研究［M］. 天津：天津教育出版社，2012：108.

对人的真情完美地融合在一起，表达出作者对美好生活的追求和乐观向上的情怀。清代诗人方世举为《镇州初归》诗作注曰："诗语不过言去时风光未动，还时桃李犹存，以见其使事毕而来归疾也。"①

王谠在《唐语林》一书中对韩愈《镇州初归》诗作了别样篡改与歪曲。具体讲，诗中"杨柳""桃李"，被王谠改编为"柳枝""绛桃"，成了韩愈的"二妾"；诗中的"摆弄春风"语词，被改写为二妾"皆能歌舞"；诗中的"只欲飞"之语，被虚构成"柳枝逾墙遁去，家人追获"；诗中的"桃李在""待郎归"，则被王谠改编成绛桃不逃走等待主人归来，韩愈"自是专宠绛桃矣"。王谠借用韩愈《镇州初归》诗，将其篡改为恶搞韩愈的八卦故事，可谓明目张胆，文德尽失。

明末清初藏书家蒋之翘先生对王谠"韩愈有二妾"说不以为然，在《镇州初归》诗下注曰："退之固是伟人，归来岂别无所念，而独殷殷于婢妾？……韩公之意，盖感慨故园景色……"②

查阅历代前贤编著的《韩愈年谱》，尚未见有韩愈晚年纳妾之记载。河南省修武县韩愈后裔续修千余年的《韩文公门谱》中，记载韩愈娶妻卢氏，并无纳妾记述。显然，王谠"韩愈有二妾"之说，纯系一派妄言无疑。

综上考辨，韩愈是否服丹药真相已明。"韩愈服丹药"说者最有力的证据为白居易"退之服硫黄"诗句，然白之旧友"退之"当指卫中立而非韩愈；"韩退之乞丹于随州"本无此事，是为朱翌抛出的伪话题；"韩愈食火灵库"说及"韩退之有二妾"说，乃为陶谷、王谠虚构出来的八卦故事，岂能当真。史实如此，"韩愈服丹药"说则无据可证，无凭可倚。那么，强加在韩愈身上的一切不实之词应予以彻底推翻，千载之诬，当自此昭雪。

---

① 罗联添. 韩愈研究［M］. 天津：天津教育出版社，2012：109.
② 罗联添. 韩愈研究［M］. 天津：天津教育出版社，2012：109.

孟县韩文公故居、韩愈别墅的由来

有关孟县西十里韩家庄韩文公故居的文字表述，最早见于明代成化二十一年（公元 1485 年）吏部侍郎耿裕路过孟县时留下的一首诗并序中。明成化二十二年（公元 1486 年）刊行的《河南总志》依据耿裕诗序所言，记载韩文公故居在孟县西韩家庄。明代嘉靖三十七年（公元 1558 年），《河南总志》更名《河南通志》，《河南通志》将孟县韩家庄韩文公故居更名为韩庄韩愈别墅并延传至今。本文旨在通过对孟县西韩家庄韩文公故居或曰韩庄韩愈别墅由来的探究，以判明孟县韩庄韩愈居所是否真的存在。

一、孟县韩家庄韩文公故居说的产生

孟县韩家庄韩文公故居说，是经由孟县官员编造宣扬虚假信息、大臣耿裕听信肯定虚假信息、《河南总志》传载洗白虚假信息而产生。

（一）孟县官员编造宣扬虚假信息

明成化二十一年春，吏部侍郎耿裕奉使途经孟县。耿裕是主管考核官员的大臣，位高权重，莅临孟县，正是孟县官员结识朝中大臣的绝佳良机。为给耿侍郎留下深刻美好的印象，知县严鸣等官员不仅隆重迎送、全程陪同，并且精心准备了孟县西某村庄有韩愈故居及韩愈墓的虚假信息，以图引起耿侍郎的兴趣。当耿侍郎行至孟县西十里许时，孟县官员适时向耿裕介绍不远处有一村庄（因该村不带韩字怕引起耿裕怀疑，故意不讲出村名），庄内有韩文公故居，庄外有韩文公墓。耿裕听罢介绍，果然大感兴趣，兴奋不已，孟县官员的精心准备收到了预期效果。

孟县西十里许真的有韩文公故居吗？查阅明成化二十一年前的相关史籍志书，目前尚未见到韩文公故居在孟县西十里许的相关记述；韩文公后裔续修一千多年的《韩文公门谱》中无此记载；韩文公作品中无故居在孟县西的记述；今孟州市西十里许韩庄无韩文公故居遗迹。事实表明，所谓的孟县西十里韩文公故居说为虚假信息无疑。

（二）耿侍郎听信肯定虚假信息

耿侍郎过孟途中听人介绍某庄有韩愈故居和韩愈墓后，信以为真，高度认可，兴奋之余，欣然命笔，写下小诗并诗序，赠给孟县陪同官员。诗并序云："庄在怀庆府孟县西十里许，即唐韩文公故居也……公实河阳人，生有'归河阳省坟墓'之文，殁亦葬于是。门人皇甫湜撰公墓碑云'归葬河阳韩氏先茔'，则公为河阳人本无疑者，不知何以讹为南阳人，盖'南'字即'河'字之误，抄录者之过也……若然则公世居于是，葬于是，而云它何也……西旋过孟，闻有是庄，及墓所在，口口为之雀跃，因作小诗以识，其有好古者，必能兴崇表厉云耳。诗云乎哉：文公生此邑，豪杰古今推。道续千年统，言垂百世师。遗庄存故址，表墓有残碑。剩得山灵护，难同绿野骒。报功从祀远，记里建祠宜。风教斯攸系，时丰可力为。"①

耿侍郎在诗并序中表明了这样一些看法：其一，韩文公故居在孟县西十里。诗序曰："庄在怀庆府孟县西十里许，即唐韩文公故居也。"其二，韩文公墓在孟县西十里。诗序曰："西旋过孟，闻有是庄，及墓所在。"其三，韩文公祖居地在孟县西十里。诗序曰："若然则公世居于是，葬于是，而云它何也。"其四，韩文公祖茔在孟县西十里。诗序曰："门人皇甫湜撰公墓碑云'归葬河阳韩氏先茔'，则公为河阳人本无疑者。"

耿侍郎的表态存在这些问题：一是道听途说，草率表态。耿裕在诗序中自述："西旋过孟，闻有是庄，及墓所在。"其认定是以听闻为依据，而非实地考证为依据。二是心血来潮，急不可待。庄名尚未打听清楚，急于下笔，只好用"庄""是庄""遗庄"来代称庄名。三是随心所欲，有失严谨。诗序云："门人皇甫湜撰公墓碑云'归葬河阳韩氏先茔'。"皇甫湜在《韩文公神道碑》文中讲韩愈"葬河南某县"，并无"归葬河阳韩氏先茔"之语，实为随意发挥之言。四是信口开河，歪曲史实。"则公为河阳人本无疑者，不知何以讹为南阳人，盖'南'字即'河'字之误，抄录者之过也。"此说乃信口雌黄，胡言乱语。李白在《武昌宰韩君去思颂碑》文中讲韩愈的父亲"君名

---

① 杨丕祥，主编．韩少武，刘荣成，编著．史证韩愈故里［M］．香港：国际炎黄文化出版社，2011：87.

仲卿，南阳人也"。《资治通鉴》记载韩愈长兄"（韩）会，南阳人也"。《新唐书·韩愈传》记载："韩愈，字退之，邓州南阳人。"明天顺五年《大明一统志》记载："唐韩愈，南阳人。"宋代理学家朱熹在《韩文考异》中讲："则知公为河内之南阳人……然南阳之为河内修武，则无可疑者。"朱熹的考证认定，得到史学界的普遍认同。耿裕把"河阳"单纯地理解并解释为河阳县，在认识上存在很大偏差。第一，韩愈在作品中从未把"河阳"写作或解释为河阳县。第二，韩愈生前黄河南岸称河阴，黄河北岸称河阳，韩愈故里修武县位于河阳地区。第三，韩愈生前黄河两岸设置河阳军节度使，辖河阳、修武等县，韩愈在其作品中多次简称河阳军节度使辖区为"河阳"。耿裕将韩愈是河内南阳人即修武人认定为河阳（县）人，并认为史籍记载韩愈是南阳人实为"河"字之误，是抄录者笔误所致，其说强词夺理，很不严谨。

当然，耿侍郎的诗并序毕竟是文学作品，可以夸张，可以虚构，可以任意想象。这就不难理解耿侍郎的诗序中为什么会存在诸多不切实际的奇谈怪论。但必须明确，耿侍郎的文学作品不是考证论文，是不可以当作事实依据来使用的。

（三）地方史志传载洗白虚假信息

明成化二十二年（公元 1486 年），依据耿裕诗序所言，《河南总志·卷20·古迹》首载："韩家庄在孟州西十里，唐韩文公故居。"自此，孟县韩家庄韩文公故居正式载入地方史志。

明嘉靖三十七年（公元 1558 年），《河南通志·卷21·古迹》将《河南总志》所载信息修改为："韩愈别墅，在孟县西十里，俗呼韩庄。"自此，韩家庄变为韩庄，韩文公故居变成韩愈别墅。

清康熙九年（公元 1670 年），依据明嘉靖三十七年《河南通志》的记载，新修《河南通志·卷20·古迹》记述："韩愈别墅，在孟县西十里，俗呼韩庄。"

清康熙三十四年（公元 1695 年），新刊行的《河南通志·卷20·古迹》记载："韩愈别墅，在孟县西十里，俗呼韩庄。"

清雍正九年（公元 1731 年），新版《河南通志·卷51·古迹上》传载："韩愈别墅，在孟县西十里，俗呼韩庄。"

因《河南通志》的持续传载，由孟县知县严鸣等官员编造的虚假信息得以洗白，子虚乌有的孟县韩家庄韩文公故居由无变有，以假成真。

二、孟县韩家庄韩文公故居名称的演变

孟县韩家庄庄名及韩文公故居之称在明代嘉靖年间已不存在,取而代之的是"韩庄"和"韩愈别墅"之名。这里有必要搞清楚韩庄和韩愈别墅名称演变的来龙去脉。

(一) 韩文公故居名称的演变

据"百度百科"释义:"故居是指某人曾经居住过地方,或者说曾经的居所、房子,主要指出生、童年时期或更长时间与父母等长辈一起生活的地方,顾名思义即故乡所在地的住所。"韩文公故居,即指韩文公与父母等长辈家人一起生活、居住过的故乡所在地的住所。

故居与旧居是有区别的:故居和旧居都是从前居住过的房屋,但故居与旧居最明显、最本质的区别,即旧居意指曾经居住过的地方,是非故乡所在地的住所,可以是一处,也可以是多处;而故居是指祖辈长时间居住的,且当事人出生后童年时期与长辈生活的地方,通常只有一处,即故乡所在地的住所。韩文公故居是指故乡(故里)所在地的住所而非故乡(故里)之外曾经居住过的住所。

明成化二十一年孟县知县严鸣等官员编造并向耿侍郎介绍的韩文公故居,即指韩文公故乡(故里)住所,其用意在于让耿侍郎相信,韩文公是河阳县(孟县)人,故居(故里)在孟县西十里村庄,去世后魂归故里,葬在庄外。耿裕在孟县官员的忽悠下,立即在诗并序中认定:"庄在怀庆府孟县西十里许,即唐韩文公故居也⋯⋯若然则公世居于是,葬于是,而云它何也。""世居于是"即指祖辈世代居住于此处。

明嘉靖二十四年(公元 1545 年),著名学者李濂到修武县对韩愈故里、韩愈祖茔、韩愈墓进行了认真考察,写下考察报告《韩庄记》,并赋《南阳怀古》诗一首。李濂考证韩愈故里、祖茔、韩愈墓均在修武县安阳城韩庄。李濂的《韩庄记》和《南阳怀古》分别收录在嘉靖三十七年《河南通志·卷49》和《河南通志·卷22》中。

嘉靖三十七年《河南通志·卷44·辨疑》记载:韩愈本修武人,"修武县东北三十里曰南阳县,韩文公愈之故里也,居人呼其地曰韩庄,又曰韩村,愈自上世居此⋯⋯今修武之韩庄有愈墓存焉,则愈之为修武人明矣。"嘉靖年间《河南通志》记载并认定韩愈故里在修武县韩庄,但明成化二十二年《河

南总志》曾载韩文公故居在孟县韩家庄，考虑到史志记载的连续性和客观性，《河南通志》编修者采取变通手法，在记载韩文公故里在修武县韩庄的同时，依据旧志所载，仍保留了孟县西十里韩文公故居的相关信息，但在表述时作了修改。《河南通志·卷21·古迹·怀庆府》记载："韩愈别墅，在孟县西十里，俗呼韩庄。"

明嘉靖年间《河南通志》将成化年间《河南总志》所述的"韩文公故居"改作"韩愈别墅"，避免了同一史志中修武县、孟县都有韩愈故里（故居）的矛盾记载，纠正了孟县西十里韩家庄是韩文公故居的不实表述。但将韩文公故居改名韩愈别墅，是为新错，因为韩愈一生只有一处别墅，在京师长安城南庄，孟县西十里韩庄并无韩愈别墅。将韩文公故居改为韩愈别墅，不过是文字游戏，空对空更名而已。

现实生活中，古怪离奇的事情会时有发生。早在明嘉靖年间已被否定的孟县西十里韩家庄韩文公故居，到了21世纪初竟然神奇面世。由现代出版社、华艺出版社2002年出版的《中华姓氏谱·韩姓卷·人文篇》第二章"韩姓文化遗存"中有这样一段文字记述："韩愈墓，位于距河南焦作市孟州市西12里处的韩庄村。村中路北有一所坐北朝南的高门楼四合院，门口有石狮、石墩各一对，院内宽敞雅致，这就是文坛巨匠韩愈的故里。"经调查，今孟州市西韩庄村并不存在《中华姓氏谱》一书所讲述的"高门楼四合院"韩文公故里，此说系无稽之谈。试想，唐代的房屋到二十一世纪仍保存完好可信吗？

（二）韩家庄庄名的演变

今孟州市西虢镇韩庄庄名由韩家庄庄名演变而来，韩家庄庄名是由逮水村村名演变而来。明成化年间耿裕诗并序中所讲的"庄""是庄""遗庄"，其真实庄名曰"逮水村"。

"知乎"网站"历史文化专栏"载有孟州市空山先生撰写的《孟州地名文化——韩庄村》一文，文中介绍："韩庄村位于孟州市区西6公里处，由韩庄和高庄两个自然村组成，因村委会驻韩庄而得名，属西虢镇管辖。关于明代之前此地的名称是什么，资料并不多。乔天佑先生（韩庄村人，长期在武汉工作，现已退休）在《难忘的韩文公情结》一文中写道：'据史料记载，韩愈遭贬那年，韩庄叫逮水村。'乔先生记载的'逮水村'一名来自20世纪50年代韩庄石岭出土的一块墓志记载，现墓志下落不明，墓志的年代和内容已无从得知。如果这个记载真实，那么韩庄村应早在唐代已建村，也是孟州一个千年古村。"从空山先生的文章介绍中，可知明代以前韩庄庄名为逯水村。

明成化二十二年，《河南总志》编修人员为使庄名与韩愈故居、韩愈墓相匹配，有意将逯水村改名为韩家庄，意指该庄是韩愈家族世代居住的村庄。

明嘉靖三十七年，《河南通志》编修人员考虑到孟县韩家庄从未有一户韩愈后裔或韩姓人家在此居住，韩文公故里（故居）不在该庄，称韩家庄明显与实际不符，故将韩家庄更名为韩庄。韩家庄容易被人们理解为韩姓人或韩愈家族聚居的村庄，改名韩庄，既与韩愈别墅联系起来，又可避免从无韩愈族人在此庄居住却称韩家庄的尴尬。自此，韩庄村名沿用至今。

（三）耿裕诗并序名称的演变

耿裕孟县留诗计 60 字，诗序约 300 字。因诗及序急就而成，未及写出诗名。清康熙《孟县志》和乾隆《孟县志》在收录耿裕诗并序时，分别冠以不同的名称。

清康熙三十四年（公元 1695 年）编修的《孟县志·卷十·艺文》收录耿裕诗并序时，按文学作品来对待，但添加的诗名却是《孟县韩庄考》。

清乾隆五十五年（公元 1790 年）编修的《孟县志·卷九·金石下》收录耿裕诗并序时，冠名《题韩家庄诗碑》。据乾隆《孟县志》介绍，耿裕留下诗并序后，孟县官员将诗并序刻在石碑上以作纪念。故有诗碑一说。

三、韩愈笔下的旧籍与别墅

韩愈在其作品中讲到家、旧籍和别墅的所在地，但没有一处讲到河阳县（孟县）逯水村有故居。

1. 有家在洛阳。唐宪宗元和元年，韩愈在《会合联句》诗中写道："我家本瀍谷，有地介皋巩。""瀍""谷"二水流经洛阳，注入洛水，韩愈以"瀍谷"二水代指洛阳，讲自己曾安家洛阳。唐代宗大历八年，韩愈随兄嫂暂居洛阳一年左右。大历九年长兄韩会赴长安任起居舍人，韩愈随兄嫂"去洛居秦"（《祭郑夫人文》）。唐德宗贞元十六年夏，韩愈举家自徐州徙居洛阳，是年冬，独自离洛赴长安参加吏部铨选考试。愈公《县斋有怀》诗云："求官去（离去）东洛，犯雪过西华。"唐德宗贞元十八年春，韩愈请假返洛将家眷接到长安。愈公《与陈给事书》云："去年春，亦尝进谒于左右矣……其后，如东京取妻子。"

2. 旧籍在东郡。唐宪宗元和七年，韩愈在《寄崔二十六立之》诗中写道："旧籍在东郡（有版本为东都），茅屋枳棘篱。"郡和都两字很接近，其中必有一版本抄写有误。

按"旧籍在东郡"讲，东郡初置于秦王政五年。《史记·秦始皇本纪》载："五年，将军骜攻魏，定酸枣、燕、虚、长平、雍丘、山阳城，皆拔之，取二十城，初置东郡。""酸枣"，在今河南省延津县西南；"燕"，在今河南省延津县东北；"虚"，在今河南省延津县东；"长平"，在今河南省西华县，故城在今河南省淮阳县西六十六里处；"雍丘"，在今河南省杞县；"山阳城"，在今河南省焦作市山阳区。秦初置东郡共二十城，东北至濮阳（郡治），西北至山阳城，东南至西华县。韩愈旧籍在秦初置东郡二十城之一南阳城。南阳城在山阳城与酸枣城之间，位于山阳城以东，酸枣城以西。"百度·古汉语"对"旧籍"的释义为"祖居的地方"。显然，韩愈诗中的旧籍指故里住所，而非曾经居住过的旧居。因此，诗句"旧籍在东郡"版本是正确的。

按"旧籍在东都"讲，则韩愈旧籍在东都洛阳。唐宪宗元和二年夏末，韩愈任权知国子博士，分司洛阳，遂安家洛阳。至元和六年六月，韩愈历任权知国子博士、国子博士、都员外郎、河南令等职，居洛四年。元和六年六月，韩愈调回京师，任尚书职方员外郎，遂安家长安。之前，韩愈曾于唐代宗大历八年、唐德宗贞元十六年短暂居住洛阳。韩愈多次居住洛阳，并在诗中讲"我家本瀍谷（洛阳）"，可知韩愈曾安家东都洛阳，洛阳曾有旧居。旧居与旧籍有很大区别：旧籍与出生地或祖居地相关，"百度百科"对"籍"的释义为："籍，释义为书册；登记册；个人对国家或组织的隶属关系，出生地或祖居地；姓。"旧居指旧宅，意指曾经居住过的地方，可以是临时居所亦可是长时间居住过的地方。韩愈在洛阳的住所是旧居而非旧籍，故"旧籍在东都"版本疑似抄录之误。

3. 别墅在城南庄。唐穆宗长庆元年（公元821年），韩愈由袁州刺史诏拜国子监祭酒，遂安家京师长安城朱雀大街东侧靖安里（位于大雁塔和小雁塔之间）。韩愈一生坎坷，生活艰难，仕途不顺，官职及居所不断变换，到了晚年，经济条件才显富余，不仅在京城内有靖安里第，并且在城南庄新建了生涯中唯一的别墅。张籍在《祭退之》诗中讲到韩愈别墅的处所："去夏公请告，养疾城南庄。"韩愈写有《符读书城南》一文，文中的"符"为韩愈长子韩昶（乳名曰符），"城南"指城南庄别墅。韩愈在《示儿》一诗中详述了城南庄别墅的概况:"始我来京师,止携一束书。辛勤三十年,以有此屋庐。此屋岂为华,于我自有余。中堂高且新,四时登果蔬……庭内无所有,高树八九株。有藤娄络之,春华夏阴敷。东堂坐见山,云风相吹嘘。松果连南亭,外有瓜芋区。西偏屋不多,槐榆翳空虚。山鸟旦夕鸣,有类涧谷居……"诗讲"辛勤三十年,以有此屋庐",清楚地告诉人们:经过三十年的辛勤奋斗,才积蓄财力建起这样一处宅院。由此可知,韩愈在此之前并无建造别墅的经济条件。

通过对孟县西十里许韩家庄韩文公故居(或曰韩愈别墅)的考证,大致可以得出这样的结论:韩文公旧籍(故里)在东郡,孟县西十里韩家庄不是韩文公故里,故不可能存在韩文公故居(今孟州市官方认定韩文公故里在孟州市西北苏庄);韩愈一生只有一处别墅,在长安城南庄,故孟县韩庄不可能有韩愈别墅。

孟县韩庄韩文公祠的由来

孟县韩庄（今孟州市西虢镇韩庄村）明代建有韩文公祠，此说自清乾隆年间一直流传至今，且记载在清乾隆《孟县志》中。本文介绍一下今孟州市韩庄韩文公祠的历史真相。

一、冯敏昌宣称韩庄有韩文公祠

冯敏昌（公元1747—1806年），清乾隆《孟县志》主编。冯敏昌在主编《孟县志》时，将清代举人薛京撰写的《增修韩文公庙碑记》收录在《孟县志》中，并在该文后附加了按语："昌按：严明（明成化年间孟县知县，一名严鸣）所建文公祠在韩庄者，后因守土官以春秋致祭颇远，改建城南门内，旧祠遂废。今南门内文公祠中，尚有严明所刻耿裕《题韩家庄诗并序》横碑。闻碑本在韩庄文公祠内，及移祠时，并移入城内祠中云。"①

根据冯敏昌的按语，乾隆《孟县志·卷二·地理下》记载："唐韩文公祠在县城南门内，旧在县西十二里韩庄。前明成化中，知县严明建。弘治中，知县巫俨奏请春秋秩祀。正德丁丑，知县刘澄改建于县城南门内。郡人何宗伯瑭撰记。国朝康熙戊寅，知县张之纪重修，自撰碑记，并有邑人薛京撰记。乾隆己丑，知县牛联奎重修，邑人宋宜诚撰记。"

冯敏昌及《孟县志》均讲明成化年间知县严明所建韩文公祠在孟县韩庄，明正德年间知县刘澄改建于县城南门内。按冯敏昌的说法，改建的原因是"春秋致祭颇远"。然事实真相并非如冯敏昌和《孟县志》所言。

---

① 杨丕祥，主编. 韩少武，刘荣成，编著. 史证韩愈故里［M］. 香港：国际炎文化黄出版社，2011：110.

二、明、清省志记载孟县首个韩文公祠在县城

明成化二十二年《河南总志·卷8·怀庆府·祠庙》记载："韩文公祠，在孟州城内。成化二十一年，吏部侍郎耿裕使过，考得文公故居韩家庄在县境，因命有司创建。"

明嘉靖三十七年《河南通志·卷18·祠祀·怀庆府·韩文公祠》记载，"韩文公祠有二：一在府治西南，一在孟州城，内祀唐吏部侍郎韩愈"。

清康熙九年《河南通志·卷18·祠祀》记载，"韩文公祠有二：一在府治西南，一在孟州城内，祀唐吏部侍郎韩愈"。

清雍正九年《河南通志·卷48·祠祀》记载，"韩文公祠有二：一在府治西南，一在孟州城内，祀唐吏部侍郎韩愈"。

自明成化二十二年至清雍正九年，《河南总志》《河南通志》均记载孟县韩文公祠在县城内。成化二十二年《河南总志》不但讲韩文公祠在县城内，而且讲明是耿侍郎命地方官建造的。由此可知冯敏昌所讲的明成化年间知县严明所建韩文公祠在韩庄完全是罔顾史实编造出来的谎言。

三、何瑭讲出韩文公祠改建缘由

明正德丁丑（公元1517年），孟县知县刘澄改建县城内韩文公祠于南门内，竣工后，拜托官员、学者何瑭撰记，何瑭在《改建韩文公祠记》中写道："……弘治年间，大冢宰耿公始表公为孟人，奏请于朝，建祠致祭，其所以风励后学之意深矣！顾栋宇卑狭未称，且僻在深巷，过往士夫，犹有未及知者。正德丁丑，县尹刘侯，慷然有感于斯，乃改建于县治南门内，孔庙之右，高明爽垲，即足以竭虔妥灵，又于祠前竖坊，题曰：'乡贤韩文公祠。'盖以见公有德于圣人之道而为此邦之人也。往来士夫，咸得谒祠致敬，而耿公表章之意，始大曝白……"

依何瑭所言，改建韩文公祠是因为"顾栋宇卑狭未称，且僻在深巷，过往士夫，犹有未及知者"。即原有的韩文公祠规模大小，街道狭窄，坐落在县城偏僻的深巷中，已不适宜举行大型春秋祭祀活动。因旧祠太小不起眼，来来往往的士人名流，有些不知道有韩文公祠，有些未到过韩文公祠。知县刘澄有感于此，改建韩文公祠于县城南门内孔庙的右边，新祠"高明爽垲"，过往士人名流，都得以拜谒韩文公祠，向韩文公致敬。

何瑭言韩文公祠"且僻在深巷",可知韩文公祠在县城深巷中,远离县城的韩庄是不会有深巷的。改建韩文公祠绝非如冯敏昌所言"所建韩文公祠在韩庄者,后因守土官以春秋致祭颇远,改建城南门内,旧祀遂废"。

四、耿裕诗碑一直存放在县城韩文公祠内

冯敏昌在《增修韩文公庙碑记》按语中讲:"今南门内文公祠中,尚有严明所刻耿裕《题韩家庄诗并序》横碑,闻碑本在韩庄文公祠内,及移祠时,并移入城内祠中云。"冯敏昌在耿裕《题韩家庄诗碑》(乾隆《孟县志·卷九·金石下》)按语中亦讲,"昌按:……至明人所建文公祠本在韩庄,是碑闻嵌置祠壁,后人改建祠于县城内,故并移入城内祠中耳"。

清乾隆《孟县志·卷九·金石下》记载:"此诗碑,字体为正书,由明正议大夫资治尹吏部左侍郎钜鹿耿裕撰。成化二十一年,存在县城南门内韩文公祠。"

冯敏昌是乾隆《孟县志》主编,他在乾隆《孟县志·卷二》收录的《增修韩文公庙碑记》按语中讲耿裕诗碑"本在韩庄文公祠内,及移祠时,并移入城内祠中云"。而乾隆《孟县志·卷九》编修者记载耿裕诗碑刻成后于"成化二十一年,存放在县城南门内韩文公祠"。冯敏昌所言与乾隆《孟县志·卷九》记载的内容显然不一致,大概是冯敏昌未及细审,一时疏忽,才在自己主编的乾隆《孟县志》中给后人留下了耿裕诗碑一直存放县城韩文公祠的真实记载。韩庄本无韩文公祠,耿裕诗碑自是不会在韩庄存放。

五、冯敏昌认定韩文公祠旧在韩庄用意何在

明成化二十二年《河南总志》和明嘉靖三十七年《河南通志》均记载韩文公祠在孟州城内,明正德年间何瑭在《改建韩文公祠记》中讲旧祠"僻在深巷"。这些史料信息冯敏昌一清二楚,心知肚明。既然如此,冯敏昌为什么还要置史实于不顾,甘冒毁誉风险谎称明人所建韩文公祠本在韩庄呢?这与冯敏昌认定韩愈墓在韩庄亟须证据有关。

冯敏昌于乾隆五十二年(1787年)开始主编《孟县志》,在修志过程中,冯敏昌否定了康熙《孟县志》主编乔腾凤有关韩愈墓在孟县尹村的认定,否定了《河南通志》有关"韩愈墓在孟州西十五里"的记载(《河南通志》另记载"韩愈别墅在孟州西十里,俗呼韩庄",可知庄与墓相距五里),一心想

把韩愈墓认定在韩庄庄后，使庄与墓不再远离。当然，认定新址需要证据，但无中生有的事要寻找证据，其难度可想而知。转眼到了乾隆五十四年（1789年）秋天，《孟县志》基本告竣待印，冯敏昌需要的证据依然希望渺茫。于是，心绪难安的冯敏昌伙同他人假造了邢贤诗碑、大铁香炉，编造了韩文公冢前飨堂、韩庄旧韩文公祠、耿裕诗碑嵌在韩庄韩文公祠壁上等系列谎言。有了这些假证据，终于可以认定韩庄北半坡岭上那个不知何姓何人的孤冢为韩愈墓。乾隆五十五年，《孟县志》终于成书出版。这就是冯敏昌谎称韩庄旧有韩文公祠、耿裕诗碑初存韩庄文公祠的真实用意。

孟县韩愈墓的由来

孟县韩家庄（今孟州市洛常路北侧韩庄）村北半岭坡有一冢，被孟县人称为韩愈墓。修武县安阳城乡（今属焦作市马村区）青龙岭韩陂有一坟墓，被修武县人及全国多地韩愈后裔称为韩文公墓。一人两墓并存，其中必有内情。本文依据相关史料记述，介绍一下孟县韩愈墓的由来。

一、明代成化年间耿裕首次认定

耿裕，字好问，明朝官员，历任吏部侍郎、吏部尚书、礼部尚书等职。明成化二十一年，吏部侍郎耿裕路过孟县，途中听人讲县城西十里许有韩愈故居，韩愈墓亦在此地，听后很感兴趣，借题发挥写下诗并序，康熙《孟县志》收录耿裕诗作时添加标题为《孟县韩庄考》。其文曰："庄在怀庆府孟县西十里许，即唐韩文公故居也……公实河阳人，生有'归河阳省坟墓'之文，殁亦葬于是。门人皇甫湜撰公墓碑云'归葬河阳韩氏先茔'，则公为河阳人本无疑者，不知何以讹为南阳人，盖'南'字即'河'字之误，抄录者之过也……古人最重乡邑，若以南阳为的，公集中言河阳者不一，竟无一语及南阳，公岂忘本耶？又县东南有韩村，韩湘冢在焉。湘，公之侄，若然则公世居于是，葬于是，而云它何也……然今只以集中所云及据墓碑为当。西旋过孟，闻有好古者，必能兴崇表厉云耳，诗云乎哉：文公生此邑，豪杰古今推。道续千年统，言垂百世师。遗庄存故址，表墓有残碑。剩得山灵护，难同缘野隳。报功从祀远，记里建祠宜。风教斯攸系，时丰可力为。"

耿裕在诗序中表露出这样一些看法，即韩愈是河阳人，孟县韩庄有韩愈故居、韩愈墓、韩愈先茔。耿裕的看法源于道听途说，未经认真思考和实地考察，该文急就而成，故短短数百字，就出现诸多谬误之处。

谬误之一：罔顾史实，轻率判定。韩愈本是修武南阳人，古代修武建有南阳城，故修武亦称南阳。李白在为韩愈的父亲韩仲卿所撰《武昌宰韩君去思颂碑》中写道："君名仲卿，南阳人也。"韩仲卿是南阳人，韩愈自是南阳人。宋代史学界曾为韩愈是邓州南阳人还是修武南阳人引发争论，南宋理学家朱熹考证后认定："则知公（韩愈）为河内之南阳人……然南阳之为河内修武，则无可疑者。"至此，有关韩愈是哪个南阳的争论才平息下来。耿裕罔顾这些史实，随心所欲地乱讲"盖'南'字即'河'字之误，抄录者之过也"，其言讹诬甚矣！

谬误之二：借题发挥，随意添改。耿裕在诗序中写道："门人皇甫湜撰公墓碑云'归葬河阳韩氏先茔'。"然皇甫湜在《韩文公神道碑》文中讲"葬河南某县"，在《韩文公墓志铭》文中讲"葬河南河阳"，并无"韩氏先茔"字样。韩愈归葬修武县韩陂韩氏祖茔，耿裕心知肚明，但他想要把韩愈墓认定在孟县，故假借皇甫湜之口，说出韩愈"归葬河阳韩氏先茔"。

谬误之三：以偏概全，信口雌黄。耿裕讲："公集中言河阳者不一，竟无一语及南阳，公岂忘本耶？"此言差矣，韩愈在《题广昌馆》诗作中写道："丘坟发掘当官路，何处南阳有近亲。"是在发问"邓州南阳和修武南阳哪里有我的近亲"？韩愈不仅提到了南阳，还把南阳与故里近亲联系在了一起。韩愈曾为桂阳王陈伯谋撰写像赞，像赞署名："南阳退之韩愈拜赞。"

谬误之四：无视国史，以讹传讹。早在耿裕写诗及诗序之前，明天顺五年（1461年），官修全国性总志《大明一统志》已刊行。《大明一统志》第28卷《怀庆府·人物志》中列有《韩愈传》，传曰："唐韩愈，南阳人，即今修武县北南阳城是也。"而耿裕却妄言："公实河阳人。"《大明一统志》第28卷《怀庆府·古迹》记载："南阳城，在修武县北。《左传》：晋启南阳即此，唐韩愈世家焉。"然耿裕却以讹传讹讲："庄在怀庆府孟县西十里许，即唐韩文公故居也……若然则公世居于是。"《大明一统志》第28卷《怀庆府·陵墓》记述："韩愈墓，在孟县北。愈，唐名儒，皇甫湜作神道碑。"孟县北，可作两解：一是在孟县境内县城北边；二是在孟县县境北。笔者倾向于在孟县县境北，因孟县偏北方向即是修武县，韩愈故里在修武，韩愈就葬在修武韩陂，至今墓茔尚在。可耿裕却说："生有'归河阳省坟墓'之文，殁亦葬于是。"耿裕之言是为主观臆断。无论孟县北理解为孟县县城北边或是孟县县境外北边，均与孟县西十里韩庄不同地，且非一个方向。

虽然耿裕所言谬误多多，轻率随意，信口开河，不可取信，但耿裕身居庙堂，主事吏部，身份地位显赫，其话语权和影响力在当时是非常大的。翌年（公元成化二十二年），《河南总志》刊行，主编为讨好耿裕，推翻明天顺五年《大明一统志》的记述，完全按耿裕所言，在《河南总志》卷8《怀庆府·陵墓》中记载："韩文公墓，在孟县西。唐韩文公卒，葬于此。"在《怀庆府·古迹》中记载："韩家庄在孟县西十里，唐韩文公故居。"《河南总志》依耿裕所言把韩愈墓记载为"在孟县西"，首开史志记载韩愈墓在孟县西之先河。此后，《河南通志》《怀庆府志》《大清一统志》多受此影响，因袭前说，以讹传讹记述韩愈墓在孟县西。

耿裕于公元1496年去世，去世后，其话语权及影响力渐趋式微。耿裕去世62年后，明嘉靖三十七年，新编《河南通志》刊行（北京图书馆藏）。《河南通志》主编李濂为厘清《大明一统志》和《河南总志》对韩愈葬处的矛盾记载，专门到修武县韩庄进行实地考察，撰写了考证文章《韩庄记》，文中记述韩文公故里在修武县韩庄，韩愈墓和韩愈祖茔在修武县。为厘清韩愈是修武人还是孟县人，韩愈故居和韩愈墓在何处，《河南通志·卷44》专设《辨疑》，文载："修武县东北三十里曰南阳县，韩文公愈之故里也，居人呼其地曰韩庄，又曰韩村，愈自上世居此……今修武之韩庄有愈墓存焉，则愈之为修武人明矣。"

清代康熙年间《孟县志》主编乔腾凤受明《大明一统志》记载的影响，不屑于明成化二十一年耿裕的无稽之谈和明成化二十二年《河南总志》的谄谀之作，重新对韩愈故居、韩愈祖茔、韩愈墓进行了考证认定。

二、清代康熙年间乔腾凤等人重新认定

乔腾凤，字遥集，邑孝廉，孟县人，康熙乙亥年《孟县志》主编。乔腾凤在主编《孟县志》时，依照明代《大明一统志》中"韩愈墓，在孟县北"的记述，着手在孟县城北方向寻访韩愈墓。

孟县偏北方向有一村庄曰尹村，是唐代叛将尹子琦的老家，尹子琦随安禄山叛唐失败后被诛灭门。北宋末年，金兵南侵，为避战乱，居住在修武县的韩愈后裔十一世韩乾、韩智、韩元、韩德及十二世韩善魁、韩善论、韩善元、韩善诗等皆举家迁居孟县尹村，几代人居住一百五十年左右。南宋末年，元兵南侵，为避战乱，居住在孟县尹村的韩愈后裔全部离开尹村，迁居修武县山阳城、安阳城。因尹村曾居住过韩愈后裔，故乔腾凤将尹村作为考察

重点。

乔腾凤在其主编的康熙《孟县志》序言中写道："凤尝数至尹村，观其葬处，犹与形家昔所图者无改……其左臂一高冢，百里皆可望见之，盗伐者辄有风雷之变，邨民夜起爇火执兵逐之，贼皆惊遁。余因徘徊其下，私怪此必韩公真藏，不尔，何以动鬼神之呵护，竟无证验，真成恨事。"在乔腾凤的辛勤努力下，终于在尹村找到了"韩公真藏"，圆满完成了韩愈墓在尹村的考证认定。随后，乔腾凤联系到文友刘青藜、刘青芝兄弟，请他们帮忙撰文，认定韩愈墓在孟县尹村。

刘青芝，清代学者，雍正五年进士。刘青芝在《韩文公河阳人辨》一文中写道，"余闻乔遥集先生云：'公祖茔在孟县苏家庄，古尹村也……其左臂又有一高冢，百里皆可望见……此冢想为公埋骨处，不然何以动鬼神呵护若是。'遥集又云：'张子微《玉髓经》载文公茔图，名黄龙饮水形。'余尝亲至尹村，徘徊斯茔间，与形家昔所图者无异。公之茔域确，则公为河阳人益信……得之目睹，其言固足据也"。①

清代文人刘青藜写有《孟县韩文公墓考》一文，收录在清代《续河南通志》中，刘青藜在该文中讲："则尹村之为文公祖茔可无疑。以子昶墓志铭及风雷惊盗之事观之，则大冢为文公墓可无疑也。遥集先生又云：'张子微《玉髓真经》刻有文公茔图，名黄龙饮水形。'云'与封德彝茔相近'，今茔南即封墓，形象亦宛然如故。"

乔腾凤与刘青芝、刘青藜所认定的韩愈墓，当地人俗呼"尹丞相坟"。明知是"尹丞相坟"，还要坚持认定为韩愈墓，实在荒唐，难怪遭到乾隆《孟县志》主编冯敏昌的痛批。

冯敏昌对乔腾凤的评语是："而又违众意，以独出己见，而疑公墓为在于尹村祖茔，及究其所据，则但以风雷惊盗为言……是则乔孝廉亦自见本无确证，姑为是拟议之词，而不知遂使韩家庄之文公墓传信无疑者，忽杜撰出一尹村文公冢而几成传疑也。"

冯敏昌对刘青芝的评语是："而今刘青芝之辨乃遂称乔说云《玉髓真经》有文公茔图为文公墓在彼之实证确据……苟以传成文公墓在尹村之案其诬甚

---

① 杨丕祥，主编．韩少武，刘荣成，编著．史证韩愈故里［M］．香港：国际炎黄文化出版社，2011：149.

矣……至谓乔得之目睹而其言足信者，此则更欲使人不敢置辩，在刘言尤为
惑人之甚者也！"

冯敏昌对刘青藜的评语是："若刘青藜一考则大意亦与刘青芝同述乔说，
而又别自有迁就于其间者……又所称张子微《玉髓真经》文公茔图名黄龙饮
水图者，与青芝所改窜乔语处并同，而又益之以'与封德彝墓相近'之云，
并云'今茔南即封墓，形象亦宛然如故，是又一证云云'，此殆皆臆撰无稽
之说。"

乔腾凤、刘青芝、刘青藜的韩愈坟茔尹村说流行了几十年，至清乾隆五
十四年被新任《孟县志》主编冯敏昌予以否定，韩愈墓被冯敏昌认定在孟县
韩家庄庄北半岭坡上。

三、清代乾隆年间冯敏昌再次考证

冯敏昌，清代官吏，历任户部主事、刑部河南司主事、翰林院编修。乾
隆五十一年（1786 年）离职后，到孟县主讲河阳书院，主编《孟县志》并考
证韩愈墓。冯敏昌在主编《孟县志》时，发觉乔腾凤、刘青芝、刘青藜依据
"黄龙饮水形"茔图来认定韩愈墓是非常不妥的，因为修武县的韩愈墓地（葬
在祖茔）是"青龙饮乳形"，这样认定很容易引起人们的联想和质疑。故冯敏
昌果断否定了韩愈墓在尹村的认定。

否定了乔腾凤等人对尹村韩愈墓的认定，冯敏昌需要考证出一个新的韩
愈墓，于是，冯敏昌把目光投向了明代耿裕所讲的孟县西十里许韩庄。但韩
愈墓是否就在韩庄、距离韩庄有多远却说法不一。清康熙九年《河南通志·
卷 19·陵墓》记载："韩愈墓，在孟县西十五里。"《河南通志·卷 20·古
迹》记载："韩愈别墅，在孟县西十里，俗呼韩庄。"康熙三十四年《河南通
志》对韩愈墓及韩愈别墅的记载与康熙九年《河南通志》的记载完全一致。
康熙年间《河南通志》告诉我们：韩庄在孟县西十里，韩愈墓在孟县西十五
里，庄与墓相距五里。清康熙三十四年，孟县知县张之纪撰写《重建韩文公
祠碑记》，文中讲到"且公（韩愈）墓在邑西三十里，向植有神道碑"，此文
录入康熙《孟县志·卷十一·艺文》。张之纪告诉世人，韩愈墓在孟县县城西
三十里。乾隆五十四年《怀庆府志·卷二十七·金石》亦载："张之纪重建祠
堂记云，公墓在邑西三十里，向植有神道碑。"

不管史志怎么记、别人怎么讲，冯敏昌自有本人的想法。冯敏昌在《孟

县志·卷九·金石下》按语中写道："韩文公冢之在韩庄……余心独以韩庄者为确。"由此可知冯敏昌决心要把韩愈墓认定在孟县韩庄。经考察，冯敏昌看中韩庄庄北半岭坡有一墓冢，地形风水俱佳，另有两棵古柏，认定为韩愈墓较为合适。于是，冯敏昌否定了韩愈墓在韩庄西十五里及三十里的说法，开始搜集韩愈墓在韩庄庄北的信息与证据。

冯敏昌与孟县知县仇汝瑚是姻亲，仇汝瑚与孟县韩愈后裔、世袭翰林院五经博士韩九龄交好，冯敏昌任过翰林院编修，与孟县西武章村韩九龄亦有交情。特殊的关系及查找新证据的需要使冯、仇、韩走到了一起，形成了考证团队。

冯敏昌需要韩愈墓在韩家庄庄后的证据，韩九龄不负重托，赶在《孟县志》出版前（乾隆五十五年印制），于乾隆五十四年阴历八月十七日一天内找到两件实物证据，一件被称为"邢贤诗碑"，一件被称为"韩文公冢飨堂大香炉"。两件证物报送冯敏昌后，冯敏昌"惊喜不胜"。冯之惊喜，在于两件宝物上刻写之字，可以相互印证韩家庄有韩愈墓，韩愈墓就在韩家庄庄北，完全符合冯敏昌的考证需求，冯敏昌高兴地称两件宝物为"一石一金"。

所谓一石，即韩九龄找到的一个石碑。据碑文显示，明嘉靖二十九年，孟县时任知县邢贤到韩家庄拜谒了韩文公墓，之后游览了离韩家庄不远的金山寺，即兴写了一首诗及诗序，县丞等人将诗与诗序刻在石碑上，立于韩愈墓前，故曰"邢贤诗碑"。

所谓一金，即韩九龄发现的大铁香炉。据乾隆《孟县志》记述，大铁香炉造于明弘治十七年二月，原为韩文公墓前飨堂之物，因飨堂倒塌，移入韩家庄关帝庙内，后被韩九龄发现。

有关"一石一金"的发现过程及其重要价值，冯敏昌在乾隆《孟县志》中均有介绍。冯敏昌在按语中讲："乃于本月中秋后二日，连雨之后，正当文公墓前，一碑出土，洗视为前明嘉靖二十九年知县邢贤《谒公墓诗碑》。虽半剥落，然'昌黎伯墓'及'展墓后至金山寺'等字具在，殊足与前明耿侍郎诗序相发。而是碑初出，当经博士九龄奔走往拓之。日更于韩庄内关帝庙中，访得前明弘治十七年所造大铁香炉一座，其前题识云：'怀庆府孟县韩家庄，韩文公冢飨堂大香炉一座，重二百五十斤。'则又与诗碑前后正和。盖碑则云'公墓近金山寺'，炉则以公冢合。韩家庄一金一石皆指此墓而言，若合符节。而耿侍郎诗序，并庄与墓言之，而未明言墓与庄近在一处者，得此遂昭然众睹矣！盖碑与炉，皆承耿侍郎表章之后，而为之者也。然此一石一金，不先不后，至是全日得之，此殆亦有数存于其间……"冯敏昌在《孟县志·卷九·金石下》按语中讲："韩文公冢之在韩庄……而适于韩庄后公墓前，邢贤诗碑出土，公后裔往视，为嘉靖二十九年所刻。因于回途小憩关帝庙，从尘封中忽得此炉，拓归以示，又在正德嘉靖之前，余惊喜不胜。"又按："此炉所谓公冢飨堂者，其堂虽无存，而冢前尚有隆起之迹，是炉盖因堂圮，移入关帝庙，久后遂无知者耳。"

"一石一金"对冯敏昌认定韩愈墓在韩家庄北的物证价值是不言而喻的。然冯敏昌所讲述的"一石一金"发现经过及所载文字，则疑点重重，漏洞多多，经不起推敲。

其一，邢贤诗碑疑似造假。1. 邢贤诗碑出土时碑身完好，说明没有遭人破坏，仅是倒地被埋。从立碑到被韩九龄发现，埋在地下仅二百多年，碑刻文字就剥落六十多字，这可能吗？邢贤诗碑"虽半剥落，然'昌黎伯墓'及'展墓后至金山寺'等字具在"，真的太神奇了！剥落了那么多字，冯敏昌想用的字却一个未剥落。2. 邢贤是明代嘉靖年间孟县知县，他的诗能刻在石碑上，但《孟县志》中却未录入邢贤的诗文，是不合常理的。3. 邢贤诗文写作时间存在问题。韩名俭、韩相安先生在《从河南巡抚奏折和邢贤诗碑看韩园》一文中指出，邢贤诗作于明嘉靖二十九年（阴历）九月，此时孟县一带已秋收完毕，诗中却写道："禾黍风动劲，秋朝月正明。"韩愈于公元 824 年去世，距邢贤作诗时间（公元 1550 年）相差 726 年，诗中却有"千载高风谁许挹"句，千载与 726，显然不符。邢贤碑是清乾隆五十四年被韩九龄发现的，乾隆五十四年为公元 1789 年，距韩愈去世时间相差 965 年，接近千载，诗文疑似作于韩九龄发现诗碑前不久。4. 邢贤诗碑落款人名任职时间存在问题。诗碑落款是："嘉靖二十九年九月，知孟县事维扬邢贤题，县丞沁州崔祯、主簿故城马潭、典史怀宁□□立。"韩名俭先生曾查阅《怀庆府志》，上卷 601 面记载"邢贤，通州人，监生，嘉靖二十九年任"，邢贤为明代孟县第 33 任知县。邢贤诗碑立于上任当年，可诗序却讲：莅孟"三载矣"，时间上存在问题。《怀庆府志》605 面有县丞崔祯的记载："崔祯，山西人"，为明代孟县第五任县丞，府志没有记载任职时间。但府志记载第七任县丞"马成，嘉兴人，成化年间任"。第十八任县丞"黄知常，咸宁人，监生，嘉靖年间任"。从时间上看，第五任县丞崔祯任职时间早邢贤 100 多年，不可能与邢贤同时立碑。

《怀庆府志》记载，主簿马潭是明代孟县第三任主簿，任职时间比县丞崔祯还早。查《怀庆府志》，明代孟县全部典史人员，没有怀宁籍人。由此暴露邢贤诗碑造假无疑。5. 冯敏昌在清乾隆《孟县志》的按语中讲"今仍将碑（邢贤诗碑）立于墓前，并于碑阴题识出土岁月以见先贤之灵与贤令之美焉"。碑已重立，但不知何故，同时期立的碑今都安在，邢贤诗碑却不知何时从韩庄韩愈墓前撤去，复不见天日。

其二，大香炉之说稀奇离谱。1. "久后遂无知者耳"一说难以令人相信。韩愈被尊为唐宋八大家之首，百代文宗，其飨堂大香炉自是宝物一件，移入关帝庙，当被视为镇庙之宝，倍加爱护，岂会沦落到无人知晓？一个村庄的关帝庙，想来规模不会很大，一个重二百五十斤的大香炉，无论放置院中还是放在室内，人们不可能视而不见。2. "尘封"之说苍白无力。韩九龄到关帝庙不是专访，仅是"回途小憩"，假若大香炉藏于暗室，韩九龄是见不到大香炉的；如果大香炉放在客厅，庙中之人会在打扫卫生时擦拭干净的。故"尘封"之说是不靠谱的。3. "韩文公冢飨堂"之称不伦不类。飨堂是从祠堂分出来的祭祀场所，一般以祖先的名字命名。韩愈墓前飨堂正规称呼应是"韩文公飨堂"或"韩愈飨堂"，而"韩文公冢飨堂"则不知要突出"冢"还是要突出"飨堂"。4. "大香炉一座"画蛇添足。香炉大小，一看便知；是香炉人们不会认作大钟；是一座香炉人们不会看成两座。香炉项间款识标注"大香炉一座"莫名其妙，令人难以理解。

其三，韩文公冢前飨堂无案可稽。韩文公冢前有飨堂，依据是大香炉项间款识的文字说明，大香炉自身疑似假造，其款识文字自不可信。冯敏昌在按语中作证讲："其堂虽无存，而冢前尚有隆起之迹。"岭地有起有伏，土地有隆起未必就是飨堂旧址。

大香炉款识中所提及的韩文公冢飨堂，旧《孟县志》《怀庆府志》均无记载，明代王谔的《谒韩文公祠》、王铎的《韩庄》、薛所蕴的《韩庄谒文公冢》等诗作中，均未提到韩愈墓前有飨堂。由此可知，所谓的韩愈冢前飨堂，子虚乌有，是欺世惑众的谎言。

四、孟县韩愈墓来历评析

孟县韩愈墓是如何考证出来的，来龙去脉及真相已然呈现在世人面前。回放整个考证认定过程，可发现考证者在认定韩愈墓时是下了大功夫、费了大心思的，但存在的问题和虚假之处也是明显存在的。

第一，认定带有很大的随意性。认定者想说有就认定有，想说墓在哪儿就认定在哪儿，想改变就改变，想否定就否定，想说墓离县城有多少里就说有多少里，反反复复，随心所欲，很不严谨，极不严肃。

第二，认定带有明显的扭曲性。冯敏昌为达到将韩愈墓认定在孟县城西十里韩庄的目的，蓄意篡改旧志内容，愚弄世人。康熙《孟县志·卷十·艺文》载有明代耿裕路过孟县时所写下的诗并序《孟县韩庄考》，文中写道："西旋过孟，闻有好古者，必能兴崇表厉云耳。"冯敏昌在乾隆《孟县志·卷九·金石下》转载此文时，将此段话篡改为"西旋过孟，闻有是庄，及墓所在，口口为之雀跃，因作小诗以识，其有好古者，必能兴崇表厉云耳"。文章标题则由《孟县韩庄考》改为《题韩家庄诗碑》，村名韩庄变成了"韩家庄"。冯敏昌新增"闻有是庄，及墓所在"句，意在诱导人们相信明代耿裕早已认定韩愈墓在韩庄，其篡改目的很明确。康熙《孟县志·卷十一·艺文》载有孟县知县张之纪所撰《重建韩文公祠碑记》，其文讲道："且公（韩愈）墓在邑西三十里。"冯敏昌在乾隆《孟县志·卷二·地理下》转载此文时将此句篡改为"且公墓在邑西十三里"。将"三十里"改成"十三里"，意在拉近韩愈墓与邑西十里韩庄的距离，让人们相信张之纪考证的韩愈墓就在韩庄。

第三，认定带有较强的恃权性。耿裕是朝中吏部长官，权势显赫，他的话一言九鼎，长官意志，他讲韩愈墓在孟县，地方官员立即将其感言诗文载入《孟县志》，《河南总志》关于韩愈墓的记载亦随之做了更改。乔腾风、冯敏昌二位《孟县志》主编均为县令聘任，仗恃官方背景，为所欲为地将韩愈墓认定在孟县尹村、韩家庄。显而易见，所谓的孟县韩愈墓是权势操弄的产物。

第四，认定带有显著的主观性。在明成化二十一年耿裕过孟之前，修武县早就存在韩愈祖居地、韩愈祖茔、韩愈墓，对此史志有刊载，族谱有记述，茔图有名称，后裔知方位。这些情况耿裕、乔腾风、冯敏昌均心知肚明。耿裕讲："则公为河阳人本无疑者，不知何以讹为南阳人。"说明耿裕清楚知道韩愈是南阳人而不是河阳人。乔腾风曾到修武韩陂考察过韩愈墓，了解到韩愈祖茔是"黄龙饮乳形"，考察后却执意把韩愈墓和韩愈祖茔认定在孟县尹村荒岗上，称其地为"黄龙饮水形"。冯敏昌在其主编的《孟县志·卷七·金石上》按语中讲："然朱文公（朱熹）或以公（韩愈）所谓坟墓者为在修武矣。

是以后人作《修武志》者皆载韩文公为修武人。"从冯敏昌的按语中,可以了解到冯敏昌早就知道韩愈是修武人,韩愈墓在修武。耿裕、乔腾风、冯敏昌罔顾史实,一心排他,执意要把韩愈故里、韩氏先茔、韩愈墓认定在孟县,其认定自然没有客观性、真实性可言。

第五,认定带有一定的蒙骗性。耿裕所讲的"门人皇甫湜撰公墓碑云'归葬河阳韩氏先茔'""盖'南'字即'河'字之误,抄录者之过也""竟无一语及南阳"等话语,均系蒙骗人的妄言。乔腾风、刘青芝、刘青藜则是将尹丞相坟认定为韩文公墓,欺世盗名,惑人不浅。冯敏昌不仅串通韩九龄假造"一石一金",更是谎称"迨明初耿侍郎裕,过孟闻有韩庄及公墓所在,始表祠之。而此后之人,始知公有子孙世守坟墓,奉祭祀"。试想,孟县韩庄自古至今没有一户韩愈后裔,是谁在世守坟墓?若讲有韩愈子孙在韩庄守坟墓、奉祭祀,为什么所谓的飨堂倒塌后没人去修复?为什么所谓的大香炉移入关帝庙后没有人知道?为什么所谓的邢贤诗碑倒地多年埋入土中却无人扶立、无人知晓?为什么乾隆朝之前的孟县韩氏家谱中没有韩愈墓在韩家庄的记载?为什么韩九龄不敢理直气壮地讲韩愈墓在韩家庄而是忙着为冯敏昌寻找物证?

综上所述,可知孟县所谓的韩愈墓,无凭无据,完全是明代成化年间至清代由耿、乔、冯等人道听途说、主观臆想、弄虚作假、随心所欲认定出来的,既无明代之前的史料佐证,又得不到绝大多数韩愈后裔的认可,更无清代乾隆朝以前的族谱记载,故今孟州市韩庄韩园内的"韩愈墓"之名当休矣。

韩愈“葬河南河阳”说

韩愈于唐长庆四年（公元 824 年）因病去世，其门生皇甫湜为其精心撰写了《韩文公墓志铭（并序）》，皇甫湜在序言中写道：“长庆四年八月，昌黎韩先生既以疾免吏部侍郎，书谕湜曰：‘死能令我躬所以不随世磨灭者惟子，以为嘱。’其年十二月丙子，遂薨。明年正月，其孤昶使奉功绪之录，继讣以至。三月癸酉，葬河南河阳，乃哭而叙铭其墓，其详将揭之于神道碑云。”

皇甫湜是韩愈的门生及好友，遵韩愈遗嘱参与办理韩愈丧事，皇甫湜讲韩愈“葬河南河阳”，当真实可信。然“河南河阳”所指何处，出现了“葬河南府河阳县”和“葬河阳军修武县”两种不同的说法。

一、葬河南府河阳县说

持此说者认为：“河南”是指治所在洛阳的河南府，“河阳”是指河阳县，河阳县在唐代曾属河南府管辖，有《孟县志》记载为凭。清乾隆《孟县志·卷一·地理上·沿革》载：“……隋开皇十六年，分温、轵二县重置河阳县，属怀州。唐武德初，改为大基县。四年，平王世充，理盟州，八年省，咸亨五年复置。后以讳（避唐玄宗李隆基名讳），复为河阳。开元初，以温、河阳、汜水、济源、河清五县为东京畿邑，属河南府，其税权隶三城使……德宗建中二年，以李芃为河阳三城节度使，割先属东五县租赋，入河阳三城使。”清乾隆《孟县志·卷二·地理下》记载：“故正议大夫行尚书吏部侍郎上柱国赐紫金鱼袋赠礼部尚书谥文公昌黎韩公墓在城西十二里韩庄。”河阳县在清代称孟县，今称孟州市，孟州市城西 6 公里许建有韩园，韩园内有韩愈墓。故韩愈“葬河南河阳”即葬在河南府河阳县（今孟州市）。

二、葬河阳军修武县说

持此说者认为：河阳军亦称河阳节度使，是唐建中二年（公元 781 年）设置的藩镇（亦称节镇、方镇、军镇），因治所初在河阳三城而得名，是州、府以上军政合一的一级行政区划单位，简称河阳。河阳军（河阳节度使）较长时间辖有黄河以南地区和黄河以北地区，黄河以南地区古称河南，黄河以北地区古称河内或河阳，韩愈"葬河南河阳"，即葬在辖有河南地区和河阳地区的河阳军节度使辖域内。

《中国古今地名大辞典》（臧励龢主编）载："河阳军，唐置，治河阳城，在今河南孟州市西三十五里，建中初曰怀郑汝陕四州及河阳三城节度使，寻割郑州隶永平军，以河阳三城、怀州为河阳军，含河南河北道西部之地。元和中以魏博军归顺，徙镇汝州，今河南临汝县治，改曰河阳怀汝节度，寻还镇河阳。会昌中移治怀州，今河南沁阳县治，寻还治孟，即河阳城也。文德初属于朱全忠，宋曰孟州河阳军，寻改为济源郡。"《中国古今地名大辞典》告知我们，韩愈生前，河阳军较长时间辖有河南河北道西部地区。唐建中初，河阳军辖黄河以南郑州、汝州、陕州及黄河以北怀州和河阳三城；割郑州隶永平军后，河阳军继续辖黄河南岸地区和北岸地区；唐会昌中，河阳军移治怀州（此时韩愈已去世）。

相关史料记载，韩愈去世后，葬在河阳军修武县。

明天顺五年（公元 1461 年），国修史志典籍《大明一统志》刊行。《大明一统志·卷 28·怀庆府·陵墓》记载："韩愈墓，在孟县北。愈，唐名儒，皇甫湜作神道碑。"韩愈墓在孟县北，即在孟县东北修武县韩陂，今韩陂韩愈墓尚存。

明嘉靖三十七年《河南通志·卷 44·辨疑》刊载："韩愈本修武人，修武县东北三十里曰南阳县，韩文公愈之故里也，居人呼其地曰韩庄，又曰韩村……今修武之韩庄有愈墓存焉，则愈之为修武人明矣。"

清乾隆三十一年《修武县志》刊载县境全图，在安阳城（韩愈墓所在乡镇名）下标注："韩文公陵"。

清道光二十年（1840 年）《修武县志·舆地志（下）·陵墓·卷三》记载："韩陂，在青龙岭前，上有一冢，周围约三丈许，高七八尺，居人传为韩文公墓。谚有云'霜不打韩陂'，严冬霜降，墓上草自青葱，前后左右数百亩中并无霜色，亦一奇也。"

史志清晰地传递了这样的信息：韩愈"葬河南河阳"即葬在河阳军修武县。

三、韩愈"葬河南河阳"说辨析

有关韩愈"葬河南河阳"的两种解释和认定，各有各的依据，各有各的说法，孰是孰非，通过辨析，可明真相。

（一）"葬河南府河阳县"说辨析

有关史料信息显示，韩愈"葬河南府河阳县"说存在诸多误处。

1. 韩愈生前河阳县并不隶属河南府

持韩愈"葬河南府河阳县"说者的主要依据是清乾隆《孟县志》，《孟县志》记载："开元初，以温、河阳、汜水、济源、河清五县为东京畿邑，属河南府。其税权隶三城使。"但相关史料告知我们，乾隆《孟县志》的记载有违史实。

唐贞观元年（公元627年），全国划分为十道，分别是关内道、河南道、河东道、河北道、山南道、陇右道、淮南道、江南道、剑南道、岭南道。河南道治所在洛州洛阳县。自唐贞观元年至唐开元元年，河南道所辖的洛阳地区称洛州不称河南府。

唐开元元年（公元713年），河南道所辖洛州改名河南府，河南府治所在洛阳县。"百度百科"载，"河南府属县：河南县、洛阳县、偃师县、巩县、缑氏县、阳城县、登封县、陆浑县、伊阙县、新安县、渑池县、福昌县、长水县、永宁县、寿安县、密县、河清县、颍阳县、伊阳县、王屋县"。唐开元初河南道河南府所辖20县中没有河阳县。

唐开元二十一年（公元733年），全国重新划分为十五道，分别是关内道、河南道、河北道、河东道、山南东道、山南西道、陇右道、淮南道、江南东道、江南西道、黔中道、岭南道、剑南道、京畿道、都畿道。"百度·历史词典"载："都畿道，唐开元二十一年分河南道东都附近地区置，因以为名。为十五道之一，治洛阳县（今洛阳市）。辖境相当于今河南获嘉、原阳、中牟、新郑、叶县等市、县以西，崤山、熊耳山以东，伏牛山以北和山西中条山以南地区。乾元元年废。""百度·历史词典"讲得很清楚，唐开元二十一年至唐乾元元年，都畿道辖洛阳及附近地区。黄河北岸河内地区的河阳、修武、温、获嘉、武陟、济源、武德、河内等县均为都畿道辖县。"百度"载有"唐代的行政区划——道、州、县"信息，该信息显示："都畿道辖河南府、汝州、陕州、怀州、郑州……河南府领县：河南县、洛阳县、巩县、缑氏县、偃师县、阳城县、登封县、陆浑县、伊阙县、新安县、渑池县、福昌县、长水县、密县、寿安县、永宁县、颍阳县、河清县、伊阳县、王屋县。"阅"百度"所载信息可知，都畿道河南府不辖河阳县。

唐天宝年间（公元742年），唐玄宗李隆基改东都为东京。

唐建中二年（公元781年），置河阳军（河阳节度使），治所在河阳三城。河阳军（河阳节度使）存在期间，河阳县始终都是河阳军（河阳节度使）属县。

唐会昌三年（公元843年），改河阳三城为孟州，孟州领河阳、济源、温、汜水、河阴五县，隶河北道。

综合上述史料信息，不难发现清乾隆《孟县志》所讲"（唐）开元初以温、河阳、汜水、济源、河清五县为东京畿邑，属河南府"是混记、错记。

其一，开元初，洛阳称东都不称东京。"百度·古都吧"载："唐玄宗天宝初年移居长安，为降低洛阳地位，提高长安地位，随将洛阳'东都'改为'东京'，长安'京师'改为'西京'。"唐天宝初年东都改为东京，故开元初河阳县不可能称东京畿邑。

其二，开元初，河阳县不是河南府属县。无论是河南道所辖之河南府，还是都畿道所辖之河南府，辖县中均无河阳县。

其三，开元初，尚未设置都畿道。开元二十一年始在洛阳及周边地区设置都畿道，河阳县及怀州所属各县始为都畿道属县，而不是河南府属县。因都畿道治所在河南府洛阳县，乾隆《孟县志》编修者错将都畿道当作河南府，一方面称河阳县为"东京畿邑"，另一方面又称河阳县属"河南府"。

其四，开元初，河清县入河南府而非河阳县入河南府。唐武德二年，废黄河南岸的河清县与黄河北岸的河阳县，合并二县置大基县，属怀州。唐武德四年，平王世充，大基县入盟州。唐武德八年，废大基县。唐咸亨四年，重置大基县。唐先天元年，因犯玄宗李隆基名讳，大基县分为河清、河阳二县。唐开元初，河清县入河南府，河阳县则隶河阳三城使。乾隆《孟县志》编修者或误认为唐先天元年大基县被废后，河清、河阳二县同时入河南府。

其五，唐开元初至唐长庆四年，河阳县先后隶河阳三城使、河阳三城节度使、河阳军节度使。

"河阳三城"是北魏、东魏时筑于黄河孟津两岸以及河中洲上的三座城，分别为北中城（在黄河北岸河阳县地界，今河南省洛阳市孟津区河阳街道冶戍村）、中滩城（在黄河夹滩中，四面环水，今洛阳市孟津区白鹤镇铁谢村北铁谢渡口对应的夹心滩）、南城（在黄河南岸河阴县、河清县地界，亦称富平津，今洛阳市孟津区牛庄村、于村附近），因治所在河阳县境北中城，故名河阳三城。

"河阳三城"地处军事要塞，为京都洛阳戍守要地。北魏置北中郎府，以羽林虎贲属防之。北齐设河阳关，以城为军戍，置行台。自此后，将帅有河阳三城使。隋开皇初，在北中城置河阳宫。唐大历十一年，置河阳三城使，唐大历十四年，置河阳三城镇遏使。唐建中二年，置河阳三城节度使，寻改为河阳军节度使，初曰怀郑汝陕及河阳三城节度使，治所在北中城，辖黄河两岸怀州、郑州、汝州、陕州、河阳三城。"河阳三城"与河阳县是两个不同级别的建制单位，"河阳三城"相当于州、府级建制，河阳县为县级建制单位。唐开元元年始，河阳县隶河阳三城使；唐建中二年始，河阳县隶河阳三城节度使、河阳军节度使。唐会昌三年，河阳军节度使府移治怀州（今河南省沁阳市），河阳三城改置孟州，领温、河阳、汜水、济源、河阴五县。

南宋学者方崧卿在《增考》中引北宋董逌说："今孟、怀州皆春秋南阳之地，自汉至隋，二州皆属河内郡。唐显庆中，始以孟州隶河南府，建中中乃以河南四县入河阳三城使，其后又改为孟州。"方崧卿所引董逌说与史实不符：孟州始置于唐会昌三年，唐显庆中，尚未有孟州建制；河南府始置于唐开元初，唐显庆中尚未设置河南府；孟州与河南府为同级建制单位，唐代孟州从未隶河南府管辖。显然，董逌将河阳县当成了孟州。孟州治所在河阳县，但河阳县是孟州的属县，两者不能混为一谈。建中二年有五县入河阳三城节度使，河阳三城节度使寻改为河阳军节度使。建中二年前所置河阳三城使，不带"节度"二字。

2. "河阳"不是河阳县的专称

有人把皇甫湜笔下的"河阳"与韩愈笔下的"河阳"，统统解释为河阳县，这就绝对化了，要知道，"河阳"并非河阳县的专称。

"河阳"既是地域名称，又是建制单位名称。

就地理位置而言，河阳是指河的北岸区域。"百度百科"网载："山南水北叫作阳，山北水南叫作阴。"可知河的北岸称河阳。战国早期寓言家列御寇在其所著《愚公移山》一文中写道："太行、王屋二山，方七百里，高万仞，本在冀州之南，河阳之北。"河阳之北，即指黄河北岸的北方。战国时期没有河阳县。

就地域名称而言，河阳是指黄河北岸河内地区。冯并先生在《河阴与河阳》一文中写道："……唐开元二十二年，唐玄宗为了便利漕运，在汴河口修建了河阴仓，并将汜水、荥泽连同武陟的一部分划为河阴县，自此，河阴与河阳成为重要的地域名，出现在黄河两岸。河阴与河阳以黄河为界。一般来说，从小浪底南岸的洛阳市孟津到郑州荥阳，主要是荥阳地区为河阴，北岸的焦作武陟地区为河阳，包括了新乡……河阳也叫河内地区，也指孟津对面的黄河北岸……"冯并先生讲得很明确，唐开元二十二年始，河阴与河阳作为重要的地域名称出现在黄河两岸，河阳也称河内地区。河内地区即河内郡（怀州）辖域，包括修武、武陟、获嘉、武德、河内等县。

就建制单位名称而言，简称"河阳"的有河阳军（河阳节度使）、河阳三城、河阳县、河阳关、河阳镇等。

为避免人们对韩愈葬地"河阳"的误解，皇甫湜特意在"河阳"前边加上"河南"二字，告诉人们韩愈葬地"河阳"，是指韩愈生前既管辖黄河北岸河内（河阳）地区又管辖黄河南岸河南地区（包括洛阳）的河阳（河阳军节度使），而非河阳三城、河阳县、河阳关、河阳镇。

3. 韩愈墓在孟县北而不在孟县西

最早讲韩愈墓在孟县西者是明代吏部侍郎耿裕。明成化二十一年（公元1485年），时任吏部侍郎耿裕路过孟县，行至县城西十里许，听人讲该地一村庄是韩愈故居地，村旁有韩愈墓，很是兴奋，随即写诗及诗序记之，在诗及诗序中讲该庄是韩愈葬地。明成化二十二年，《河南总志》依据耿裕所言，记载韩愈故居和韩愈墓在孟县西。

早在耿裕讲韩愈墓在孟县西之前，明代天顺五年（公元1461年）《大明一统志》记载："韩愈墓，在孟县北。"孟县北，可理解为孟县县城北，也可理解为孟县县界以北。但无论怎么认定，都不在孟县西。《大明一统志》载："唐韩愈，南阳人，即今修武县北南阳城是也。"该记载佐证韩愈墓在孟县北，即指孟县北修武县。

在耿裕写诗讲韩愈墓在孟县西之后，明代嘉靖二十四年（公元1545年），著名学者李濂鉴于明天顺五年《大明一统志》与明成化二十二年《河南总志》对韩愈墓的葬处记载不一致，亲自到孟县北修武县实地考察韩愈故里及韩愈墓，考察后，撰写了考察文章《韩庄记》。李濂在《韩庄记》中写道："修武县东北三十里为南阳城，韩文公退之故里也，居人呼其地曰韩庄，又曰韩村……盖韩氏世墓也。道旁有湘子祠，塑像于其中。双鬟童面，挈篮载花。"嘉靖三十七年（公元1558年），李濂主编的《河南通志》刊行，《河南通志·卷44·辨疑》记载："今修武之韩庄有愈墓存焉，则愈之为修武人明矣。"李濂的考证及《河南通志》的辨疑，都在告知世人韩愈墓在孟县北修武县。

清康熙年间《孟县志》主编乔腾凤不赞同明代耿裕有关韩愈墓在孟县西的说法及成化二十二年《河南总志》关于韩愈墓在孟县西的记述，按照明天顺五年《大明一统志》所讲，将韩愈墓考证认定在孟县北尹村，清代学者刘青芝、刘青藜分别撰文认定韩愈墓在孟县北尹村，从而否定了韩愈墓在孟县西的说法。

清乾隆年间《孟县志》主编冯敏昌否定了乔腾凤、刘青芝、刘青藜有关韩愈墓在孟县北尹村的认定，将韩愈墓重新认定在孟县西。冯敏昌虽然重新把韩愈墓认定在孟县西，但他内心明白孟县北修武县早已存在韩愈墓。冯敏昌在其主编的乾隆《孟县志·卷七·金石上》韩昶自为墓志铭按语中写道，"然朱文公（朱熹）此考末又云：'然则南阳之为河内修武，则无可疑者。'是朱文公或以公（韩愈）所谓坟墓者为在修武矣，是以后人作《修武志》者皆载韩文公为修武人"。

概而言之，韩愈生前河阳县隶河阳三城使、河阳三城节度使、河阳军节度使是不争的史实。"百度百科"载有历代河阳节度使姓名及任职时间："马燧（776—779年）、路嗣恭（781—?）、李芃（781—?）、李元淳（?—799年）、孟元阳（810年）、乌重胤（810年）、令狐楚（818-819年）、田布（820年—?）、李泳（837年—?）……王师范（905年—?）。""百度百科"载有河阳节度使管辖范围："783年开始长期管辖河阳三城、五县（河阳、河清、济源、温县、王屋）和怀州、卫州。""百度百科"信息显示，韩愈去世（824年）时，河阳县仍为河阳节度使（田布）辖属，而非由河南府管辖。所谓韩愈"葬河南府河阳县"之说记载错误，依据失真，认识片面，不足取信。

（二）韩愈"葬河阳军修武县"说辨析

韩愈"葬河阳军修武县"说是否真实可信，通过以下辨析即可得出结论。

1. 河阳军辖河南、河阳两地区

河阳军，亦称河阳节度使，唐建中二年（公元 781 年）始置，初期辖黄河南岸河南地区的郑州、汝州、陕州及黄河北岸河阳（河内）地区的河阳三城、怀州。唐元和年间，河阳军（河阳节度使）南扩，河南府为河阳军管辖。《中国史稿地图集》①载有唐代河阳节度使（河阳军）元和九年辖区图，图中显示，河阳节度使辖黄河南岸河南地区的孟津、荥阳、偃师、洛阳、新安、渑池、灵宝、洛宁、嵩县、汝州、登封、禹州、襄城、鲁山、卢氏、栾川、南召、方城、午阳及黄河北岸河阳地区的河阳、修武、武陟、获嘉、济源、河内、温县等。这些史料信息表明，河阳军（河阳节度使）辖河南、河阳两地区，韩愈葬在黄河北岸河阳地区修武县，故把韩愈"葬河南河阳"解释为"葬河阳军修武县"有据可依。

2. 河南地区与河阳地区均为韩愈故乡

河南是指黄河南岸的洛阳地区，洛阳在古代称河南。"百度百科"网载："洛阳称河南，是与河东、河内相对应的。若从地理位置上看，河东、河内、河南这三个区域，恰恰构成了一个鼎足之状，而洛阳的孟津县，正好处于轴心，这个县的西北为河东，北部和东北为河内，其南面是洛阳，也就是河南。"历史上，洛阳曾是河南郡、河南尹、河南道、河南府的治所。韩愈一生与河南洛阳有太多交集，无论是七岁时随兄、嫂暂居洛阳，还是成年后参加科举考试、赴京城求职、官职调动、往返故里等，无数次地到过洛阳。韩愈人生六分之一以上时间安家居住河南洛阳，在洛阳为官，并任河南令，主政河南县。韩愈在《会合联句》诗中写道："我家本瀍谷，有地介皋巩。""瀍谷"是指流经洛阳的瀍水和谷水，韩愈以"瀍谷"代指洛阳，讲我的家原本在洛阳。"皋巩"指成皋县（今河南省荥阳市汜水镇）和巩县，"有地介皋巩"即我家有田地介于成皋县与巩县之间。韩愈长期生活在河南洛阳，在河南洛阳安家置地，对洛阳感情深厚，洛阳是为韩愈的第二故乡。

河阳是指黄河北岸河阳地区，河阳地区又称河内地区，即原河内郡的辖域。史志记载河阳地区修武县是韩愈故里，韩愈祖茔及韩愈墓亦在修武县。

---

① 郭沫若. 中国史稿地图集 [M]. 北京：中国地图出版社，1990.

河阳地区修武县是韩愈的第一故乡，河南地区洛阳是韩愈的第二故乡，韩愈去世后葬在洛阳北河阳地区修武县，皇甫湜有意将韩愈深爱的两个故乡联系在一起，用"葬河南河阳"来表述韩愈葬在故里老家，既顾及了河南洛阳及河阳修武，又点明了葬处的地理位置。韩愈在洛阳居住时，与息国夫人是邻居。息国夫人去世后葬在洛阳东北大河北岸，韩愈在《息国夫人墓志铭》中记述息国夫人"葬河南河阳"。韩愈去世后，葬在洛阳东北黄河北岸河阳军节度使所辖河阳地区，皇甫湜同样用"葬河南河阳"来表述韩愈墓的地理位置。

3. 河阳军辖怀州修武县

怀州是由河内郡更名而来，在唐代，怀州与河内郡区划名称交替使用。

"百度百科"载："河内郡，中国古代地名，行政区划。是对中国古代黄河以北的称呼……位于太行山东南与黄河以北。领县：汲县、共县、林虑县、获嘉县、修武县、野王县、州县、怀县、平皋县、河阳县、沁水县、轵县、山阳县、温县、朝歌县、武德县。"

"百度百科"网载："怀州，古代州名，治今河南省沁阳市，范围为今河南焦作、济源所辖地域……"

"百度·历史词典"载："怀州，北魏天安二年置，治所在野王县（今河南沁阳市）。太和十八年废。东魏天平初复置。隋开皇十六年治所野王县改名河内县。大业初改怀州为河内郡。唐武德二年复为怀州……（唐）天宝元年改为河内郡。（唐）乾元元年复为怀州，辖境相当于今河南焦作、沁阳、武陟、获嘉、修武、博爱等市县地。"

在唐代，河阳军（河阳节度使）一直辖有怀州之地，怀州辖修武县，从行政区划隶属关系来讲，修武县既是怀州的属县，又是河阳军（河阳节度使）所辖之县。

4. 《韩文公门谱》记载韩愈葬修武县韩陵祖茔

修武县韩愈后裔续修一千多年的《韩文公门谱》记述："吾始祖文公，讳愈，字退之，号昌黎。生于唐代宗大历三年正月十五日。贞元八年进士，官终吏部侍郎、正议大夫、上柱国赠紫金鱼袋。穆宗长庆四年十二月二日卒，赠礼部尚书，谥文。葬县西北三十里许韩陂先茔。"韩愈葬何处，世居故里修武县的韩愈后裔最清楚，最有发言权，韩愈后裔续修千余年的《韩文公门谱》的记载最能说明真相，可信度最高。

《韩文公门谱》中记载韩愈"葬县西北三十里许韩陂先茔",与明代《大明一统志》记载"韩愈墓在孟县北"方位相吻合;与明代嘉靖三十七年《河南通志》有关韩愈墓在修武县的记述相一致;与清乾隆《孟县志》主编冯敏昌在《孟县志·卷七·金石上》韩昶自为墓志铭按语中所讲"然朱文公此考末又云:'然则南阳之为河内修武,则无可疑者。'是朱文公或以公(韩愈)所谓坟墓者为在修武矣"相一致;与韩陂存在一千多年的韩愈墓相一致。

通过对韩愈"葬河南府河阳县"和"葬河阳军修武县"两种说法的辨析,可以得出这样的结论:韩愈"葬河阳军修武县"之说依据充分,真实可靠可取信;韩愈"葬河南府河阳县"之说依据失真,不足取信。

读《祭退之》诗　寻韩文公墓

　　张籍，字文昌，唐代诗人，韩愈的大弟子。韩愈去世后，张籍十分悲痛，以诗文形式，写下了饱含深情的《祭退之》祭文，以表达对恩师、好友的深切怀念与哀思。诗文中有"旧茔盟津北，野窆动鼓钲"句，大意是：您的祖茔就在武王伐纣盟津观兵地的北方，寂静的先茔上空曾响起武王大军行军扎营的鼓钲声。此诗句以武王伐纣历史事件为线索，以韩愈先茔为纽带，巧妙地暗示出韩愈的墓葬处。让我们遵张籍引导的方向，循武王伐纣的行迹，一路探访，去寻觅韩文公墓之所在。

一、武王伐纣历史事件回放

　　武王伐纣这一著名历史事件，在《尚书》《诗经》《荀子》《竹书纪年》《史记》《韩诗外传》等史书中或详或略都有记载。武王伐纣两次自镐京出发，一路东进，兵至河南。本文仅回放武王大军在河南"观兵盟津""汜水渡河""邢丘分兵""修武勒兵"四个片段。

（一）武王演练"观兵盟津"

　　盟津，今称孟津。津，古黄河渡口名，位于今河南省孟津县东北处。武王"观兵盟津"事件就发生在盟津黄河渡口。

　　《史记·周本纪四》记述："九年，武王上祭于毕。东观兵，至于盟津。为文王木主，载以车，中军。武王自称太子发，言奉文王以伐，不敢自专。乃告司马、司徒、司空、诸节：'齐栗，信哉！予无知，以先祖有德臣，小子受先功，毕立赏罚，以定其功。'遂兴师。师尚父号曰：'总尔众庶，与尔舟楫，后至者斩。'武王渡河，中流，白鱼跃入王舟中，武王俯取以祭。既渡，有火自上复于下，至于王屋，流为乌，其色赤，其声魄云。是时，诸侯不期而会盟津者八百诸侯。诸侯皆曰：'纣可伐矣。'武王曰：'女未知天命，未可也。'乃还师归。"

武王九年"盟津观兵"，影响很大，但盟津观兵之后，并未继续进军商都朝歌，其实这是一次大演练，大军从盟津渡口北渡黄河，又返回，是一次检阅军心和民心的试探性行动，收到了意想不到的效果。武王并没有邀约诸侯，却有八百诸侯"不期而会"，赢得如此众多的盟军，表明周在政治上、军事上都取得了优势。

（二）武王率师汜水渡河

《荀子·儒效》载："武王之诛纣也，行之日以兵忌，东面而迎太岁，至汜而泛，至怀而坏，至共头而山队（坠）。霍权惧曰：'出三日而五灾至，无乃不可用乎？'周公曰：'刳比干而囚箕子，飞廉，恶来知政，夫又恶有不可焉？'遂选马而进，朝食于戚，暮宿于百泉，旦厌于牧之野，鼓之而纣卒易乡，遂乘殷人而诛纣。"从《荀子·儒效》的记述中，可知武王伐纣大军是从汜水这个地方渡黄河的，并非如《史记》所讲是从盟津渡口渡黄河的。自盟津渡口渡黄河发生在武王九年"盟津观兵"。

《史记·周本纪四》讲："十一年十二月戊午，师毕渡盟津，诸侯咸会……二月甲子昧爽，武王朝至于商郊牧野，乃誓。"按司马迁的说法，武王大军誓师后自盟津渡口北渡黄河。司马迁之说不符合实际，十二月师毕渡盟津，二月甲子至于牧野，二百多公里的距离，不可能行军一个多月。

宋代刘恕著《通鉴外纪》时兼采《荀子》《史记》《六韬》等说法，记述："至汜而汛，王将渡河，阳侯之波，逆流而击，其雨疾雷，大风略冥，人马不相见。王瞋目而拗之曰：'余任天下，谁敢害吾意者！'于是风济而波罢。大会，誓于孟津。"刘恕叙述武王大军渡河前的情形是从《荀子》《六韬》之说，讲武王大军至汜水渡黄河时突遇雷阵雨且河水自下游往上游涌涨，武王用指挥竿指向前方，怒目喝问谁敢违背我伐纣的意愿？遂雨住，风平浪静。此时，大军可以继续渡河了。但刘恕又说"大会，誓于孟津"，则是从《史记》说，是误从。明明雨住风平波退，正好渡河，大军怎会又倒退90多里至盟津渡口大会诸侯，盟师后北渡黄河呢？实际情况是，武王大军待雷阵雨过后，依次全部渡过黄河，这从接下来的行军情况可以得到证实。

"汜"指汜水，《荀子》杨倞注："汜乃水名，谓指汜水而遭遇水讯。"先秦时期河南叫"汜"的地方有三个，离黄河最近，与第二天行军路线相吻合的地方是《左传·成公四年》所讲的"取汜祭"，杜预注："郑地成皋东有汜水。"《汉书·地理志》讲："河南郡有'成皋，故虎牢，曰制'。"《水经注》曰："汜水又北径虎牢城东。"据《元和郡县图志》讲："隋朝改虎牢为汜水县。以后直到清末民初都设有汜水县。"据《大清一统志》载：古汜水镇在"开封汜水县南十五里，民国二十四年与荥阳、广武三县合又改为成皋"。今河南省荥阳市仍有汜水镇，古汜水镇在今汜水镇南十五里处。成皋、虎牢、汜水县在同一地域。

《通典》引《六韬》逸文讲："周武王伐纣，师至汜水牛头山。"据《大清一统志》记述："汜水县西北二十五里有牛口峪，疑牛头山乃在此附近。"峪，山谷，多用于地名，牛口峪是牛头的嘴部，紧挨牛口峪的山当为牛头山。武王大军正是路过牛头山而至玉门黄河渡口的。玉门在今荥阳市汜水镇西北部汜水入黄河口处。以古成皋城北门名玉门而得名。地处大伾山与广武山之间，古汜水自关口北注入黄河。公元前 203 年，刘邦为避项羽自成皋出玉门，北渡黄河至修武。《水经注·河水五》"河水南对玉门"即指此，为大河南北交通之咽喉。故《汜水县志》记："虎牢为东西之缩毂，玉门为南北之咽喉。"

按常理，武王曾在盟津观兵，对盟津的地理环境及水情都比较了解，理应从盟津渡口北渡黄河，而为什么要选择远离盟津 90 多里的汜水牛头山附近玉门渡口北渡呢？大概决策者是出于这样的考虑：一是防止纣王在盟津渡口北岸布防设伏造成重大伤亡。两年前盟津观兵影响很大，此次又行军多日，纣王早有所闻，若仍从这里北渡，危险系数大大增加。第二，黄河南岸山少、河少，道路平坦，可快速推进到汜水北黄河渡口。过了黄河向北行走不绕路。第三，先在盟津大会诸侯，盟誓后一路东进，纣王若在盟津渡口北岸设防，等于空等一场。

（三）武王北进邢丘分兵

《尚书·泰誓》云："惟戊午，王师次于河朔。"次，止也；河朔，河的北岸。此句是讲：武王大军戊午日渡过黄河到达北岸后，安营扎寨，不再行军。次日晨，大军开拔，挥师北进，进入宁地，行军约十公里，至邢丘。

《韩诗外传》（西汉韩婴著）卷三云："武王伐纣，兵至邢丘，轭斩为三，天雨三日不休，武王惧，召太公曰：'意者纣不可伐乎？'太公对曰：'不然，轭斩为三者，军当分为三也；天雨三日不休，欲洒王兵也。'……乃修武勒兵于宁，更名邢丘为怀，宁曰修武，行，克纣于牧之野。"读《韩诗外传》可知，武王大军自黄河北岸北进途中，行至邢丘，发生了意外之事，武王坐的车马轭（架在马脖子上拉车的器具）断为三截。这大概与前一天下雨路湿、武王车大、道路不平坦、马用力过猛有关，但武王以为不祥，询问姜太公吉凶，太公讲"轭斩为三者，军当分为三也"。

邢丘，地名。《括地志》讲："故怀城在武陟西南（即今河南省武陟县西南十余里的沁水南岸）。"《左传》《元和郡县图志》均讲邢丘是河内平皋。《大清一统志》讲："平皋故城在怀庆府温县东。"据《怀庆府志》讲："在温县东二十里。"邢丘是武王大军行军的必经之地，邢丘在夏代属冀州，商代为宁地，西周初为怀邑。

武王遭遇"轭斩为三"意外后，依姜太公之说，遵天意将大军分兵三路继续进军。武王伐纣带戎车三百乘，虎贲三千人，甲士四万五千人，加上八百诸侯盟军、粮车民夫等，起码有七万人，拥挤在一条路上既影响行军速度，又不便遇袭时布阵，故兵分三路是科学的决策。

武王伐纣兵分三路的具体行军路线，史书鲜有记述。但修武县民间有传说，并且每条线路始点、终点、途经村镇、安营扎寨、武王伐纣后地名更改情况都很清晰。从东西方向讲，三条线称为北线、中线、南线。从南北方向讲，三条线称为西线、中线、东线。方位不同，说法不同。但所指一样。西（北）线自邢丘向西北方向进发，然后转而向东北行走，途径恩州驿（武王伐纣后更名承恩镇，今又更名恩村）、待王村（当地百姓在此箪食壶浆，迎接武王大军而得名，今称待王镇）、安阳城、冯营、铁匠庄、薄壁，会师宁邑同盟山；中（中）线自邢丘向偏西北方向进发，然后转而向偏东北行走，途径大、小文案村（姜子牙设案集体祭拜文王牌位和办公之地）、南阳城、商冢（埋葬伐纣大军死亡将士之处），会师宁邑同盟山；东（南）线自邢丘向偏东北方向进发，途经今武陟（武王在此地登高远望，故此地后更名为武陟，陟，登高。另有武王在此地兴起出发之说，据明万历十九年《武陟志》："武陟县，周武王牧野之师，口兴兹土，故名。"）、宣阳驿、大修武、小修武，会师宁邑同盟山。

《韩诗外传》云"更名邢丘为怀"，武王因在邢丘"轭斩为三"而分兵三路，故将邢丘更名为"怀"，有不忘记之意。《荀子》讲"至怀而坏"，是指邢丘更名之后的新称，并非另有所指。《荀子》的记述与《韩诗外传》的说法是相吻合的。另有"楯斩为三"记载，本文从"轭斩为三"。

（四）武王宁邑修武勒兵

宁，地名，亦称宁邑。对于古宁邑的今在地，史界有不同的解读，一说是今河南省修武县，一说是今河南省获嘉县，其实讲的都有一定道理，现修武县和获嘉县是毗邻县，在商代，两县同是宁地（另包括今武陟县的毗邻地）。武王伐纣到宁邑遇雨，三日不休，大军全部安营宁地，中路军驻扎今修武境内，东路军驻扎今获嘉境内，西路军驻扎今焦作市的马村区、山阳区境内。

《左传·文公五年》讲"晋阳处父聘于卫，反过宁"，杜预注："宁，晋邑，今汲郡修武县也。"《水经注·清水》载："清水又东南流，吴泽陂水注之，水上承吴陂于修武县故城西北。修武，故宁地……余案《韩诗外传》言武王伐纣勒兵于宁，更名宁曰修武矣。魏武子田大陆还卒于宁是也。"《元和郡县图志》讲："怀州修武本殷之宁邑，汉以为县。"郑杰祥在《释商》中讲："修武在商代称宁，西周改称修武。"《大清一统志》载："修武故城即今卫辉府获嘉县治。"从历史沿革变化来看，在殷商时期修武称宁，宁包括今修武及周边县区部分境地。

武王伐纣大军兵分三路行军途中，遇雨，遂各自安营扎寨，修武勒兵三日。《吕氏春秋》云："武王伐纣天雨，日夜不休。"《韩诗外传》讲："天雨三日不休……乃修武勒兵于宁，更名邢丘为怀，宁曰修武。"修武之名由此而来。

武王修武勒兵宁，留下许多相关的历史痕迹和传说。修武县有好多叫"营"的村庄，如磨台营、烈杠营、朱营、钓台营、冯营等，都与武王大军曾在当地安营相关；大文案、小文案村是当年姜太公办公和焚香祭拜的地方；千仓村则是当年大军屯粮之处；承恩村是当年武王居住过的地方；安阳城因武王大军在此安营，遇雨待阳（出太阳），故此地更名安阳城；安阳城北三里处有冯营村，武王大军中一名姓冯的将军率部在此安营，故更名冯营村，冯营村东南有地叫"冯营地"，村正南有两块地均曰"营盘地"，营盘地南边有"校场地"，村的西北有"将军地"，村北另有一地叫"大官地"。获嘉县则留下了同盟山、武王庙等遗址及历史传说。

二、武王修武勒兵地乃韩愈故里

武王大军因雨在宁修武勒兵三日，改宁邑为修武。修武乃韩愈故里，韩愈先辈居住地安阳城韩庄、南阳城，在武王伐纣时都是安营扎寨处。

韩镶（韩愈六世祖），北魏平北将军，于北魏末年避政乱徙居北修武安阳城。韩镶是北魏名将安定王韩茂的曾孙。安阳城是韩愈家族在修武的第一个祖居地，韩镶是为韩愈家族徙居修武的始迁祖。

续修一千多年的修武《韩文公门谱》载："镶，字文远，拜平北将军，后魏神龟元年政乱隐居北修武县安阳城。""镶子，杰，字景魁，拜修武县尉，隋大业八年世乱隐居修武南阳城东关。"

唐大中十年，时任修武县令杜其在《韩文公门谱》序言中写道："修武韩氏巨族也！南阳韩氏望族也！且巨族中仕宦累累也！科第相望也！青衿不少也！云卿公文词独行中朝，退之文公乃华夏硕彦……"

元至元十一年，著名理学家、教育家许衡在《韩文公文谱》序言中讲："今修武韩氏，余孳子新联姻之岳氏也……自后魏徙居修武安阳城。隋末世乱，避乱又徙居南阳城，即今之修武县城。"

宋元祐六年（1091年），时任修武县令张垫在《韩文公文谱》序言中写道："自镶公于后魏徙居修武，其后裔创建族谱尊为始祖。"

元大德八年（1304年），时任修武县主簿张辂在《韩文公门谱》序言中说："韩氏四十四世镶公始居古安阳城，为修武韩氏之始祖。"

三、韩愈祖茔在武王大军驻扎地冯营韩陂

冯营，位于古安阳城北三里许，因武王大军冯姓将军率部在此安营而得名。新中国成立后，安阳城曾称修武县安阳城乡，后划归焦作市，现称焦作市马村区安阳城街道办事处。冯营村一直归属安阳城。冯营村有一处山岭曰青龙岭，青龙岭前有大片坡地，韩愈的祖茔就在此处。因此地是韩姓茔地，冯营人称此地为"韩陂"。陂有三个读音，"pí""pō""bēi"，安阳城附近的人们都发"pō"音。

明洪武三十年（1397年），修武县主簿韩景文在《韩文公门谱》序言中讲："至后魏安定桓王茂公之曾孙镶公，避政乱隐居北修武安阳城，始建茔于城北三里许青龙岭前；至唐穆宗赐封茔地百顷，东至樊哙庙，西至山门河，南至陆真观，北至莲花池，故其地始名韩陂……"

清康熙二十五年（1686年），韩愈二十九世孙韩尚贵在《韩文公门谱》序言中写道："……入唐以来，若雅州都督公，忠贞报国，宽宏仁德；桂州都

督府长史睿素公，威震南方，化行江岭，暨奉祀之寓第于陆真山右（注：陆真山位于韩陂东南方，山上建有陆真观）。"

四、张籍《祭退之》诗暗示韩愈埋葬处

在隋唐，厚葬之风盛行，伴随而起的是盗墓之风猖獗，韩愈曾在《题广昌馆》诗中写道"丘坟发掘当官路"，由此可知当时坟墓盗挖现象多么严重。韩愈一生历经坎坷，最想在去世后有个安全、宁静之处，最怕自己的坟墓被盗掘。他在给门生皇甫湜的遗嘱中交代："死能令我躬所以不随世磨灭者唯子，以为嘱。"韩愈把死后坟墓不被盗掘的重责交给皇甫湜，皇甫湜自是费尽心机来操办此事，在韩愈的神道碑文中讲韩愈葬某县，在韩愈墓志铭文中讲"葬河阳"，不明讲韩愈葬何处。在韩愈病逝三个月后才秘葬祖茔。在这种情况下，张籍在写《祭退之》祭文时，是不能明讲韩愈葬在何处的，因此，张籍只好以诗的形式来写祭文。诗可以隐喻，可以借代，既可以表达自己的想法，又能让人展开联想，从而达到既做出暗示但又没有明讲的效果。

那么，张籍在诗中是如何暗示韩愈归葬处的？

其一，借武王伐纣事件提示韩愈故里在修武。张籍在诗中讲"旧茔盟津北"，即先茔在盟津的北边。盟津北边地域广大，到哪里去寻？那就顺着武王伐纣的行军路线去寻找。武王大军从汜水渡黄河后，即进入商时的宁邑，宁邑在武王伐纣后改名修武，武王大军驻扎的地方有南阳城、安阳城，南阳城和安阳城韩庄是韩愈先辈居住的地方，是韩愈的故里，安阳城附近有韩氏祖茔。张籍巧妙地通过武王伐纣驻军修武来暗示韩愈故里在修武，韩愈祖茔在修武。

其二，借伐纣大军驻扎营地提示韩愈先茔具体位置。张籍在诗中这样提示："野窆动鼓钲"，很显然，韩愈祖茔所在地在武王伐纣时曾驻扎过军队，祖茔地上空当时曾响彻军营的鼓钲声。韩愈的祖茔在安阳城北冯营村韩陂，安阳城驻扎过武王伐纣大军，冯营的村名就是因为冯姓将军在此安营而得名，因此，找到修武安阳城冯营村，很容易找到韩陂，找到韩愈的祖茔。

其三，借讲韩愈旧茔揭示韩愈葬在祖茔韩陂。"旧茔盟津北，野窆动鼓钲"，上下句是相互关联的。这是一篇祭文诗，是祭韩愈的，为什么不写"君茔盟津北"？是因为不能明讲，故写"旧茔盟津北"，讲旧茔是为说新茔服务的。"窆"字用词巧妙，有深意，窆：埋葬，这里用"窆"字，一是为呼应

上句"旧茔"，是讲韩愈先辈埋葬在这个地方，二是直指韩愈埋葬在祖茔，意为"埋葬您和先辈的茔地上空曾响彻军营的鼓钲声"。钲：行军时用的一种打击乐器，铜质。"动鼓钲"是对"盟津北"的呼应，意在通过盟津之北、宁邑驻军安营这些线索，揭示韩愈葬祖茔的真相。

五、韩愈墓地在冯营韩陂

韩愈葬在祖茔韩陂，有很多史证和实证。

其一，韩愈自述。韩愈在《寄崔二十六立之》诗中写道："生分耕吾疆，死也埋吾陂。"表达了死后叶落归根、归葬祖茔的愿望和决定。诗中所讲"吾陂"，即"我的祖茔韩陂"。

其二，韩愈墓地。现安阳城冯营村韩陂有韩愈墓被定为焦作市重点文物保护单位。来到安阳城冯营村韩陂即可看到韩愈坟茔。

其三，史料记载。古《地理大成》载"文公韩愈墓在修武县城北三十里之韩陂，后靠青龙岭，前对九里山，形如双龙戏水"，该书印有韩文公墓位置图。1933 年河南省政府出版发行《道清铁路旅行指南》一书，书 140 页图文并茂地记载了"韩文公故里"和"韩文公墓"两大景点，介绍："文公名愈，修武人。其墓在青龙岭韩陂上，周围三丈许，高七八尺。"原燕京大学教授邓之诚在所著《古董琐记·续记卷三》中设"韩文公墓"词条，"《太平清话》云：'修武县北三十里，古曰南阳，韩文公之故里也……今修武之韩庄，有愈墓存焉，则愈之为修武人明矣！'"《中国文学史》（钱基博著）345 页记述："韩愈墓在河南修武古南阳城的青龙岭前。"清道光二十二年（1842 年）版《修武县志》载："韩陂，在青龙岭前，上有一冢，周围约三丈许，高七八尺，居人传为韩文公墓。"明清以来，历次编修的《修武县志》均记载："韩愈修武人，韩愈故里与墓地在修武。"明代著名文史学家、《河南通志》主编李濂57 岁游览修武时写有《韩庄记》一文，文中记述："修武县东北三十里曰南阳城，韩文公退之故里也……今修武之韩庄有公墓，而湘之墓亦衬葬，盖韩氏世墓也……"该文写于嘉靖二十四年（公元 1545 年）。有关韩愈墓和韩愈祖茔的史料记载还有很多，这里不再一一介绍。

其四，家谱记述。愈公二十六世孙韩可泰在《韩文公门谱》（札记卷）中记："公墓在安阳城北三里许韩陂先茔，后靠青龙岭，前对九里山，形如双龙戏水。古传韩文公坟图，形如青龙饮水。"愈公三十二世孙韩子汉、韩子瑸、韩子河在《韩文公门谱》（札记卷）中记："吾始祖文公……葬县西北三十里许韩陂先茔。"

其五，学记载述。元代大学士许衡在大元至元十年所撰《重修韩氏三祠庙学记》中记述："公本河阳修武人……治西北二十五里有安阳城，城内东北隅有韩庄，庄东有韩祠，亦曰安定桓王茂公祠，在下又有文公祠，城北三里许曰韩陂，有韩氏先茔，茔中有韩文公墓，碑碣林立，茔前竖有韩氏先茔碑，城东南有韩湘子祠。邑东郭韩文公祠尤为宏伟壮观。按唐旧史谓公昌黎人，按新史又谓邓州南阳人，盖传误耳，公实修武南阳人。予尝观其韩氏祖茔，背靠青龙岭，前对九里山，形如二龙戏水，绝好风水之地，居高临下，气势磅礴，占地约有四顷，石器排列甬道两旁，青龙从艮方来，转乾亥入手，蟠曲向前如饮水形，公墓正在龙口之左。观韩氏宗谱所绘茔图，正此地也……"

其六，韩陂祭祖。现居于获嘉县的宣阳驿愈公后裔、焦作市山阳城愈公后裔、焦作市王封村愈公后裔、焦作市雁门村愈公后裔、修武县赵场村愈公后裔等，千百年来，一直坚持到韩陂祭祖扫墓。

仰赖张籍诗文提示，韩愈墓所明矣！

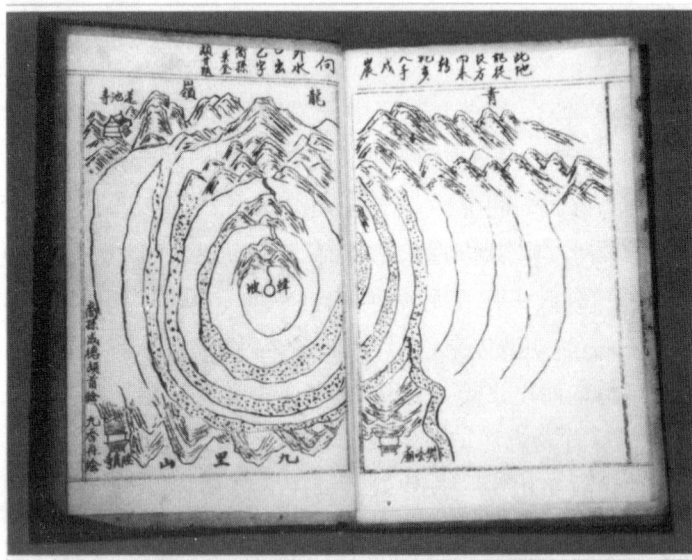

图5 《韩文公门谱》所载韩氏祖茔图

来源：修武县政协提案文史委员会，修武县历史文化研究会. 韩愈故里在修武 [M]. 郑州：中州古籍出版社，2008：附图.

图6 位于修武县韩陂，建于唐代的韩愈墓

来源：修武县政协提案文史委员会，修武县历史文化研究会. 韩愈故里在修武 ［M］.
郑州：中州古籍出版社，2008：附图.

诗证韩愈故里及茔地

　　韩愈生于唐德宗大历三年（公元 768 年），唐穆宗长庆四年八月因疾在家养病，其年十二月丙子（公元 824 年）卒于长安靖安里第。唐敬宗宝历元年（公元 825 年）三月癸酉安葬祖茔。有关韩愈的生卒年月，史界似无争议，但有关韩愈的祖籍故里、埋葬何处却出现了诸多说法和争论。其实，这两个问题韩愈在其诗作中早就作了清楚交代。

一、旧籍原来在东郡

　　由康熙帝玄烨作序的《钦定全唐诗》收录有韩愈《寄崔二十六立之》一诗，诗中写道："久欲辞谢去，休令众睢睢。况又婴疹疾，宁保躯不赀。不能前死罢，内实惭神祇。旧籍在东郡，茅屋枳棘篱。"诗句大意是：很久以来就有辞官隐退的想法，免得让很多人现出仰视嫉恨的目光。何况我疾病缠身不健康，宁可保住身体本钱多活些年。自己活着没有早早死去，内心实在愧对天地神灵的佑护。祖籍老家就在古时称谓的东郡，茅草房周围是带刺枳实围成的篱笆墙。

　　写此诗时韩愈是什么心情，有什么背景，这里不作探讨。最为珍贵的是，他在这种心境中讲出了自己祖籍老家的位置——东郡，并告知我们故居有房子，是茅草房，还有院墙，由刺枳实篱笆围成。有住处，这与韩愈回老家省亲、守孝的记述是相吻合的。那么，东郡在什么地方？

　　《史记·秦始皇本纪》中有关于东郡的记载："五年，将军骜攻魏，定酸枣、燕、虚、长平、雍丘、山阳城，皆拔之，取二十城。初置东郡。"从《史记》的记述中，我们了解到东郡于战国后期由秦国初置，辖酸枣、燕、虚、长平、雍丘、山阳城等二十城。秦王政五年（公元前 242 年）初置东郡辖域：东北至濮阳，西北至山阳城，东南至西华县，共二十城。

《史记·秦始皇本纪》记载："六年（公元前241年），韩、魏、赵、卫、楚共击秦，取寿陵。秦出兵，五国兵罢。拔卫，迫东郡，其君角率其支属徙居野王，阻其山以保魏之河内。"《史记·魏世家》："景湣侯元年（公元前242年），秦拔我二十城，以为秦东郡。二年（公元前241年），秦拔我朝歌。卫徙野王。三年，秦拔我汲。"据《史记》记载可知，秦王政六年，秦国将占领的卫国濮阳一带地域，归入东郡，卫国国君卫角被迫徙居野王（今河南省沁阳市），东郡在二十城的基础上有所扩大。

秦始皇统一六国后，东郡时存时废，郡治和领县亦在动态变化中。"百度百科"网载有东郡区划信息：

秦东郡：郡治濮阳城。

辖县：濮阳县、定陶县、鄄县、聊城县、茌平县、东阿县、范阳县、城阳县、都关县、白马县、长垣县、酸枣县、燕县、宛朐县、成武县等。

西汉东郡：郡治濮阳城。

辖县二十二：濮阳县、畔观县、聊城县、顿丘县、发干县、范县、茌平县、东武阳县、博平县、黎县、清县、东阿县、离狐县、临邑县、利苗县、须昌县、寿良县、乐昌县、阳平县、白马县、南燕县、禀丘县。

东汉东郡：隶兖州刺史部、郡治濮阳城。

辖县十五：濮阳县、燕县、白马县、顿丘县、东阿县、东武阳县、范县、临邑县、博平县、聊城县、发干县、乐平县、阳平县、卫县、谷城县。

北魏东郡：属司州河南尹、郡治滑台城（今滑县东）。

辖七县：东燕县、平昌县、白马县、酸枣县、长垣县、长乐县、滑台县。

北齐东郡：隶司州、郡治滑台城。

辖三县：东燕县、平昌县、白马县。

北周东郡：隶汴州、郡治滑台

辖三县：白马县、东燕县、长垣县。

隋代东郡：郡治滑台城

辖九县：白马县、灵昌县、卫南县、濮阳县、封丘县、匡城县、胙城县、韦城县、离狐县。

唐武德元年（公元618年），东郡改称滑县，治滑台。

有关韩愈故里在何处，一直存在多种说法，在河南省就存在邓州南阳说、孟州河阳说、修武南阳说。韩愈讲"旧籍在东郡"，查秦统一六国后东郡的历史沿革及区划，邓州南阳、孟州河阳、修武南阳均未出现在东郡中。查秦王政五年（公元前242年）初置东郡，当时只有二十城，《史记》只告知了"酸枣、燕、虚、长平、雍丘、山阳城"这些地方，查询有关信息，可知东郡初置时东北至濮阳，西北至山阳城，东南至西华县，辖境范围大致如此。邓州南阳距初置东郡约250公里左右，孟州河阳县离初置东郡最近处山阳城约60公里左右，均不在东郡辖境内。修武县安阳城、南阳城在濮阳城西南、山阳城东、西华县西北，位于东郡辖境内。初置东郡所辖二十城当有修武县的安阳城和南阳城。据《韩文公门谱》记载，韩愈烈祖韩镶北魏末期徙居安阳城，天祖韩杰于隋大业八年自安阳城迁居南阳城。

因"郡"与"都"两个字相似，有诗集版本误将韩愈诗句"旧籍在东郡"印为"旧籍在东都"。唐天宝初年（公元742年），唐玄宗移都长安，洛阳"东都"改称"东京"。韩愈曾在《祭田横墓文》中写道："贞元十一年九月，愈如（往）东京，道出田横墓下。"韩愈生前洛阳一直称"东京"而不称"东都"。韩愈生前居住洛阳多年，洛阳有其旧居。"旧居"不是"旧籍"，两者有很大区别。"百度·古汉语·汉语"释义："旧籍，祖居的地方。""百度百科"载："旧居，意指曾经居住过的地方，可以是临时性居所，也可以是长时间居住过的地方。"韩愈在洛阳的居所是"旧居"而非祖居地或故里。依据史实，可认定"东郡"为确，"东都"为误。

二、暗示故里在南阳

唐元和十四年（公元819年）元月，韩愈因谏迎佛骨，上《论佛骨表》，被贬为潮州刺史，十月，因赦改授袁州刺史。元和十五年九月，授为国子祭酒，十月闻知新任命，十二月离开袁州返京赴任。返京途经随州枣阳，留下《题广昌馆》诗作一首："白水龙飞已几春，偶逢遗迹问耕人，丘坟发掘当官路，何处南阳有近亲？"

广昌，枣阳旧称，隋文帝为避太子杨广讳改广昌县为枣阳县。广昌馆，枣阳县驿馆。

"白水龙飞"，出自张衡《东京赋》"我世祖忿之，乃龙飞白水"。"龙"指汉武帝刘秀。"白水"指南阳郡枣阳县白水乡，刘秀故里，位于今湖北省枣阳市吴店镇，西汉元帝时，徙春陵侯国于此。意指刘秀在南阳白水春陵城起兵反王莽，建立东汉政权，成为真龙天子。

"遗迹"指刘秀故里春陵故里遗址。刘秀的高祖封春陵侯，建春陵城，位于今湖南省宁远县柏家坪一带（今尚存故城遗址）。汉元帝徙春陵侯国于枣阳县白水乡，仍号春陵，新建春陵城。诗中"遗迹"指枣阳县白水乡春陵故城遗址。

"当官路"系写实，诉说坟墓盗挖的严重程度。官道两侧的坟墓，甚至皇家的祖坟都未能幸免，扒出的坟土、棺木、尸骨堆堵在官道上。

"南阳有近亲"，出自《后汉书·刘隆传》，汉光武帝时，皇戚权臣大肆兼并侵吞土地，陈留吏上簿状，写"颖川、弘农可问，河南、南阳不可问"。刘秀诘问原因，时年方十二岁的显宗在侧，回答说："河南帝城多近臣，南阳帝乡多近亲，田宅逾制，不可为准。"汉代南阳郡辖枣阳县，故称南阳为帝乡。

全诗的大意是：龙飞白水的往事已过去许多年头，偶然路遇春陵故城遗址询问耕农变迁详情。盗墓挖出的坟土尸骨挡堵在官道上，哪个南阳有近亲可依赖庇护？

《题广昌馆》是一首咏史诗。韩愈通过"白水龙飞"，回顾了刘秀波澜壮阔的发迹史；通过"遗迹"，展示了春陵故城皇帝祖居的兴衰史；借"丘坟发掘当官道"，诉说着世事难料、时过境迁的无情现实。进而以诗警世：有权有势者不要仗势欺人、强取豪夺、欺压百姓，权势大位难持久，荣华富贵转头空。

《题广昌馆》又是一首抒情诗。作者饱含深情，有感而发，蕴含着对唐代厚葬奢靡之风的抨击，对掘坟盗墓恶行的控诉，表达出韩愈无比愤慨的情感和深感无奈的悲凉心境。"何处南阳有近亲"句，具双关含义，有更深层次的寄情和寓意。

历史上，河南省有两个南阳，一个是帝乡南阳郡，一个是"晋启南阳"，亦称修武南阳。两个南阳都与韩愈有着割舍不断的亲情关系。汉代南阳郡堵阳县是韩愈上二十四世祖韩骞的徙居地，亦即韩愈的祖居地；修武南阳是韩愈上六世烈祖韩镶的徙居地，亦即韩愈的故里地。

《左传·僖公二十五年》记载："夏四月丁巳，王入于王城，取大叔于温，杀之于隰城。戊午，晋侯朝王，王飨醴，命之宥。请遂，弗许，曰：'王章也。未有代德而有二王，亦叔父之所恶也。'与之阳樊、温、原、攒茅之田，晋于是始启南阳。"周襄王因晋文公勤王有功，将阳樊（今河南省济源市西南）、温（今河南省温县）、原（今河南省济源市西北）、攒茅（今河南省修武县境内）四邑之地赏赐晋文公，晋文公合四邑之地命名南阳（在太行山之南、黄河之北，故名），史称"晋启南阳"。为加强管控，在修武境内新建南阳城，作为南阳治所。后因战争频仍，古南阳之地你争我夺，南阳地域不断分割易主，但南阳城却一直存在，成为古南阳的标志，故后人习惯称修武为南阳或修武南阳。

《战国策》卷一"韩魏易地"章载：樊余谓楚王曰："魏有南阳。"南宋博士、史学家鲍彪注："河内修武，晋始启南阳是也。"

《战国策》卷七"楚许魏六城"章载："魏王惧，问张子。张子曰：'秦欲救齐，韩欲攻南阳。'"元代史学家吴师道补注："此河内修武。"

《史记·秦本纪》载："（昭王）三十三年……魏入南阳以和。"东晋学者、史学家徐广注："河内修武，古曰南阳。"

《后汉书·郡国志》载："修武，故南阳。"

《水经注》载："修武，故宁也，亦曰南阳。"

北宋文史学家刘原文在其所著的《春秋传》中写道："修武有古南阳城，盖南阳其统名，而修武则魏之南阳邑也。"

南宋理学家、教育家朱熹对《新唐书·韩愈本传》作了全文注解，注解中写道："然南阳之为河内修武，则无可疑者。"

唐代大诗人李白在为韩愈父亲韩仲卿所撰《武昌宰韩君去思颂碑（并序）》中写道："公名仲卿，南阳人也。"

韩愈是修武南阳人，自然对南阳有着特殊的感情。当他目睹"丘坟发掘当官路"，尸骨抛野无人管时，触景生情，情不自禁地发问：帝乡南阳和修武南阳，哪个南阳有我的近亲？更是萌发魂归故里以保安宁的念头和内心呐喊。

韩愈一生拼搏，历经坎坷，官场沉浮，遭人嫉妒排挤，活得很累。他多么想死后能够得到安宁，不再遭到伤害。但眼前的掘坟抛骨情景使他不得不思考如何安排好自己的身后事，如何保全自己的坟墓不被盗挖，不出现抛骨荒野的惨状。而要做到万无一失，只能安葬修武南阳，修武南阳有众多近亲，他们会保护自己坟茔的。这就为韩愈"死也埋吾陂"奠定了心理基础。

三、决定死后埋韩陂

韩愈在《寄崔二十六立之》诗中，不仅透露了故里在东郡的信息，更是作出了身后安葬何处的决定。诗中讲："还归非无指，灞渭杨春渐。生兮耕吾疆，死也埋吾陂。"诗的大意是：离朝回故乡是有可能的，春天灞水渭水解冻、柳杨吐翠时就会回去。回到故里就在自家的田园里耕作，老死后就葬在我的祖茔韩陂。

诗中所讲的"陂"，即韩氏祖茔韩陂，"陂"字有 bēi、pí、pō 三个读音，韩陂读 hán pō。陂释义为不平坦，山坡，水岸边。韩氏祖茔戌山辰向，后靠青龙岭，前对九里山，陂下山门河流过，形如双龙戏水，绝佳风水宝地。韩陂离修武县城约十五公里，愈公上六代先祖均葬于此。

唐穆宗长庆四年，镇州王廷凑叛乱，韩愈奉命只身前往招抚，获得成功。回京复命后，穆宗大喜，即日调任韩愈为吏部侍郎，下诏恩赐祭田百顷（一万亩）。新扩祭田东自樊哙庙，西至山门河，南自陆真观，北至莲花寺。

归葬韩陂，是韩愈生前的愿望，也是他对后事安排的必然选择。韩愈一生深受儒学浸润，忠孝传统思想植根于他的脑海。叶落归根传统观念的影响，死后陪父母先辈的孝意，保全坟墓、防患于未然的安全考虑，使韩愈必然作出"埋吾陂"的选择决定。

当然，归葬韩陂，不是韩愈生前的一时冲动想法，说说而已，而是长时间实实在在、不露痕迹地在做着准备。其一，从不明讲故里在南阳（修武），而常自称"昌黎人"。在不得不说到故里时，用"东郡"来表述。从不讲明祖茔在修武韩陂，而是用"吾陂"来代指。韩愈这样精心巧妙地作掩饰，就是出于对日后归葬韩陂的安全考虑而为之。其二，病重期间对后事作了周密安排，他对家人的要求是："无不依礼，不得污我作佛事，拘忌阴阳吉凶。"他要求家人依礼行事，但不得请和尚，不要奢华，不得张扬，低调行事。他在给得意门生皇甫湜的信中交代："死能令我躬所以不随世磨灭者唯子，以为嘱。"意思是说：能让我在死后墓地和遗骨不因时代变迁而被毁灭消失的人，只有你能做到，特嘱托。韩愈是皇甫湜的恩师和朋友，皇甫湜受恩师之托自是殚精竭虑来办此事。一方面他在神道碑文和墓志铭文的表述上大做文章，如"葬河阳""葬某县"等，使人难以按图索骥找到韩愈墓；另一方面，在韩愈病逝三个月后才悄然发丧将韩愈葬在修武县祖茔韩陂。在家人和皇甫湜的精心策划运作下，终于满足了百代文宗韩愈魂归故里埋韩陂的生前愿望。

今韩陂依旧在，韩愈墓依旧在，为焦作市重点文物保护单位。

真伪韩愈墓谕祭地探析

清乾隆十五年（1750 年）九月，皇帝巡幸中原，缅怀先贤韩愈，亲撰祭文一篇，遣大臣鹤年致祭于韩文公墓前。就常识而言，韩文公墓当只有一座，鹤年致祭的地点当只有一处。然河南省修武县相关史料记载鹤年谕祭地在修武县韩陂韩文公墓前；而河南省孟州市相关史料则显示鹤年谕祭地点在孟县韩庄后韩文公墓前。两种说法大相径庭，孰是孰非，须深入探究，甄别真伪。

一、对修武县相关信息内容的辨析

修武县韩愈后裔保存有续修千年的《韩文公门谱》，《韩文公门谱》记载："清乾隆十五年九月二十六，皇帝派遣内阁学士、礼部左侍郎兼佐领鹤年，谒祭于韩陂文公墓前。十六年三月上浣，世袭翰林院五经博士，文公三十世裔孙法祖敬刊，将祭文镌谕祭碑，立于墓左……"

《韩文公门谱》记述："道光壬寅（二十二年）春，马冯营村马保等五户垦我韩陂祖坟，引起争控。马保等五户先发制人，将我祖茔中碑碣石器（石人、石马、石猪、石羊、石狮、石狗、石鸡）等毁灭一空，连乾隆皇帝谕祭碑也不幸存。特将原碑文记载入谱，待日后有机会重刊立之：

> 维乾隆十五年岁次庚午九月庚子朔，越二十六日乙丑，皇帝遣内阁学士、礼部左侍郎兼佐领鹤年，祭于唐儒韩文公之墓。谕祭唐儒韩文公墓文曰："唯尔学可称师，才堪命世。正色而销逆节，履险如夷。昌言以障狂澜，因文见道。义光廊庙，责难陈善之心。信著豚鱼，降岳骑箕之禀。遗编可守，亮节常昭。朕稽古怀贤，巡方展义。高原郁郁，犹疑衡岳之祥；遗庙峨峨，想见阳山之爱。荐黄蕉与丹荔，事有司存。望灵雨与飘风，神其来格。"大清乾隆十六年岁次辛未三月上浣吉日世袭翰林院

五经博士文公三十世裔孙法祖敬刊

《韩文公门谱》系统记载了乾隆皇帝遣大臣谒祭修武韩陂韩文公墓的日期、文公裔孙韩法祖镌刻谕祭碑并立于韩陂的日期、韩陂谕祭碑被毁的原因及日期等历史信息。然这些信息是否可靠尚需相关史料的佐证。

以下佐证材料，印证《韩文公门谱》所言不虚。

佐证一，志书史籍记载韩文公是修武人，墓在修武韩陂。

明嘉靖三十七年《河南通志·卷44·辨疑》记载："韩愈本修武人，修武县东北三十里曰南阳县，韩文公愈之故里也，居人呼其地曰韩庄，又曰韩村……今修武之韩庄有愈墓存焉，则愈之为修武人明矣。"清乾隆三十一年《修武县志》附县境全图，在安阳城（韩陂所在乡镇）下标注"韩文公陵"。清道光二十年《修武县志·卷三·舆地志（下）·陵墓》记载："韩陂，在青龙岭前，上有一冢，周围约三丈许，高七八尺，居人传为韩文公墓。谚有云'霜不打韩陂'，严冬霜降，墓上草自青葱，前后左右数百亩中并无霜色，亦一奇也。"清代地理学家叶泰（字九升）在其编辑的《地理大成》一书中记载："文公韩愈墓在修武县城北三十里之韩陂，后靠青龙岭，前对九里山，形如双龙戏水。"并附有韩文公墓位置图。清代史学家钱大昕在其所著《地名考异》一书中记述："韩陂，在青龙岭前，上有一冢，周围约三丈许，高七八尺，居人传为韩文公墓。"明代文学家、书画家陈继儒在其所撰《偃曝谈余》一书中讲："修武县东北三十里，曰南阳，韩文公之故里也。居人呼其地曰'韩庄'，又曰'韩村'，愈自上世居此……今修武之韩庄，有愈墓存焉。则愈之为修武人明矣。"民国时期著名文史学家钱基博在其所著《韩愈志》中写道："韩愈，河南修武人……韩愈墓在河南修武古南阳城的青龙岭前。"

佐证二，宫廷奏折记载韩法祖常往来修武睦亲祭祖。

中国第一历史档案馆《宫中朱批奏折》卷宗存有清乾隆四十八年三月河南巡抚李世杰呈给乾隆皇帝的奏折，李世杰在奏折中写道："……玉环迁居修武，现有宗祠及文公故里碑碣，班班可考。韩法祖生前往来与祭，保邻均皆见知。且查乾隆二十一年间，韩法祖曾选举韩伯虎堂兄韩金为修邑奉祀生，后虽裁汰，其印文卷案俱在……"韩法祖家居河内县（今博爱县）王贺村，祖上自修武迁出，故与修武愈公后裔关系密切，常往来修武谒祭韩文公墓及韩文公祠。韩法祖恭刻谕祭碑立于韩陂文公墓左，合乎情理，理所当然。

佐证三，知县禀帖确认马保等人毁碑损墓。

修武县韩陂附近马冯营村马保等五户村民开垦韩氏先茔，毁碑损墓，引起争控。修武县知县冯继照判马保等人败诉，马保等人在孟县韩学礼的唆使下到怀庆府反诉修武韩氏侵占民田。怀庆府知府派候补都事史存礼会同修武知县冯继照彻查此案，史存礼、冯继照现场查勘后撰写上报禀帖。

禀帖文曰："候补都事史存礼、知州衔修武县知县冯继照谨禀大老爷钧座：敬禀者卑职存礼接奉宪札，以马保控韩瑛等强夺民田等情一条，争控地亩，非勘不明，饬即前赴修武县会同冯令亲诣争控处所，查勘明确有无韩姓坟墓，并韩瑛等有无侵占情事，禀复核办等。因遵即束装赴程，于二月初二日抵修武，会同卑职继照亲诣该处，勘得马冯营村北一里余有山坡一座，名曰韩陂，内有墓冢（注：韩文公墓）一个，周围约三丈，高约六尺，墓上东首之土显有刨动形迹，并无碑记（已刨倒运走）。韩瑛等指称，即系伊家远祖之墓，曾在坡前许九法之地西边石上见有'韩氏先茔'四字石碑，随后往看，碑已无踪。其墓之东西两旁坡地，均系近年新开。据马保等声称，系伊祖上领到开垦地亩，中系土堆，并非韩姓坟墓。南有原泰富之地，北有马瑞声、许九富之地。勘毕，卑职等复查，韩文公之墓现今虽在孟邑（注：指乾隆五十四年冯敏昌认定的孟县韩庄韩文公墓，故道光二十三年时称"现今"），而其祖居本属南阳城。南阳城即今修邑北乡安阳城之原名，新旧邑志备载可考。南阳城之东北，又有韩庄，与韩陂相距皆不远，则韩氏自应有老坟（注：指韩愈墓）在修，似非韩等捏指。且于乾隆四十五年间，河内县博士韩法祖故后乏嗣，即取继修武居住文公三十一代孙韩伯虎为子，承袭博士，有案可稽，足征修武韩氏确为文公之后。既有后裔，自有祖坟；既有祖坟在陂，其名韩陂有所由来，不能谓其无韩姓护坟之地，致岁时祭扫无从往拜。溯查唐时迄今，虽属历有年所，惟查勘该处坡地本属山荒开垦成地。而马保等所指地亩又系新开，切近坟旁，曾经查文，该舆印颁四至亩数均不相符，难保非系韩姓坟内之地任意侵占。是以上年在县争控，卑职衡情酌断。今马姓欲将此地据为己有，前赴宪辕道宪衙门呈控，妄言无韩氏之先茔地。兹奉委勘，合将亲诣勘明缘由绘图贴说，会禀宪台查核讯夺。恭请崇安，伏乞垂鉴。存礼、继照谨禀。计：禀呈、勘图一幅、会禀马保与韩瑛等争控地内勘有韩姓先茔田道光二十三年二月初七日。"

怀庆府知府陶批："既据会同勘明，该处实有韩姓祖茔，自应分界址，以免侵占。仰即就近传集人证，秉公定断，详府核转。如果该原告等狡执不服，仍行解府审办，并移委员知照缴图存。"

史存礼、冯继照在呈给陶知府的禀帖中明确认定韩文公祖居地在修武北安阳城，韩氏祖墓在韩陂，韩陂内有墓冢（即韩文公墓），墓上东首之土显有刨动形迹，马保等人侵占了韩姓坟地。史、冯二官员在认定韩文公墓问题上持一种模糊态度。他们知晓乾隆三十一年《修武县志》和道光二十年《修武县志》（为冯继照主持编修）均记载韩文公墓在修武县安阳城韩陂，但在禀帖中只讲韩陂内有墓冢，却不言明此墓冢即韩文公墓。他们清楚孟县于乾隆五十四年认定韩文公墓在韩庄，却不肯认定孟县韩文公墓本在韩庄，而是用"韩文公之墓现今虽在孟邑"来表述。"现今"孟县韩庄有韩文公墓，那么以前韩庄有没有韩愈墓就不能确定了。模糊处理是史、冯二官员既不想得罪修武人，又不愿得罪孟县人的真实心理反应。

志书史籍、巡抚奏折、官员禀帖的文字记载，佐证了《韩文公门谱》有关乾隆皇帝遣大臣致祭修武韩陂韩文公墓、韩法祖镌刻谕祭碑立于韩陂韩文公墓左、道光二十二年马保等人开垦韩陂祖茔毁灭谕祭碑的记述是真实可信的。

二、对孟县相关信息内容的辨析

清乾隆《孟县志·卷一上·圣制第一》记载："尧年，万古为昭焉，而又以唐儒韩愈，有功斯文，墓在县境，因御撰祭文一篇，并遣重臣致祭。盖重道崇儒，所以为此邦人士劝者尤著。其后奉祠博士（臣）韩九龄，复恭刻石于城西文公墓道，猗欤休哉何。"

乾隆《孟县志》于乾隆五十二年续修，乾隆五十五年刻版印制，主编为广西钦州人冯敏昌。冯敏昌原为清代户部主事，刑部河南司主事，去职后受姻亲孟县知县仇汝瑚之邀主编《孟县志》并考证韩文公墓。冯敏昌认定韩文公墓在孟县韩庄后，特撰文详述乾隆皇帝遣大臣致祭韩文公墓这一历史事件，以此事件为证据来证明韩文公墓就在孟县韩庄。

清乾隆《孟县志·卷二·地理下》附有《续河南通志》刊载刘青芝所撰《韩文公河阳人辨》和刘青藜所撰《孟县韩文公墓考》两篇文章，冯敏昌在两篇文章下加了按语，以下简称《刘青芝、刘青藜辨考按》。

冯敏昌在《刘青芝、刘青藜辨考按》中云："……盖乾隆十五年，我皇上巡幸中州，典举崇儒，功思卫道，特遣重臣谕祭于韩文公墓所。其时，孟县知县（臣）周洵，恭承恩命恪考前踪，先期十日，传集邑中绅士人等，设幕习仪，届期于县西十二里韩家庄后文公墓所，竭诚将事……于是，一时观礼人众，咸以为斯文之大幸，不世之遭逢。自青衿后彦，以至黄童白叟，喜气云蒸，欢声雷动者，盖数千百人焉，猗盛哉！此现今同在志局，采访之岁贡生（臣）杨以诚，当时尚为诸生（县学生）身亲执事，恭述历历，如在目前者也。然当时博士（臣）韩法祖虽恭刻谕祭碑文，但置城中韩文公祠，以为谒祠者瞻仰，而文公墓前尚未及刻石。兹于本年乾隆己酉（五十四年）风秋九月，续博士（臣）韩九龄仍敬谨重刻谕祭碑于文公墓前、当时行礼之处而立之，猗盛哉……"

冯敏昌还专门写有《韩文公墓考》① 一文，在该文中冯敏昌讲道："……盖乾隆十五年恭遇銮舆巡幸中州，典举崇儒，功思卫道，特遣重臣谕祭于韩文公墓所。其时孟县知县（臣）周洵细考前踪，恪恭将事，率邑中人士于文公墓前举行巨典，即韩庄后此墓是也。当时观礼者云集，盖数千百人，咸以为斯文之大幸，不世之遭逢，所谓有其举之莫敢废也。而岂得据臆撰无稽之言，而欲指公墓以在于他所也哉！是则此墓之不容以妄改者一也。且事又有会其适者，二年来因孟令仇汝瑚明府姻亲嘱修邑志，详考其墓……"

冯敏昌对清乾隆十五年发生的皇帝遣大臣谕祭韩文公墓事件讲述得系统而详备，其言凿凿，初闻会使人深信不疑。然仔细审视推敲，则会发现冯敏昌所言疑点频现，且有不少自相矛盾之处，令人顿生疑窦。

（一）韩愈墓是否在孟县韩庄

韩文公墓在何处，不同时期孟县有不同的认定。

1.《河南通志》载韩愈墓距韩庄五里

明嘉靖三十七年（1558年）《河南通志·卷19·怀庆府·陵墓》记载："韩愈墓，在孟州西十五里，愈赠礼部尚书。"《河南通志·卷21·古迹》记载："韩愈别墅，在孟县西十里，俗呼韩庄。"

清康熙九年和康熙三十四年出版的《河南通志》，均记载"韩愈墓，在孟州西十五里""韩愈别墅，在孟县西十里，俗呼韩庄"。

---

① 杨丕祥，主编. 韩少武，刘荣成，编著. 史证韩愈故里［M］. 香港：国际炎黄文化出版社，2011：114-115.

明、清《河南通志》的记载表明，韩愈别墅在孟县西十里韩庄，而韩愈墓在孟县西十五里，离韩庄五里，并非在韩庄北岭。

2. 知县张之纪认定韩愈墓在邑西三十里

清康熙三十四年《孟县志·卷十一·艺文》载有孟县知县张之纪撰写的《重建韩文公祠碑记》，文曰："且公（韩愈）墓在邑西三十里，向植有神道碑。"

清乾隆五十四年《怀庆府志·卷二十七·金石》载："张之纪重建祠堂记云，公（韩愈）墓在邑西三十里，向植有神道碑。"

张之纪于康熙三十三年任孟县知县，他在《重建韩文公祠碑记》中讲韩愈墓在县城西三十里，显然是了解过的。按张之纪的说法，孟县传说中的韩愈墓距离韩庄二十里。

3. 乔腾凤等认定韩愈墓在孟县尹村

康熙三十四年，乔腾凤（字遥集）在《孟县志》序言中写道："凤尝数至尹村……其左臂一高冢，百里皆可望见之，盗伐者辄有风雷之变，邨民夜起爇火执兵逐之，贼皆惊遁。余因徘徊其下，私怪此必韩公真藏。"此后，学者刘青芝、刘青藜皆附和乔腾凤之说，撰文认定韩文公墓在孟县西北二十里尹村。

刘青芝在《韩文公河阳人辨》一文中写道："余尝亲至尹村，徘徊斯茔（韩文公墓）间，与形家昔所图者无异。公之茔域确，则公为河阳人益信。遥集名腾凤，孟县人，国朝不仕，博学兼通堪舆家言，得之目睹，其言固足据也。"刘青藜在《孟县韩文公墓考》一文中讲："以遥集先生所言……则尹村之为文公祖茔可无疑。以子昶墓志铭及风雷惊盗之事观之，则大冢为文公墓可无疑也。"刘青芝、刘青藜二人的考证，对乔腾凤认定韩文公墓在孟县尹村的主张起到了强化作用。乾隆三十二年，《续河南通志》刊载了刘青芝、刘青藜二人的文章，表明此时韩文公墓在尹村的认定依旧是孟县的主流观点。

4. 冯敏昌认定韩文公墓在韩庄北岭

冯敏昌在《刘青芝、刘青藜辨考按》中写道："……故《续河南通志》所载国朝刘青芝《韩文公河阳人辨》及所载刘青藜《孟县韩文公墓考》，皆言公墓即公尹村祖墓东南隅大冢。而不知公尹村祖墓自在城西北二十余里，而公墓自在城西十二里韩庄后，相去二十余里，初不得混而言之也。"

孟县自康熙三十四年已考证认定韩文公祖茔、韩文公墓皆在尹村。乾隆三十二年《续河南通志》仍在刊载刘青芝、刘青藜二人认定韩文公墓在尹村的文章。直到乾隆五十四年，冯敏昌考证认定韩文公墓在韩庄北岭后，才开始撰文反驳乔腾凤、刘青芝、刘青藜有关韩文公墓在尹村的认定和说法。显而易见，冯敏昌所讲乾隆十五年"举行巨典，即韩庄后此墓是也"很不靠谱。试想，乾隆十五年，皇帝所遣大臣能到一个乾隆五十四年尚在考证的韩庄韩文公墓前致祭吗？

2005 年，孟州市政协文史资料研究委员会编著出版了《韩氏春秋》一书，该书主编孟州市韩愈研究会副会长张思青先生在书中（第 412 页）写道："乾隆五十五年前，战乱等因，韩文公墓前已无飨堂，甚至墓址确否在此（韩庄），尚未定论。经冯敏昌先生与知县仇汝瑚考证得实后，仇知县即慷慨解囊，捐俸修建韩文公墓前飨堂和墓门、墙垣、甬道，并立碑以记其事。"张思青先生一语道出了乾隆五十五年前孟县韩文公墓址确否在韩庄尚未定论的历史真相。

（二）孟县有无韩法祖镌刻的谕祭碑

冯敏昌在《刘青芝、刘青藜辨考按》中告诉世人："然当时博士（臣）韩法祖虽恭刻谕祭碑文，但置城中韩文公祠，以为谒祠者瞻仰，而文公墓前尚未及刻石。"此说于理不通。

其一，谕祭碑为什么不放置韩文公墓前。韩法祖在谕祭碑文中写道："皇帝遣内阁学士、礼部左侍郎兼佐领鹤年，祭于唐儒韩文公之墓。"冯敏昌在《韩文公墓考》中亦讲："特遣重臣谕祭于韩文公墓所。"显然，乾隆皇帝的祭文是祭韩文公墓用的，不是祭韩文公祠用的，致祭对象非常明确。韩法祖所镌刻的谕祭碑，按乾隆皇帝谕祭本意，立在韩文公墓前恰如其分，而将其置于县城韩文公祠内，则文不对墓，并有失纪念意义。若将谕祭碑立在举行过谕祭大典的韩文公墓前，让谒墓者瞻仰不是更有意义吗？

其二，韩法祖"当时"并未镌刻谕祭碑。"当时"是时间词，指过去发生某件事情的时候。冯敏昌讲"然当时博士（臣）韩法祖虽恭刻谕祭碑文"，此说不符合实际。按常理讲，致祭典礼前，韩法祖是不可能得见祭文内容的，故无法提前镌刻谕祭碑；致祭当天钦差大臣宣读皇帝祭文，当时则来不及镌刻谕祭碑。故"当时"一说不能成立。若在致祭典礼之后短期内镌刻成谕祭碑亦可视为"当时"，然韩法祖是在致祭典礼半年后的乾隆十六年三月才刻立谕祭碑，时间上显然不能称"当时"。疑似孟县韩文公祠内并无韩法祖镌刻的谕祭碑。若有此碑，冯敏昌必会见到落款日期，就不会使用"当时"二字了；若有此碑，仇汝瑚、冯敏昌完全有权力、有条件将此碑移置韩庄韩文公墓前，以证明乾隆十五年的谕祭典礼就在此处举行，何需韩九龄复刻、立谕祭碑？

其三，韩法祖有充裕时间刻碑立于韩文公墓前。冯敏昌一边讲韩法祖"当时"恭刻了谕祭碑置城中韩文公祠，一边又讲"而文公墓前尚未及刻石"，其说在时间上自相矛盾。"未及"一词是指"未来得及"，试想，置县城韩文公祠内的谕祭碑"当时"即能刻成，难道韩庄韩文公墓前的谕祭碑就"未及"镌刻吗？若想刻碑的话，同时安排刻两块谕祭碑或一前一后刻两块谕祭碑在时间上都是来得及的，即便相隔半年、一年再刻一块谕祭碑也是有时间的。然而一直到乾隆五十四年九月以前，冯敏昌认定的韩庄韩愈墓前都"未及"刻立谕祭碑，这个39年之久的"未及"未免太耐人寻味了。

（三）在韩庄举行谕祭巨典是否有据

冯敏昌撰文讲："其时孟县知县（臣）周洵细考前踪，恪恭将事，率邑中人士于文公墓前举行巨典，即韩庄后此墓是也。"对于在孟县韩庄韩文公墓前举行谕祭巨典一事，都是冯敏昌一人在自编自说（乾隆《孟县志》的此类记述亦为冯敏昌编写），是否属实，没有相关史料来佐证，且存在一些疑点。

疑点一：周洵是否考证确认韩文公墓在韩庄。冯敏昌讲"周洵细考前踪"，然后在韩庄"率邑中人士于文公墓前举行巨典"。我们若相信冯敏昌所言为真，那么问题就来了。冯敏昌讲明周洵细考韩文公墓所后，才在韩庄率众举行巨典。照此说，韩庄韩文公墓是周洵在乾隆十五年九月考证认定的，并在认定后举行了谕祭巨典，那么，上至官府，下到百姓，当众人皆知了。可为什么乾隆五十二年孟县知县仇汝瑚还要安排冯敏昌详考韩文公墓呢？为什么冯敏昌还要写下《韩文公墓考》来考证韩文公墓在孟县韩庄呢？这不是明白告诉世人韩庄韩愈墓还未确址吗？为什么自乾隆五十四年至今，孟县人一直认定韩文公墓在韩庄是冯敏昌考证认定的？如果讲韩愈墓在韩庄北岭不是周洵考证认定的，那周洵会带人在此举行巨典吗？

疑点二：周洵为什么不立碑修墓。按常理，周洵"细考"认定韩文公墓在韩庄北岭后，当立碑修墓，迎接朝廷大臣前来致祭。但实际情况是周洵并未在韩庄北岭韩愈墓前立碑。周洵是乾隆二十年离任的，如果在致祭盛典前"未及"立碑修墓，那么致祭巨典后完全有时间、有条件在韩文公墓前刻立神道碑和谕祭碑，好好整修一下韩文公墓，但他并没有这样做。乾隆五十四年，冯敏昌考证认定韩文公墓在韩庄北岭时，此处仍是荒冢孤坟，并无神道碑和谕祭碑。难道周洵有意将扬名于世的机会和荣誉留给后人去做吗？

疑点三：周洵能否现身说明真相。乾隆二十年，周洵卸任，留孟待离。此年，孟县东葛庄出土了轰动全国书法界的四司马（司马元兴、司马景和、司马景和妻、司马昇）墓志，县学生张大士重金购得其中三块墓志。周洵得知后，将张大士所藏《司马景和墓志》借来鉴赏，在一夜间将墓志装上行李车不辞而别。张大士闻讯追至洛阳，未能寻到周洵，周洵自此隐踪。冯敏昌对周洵这一劣迹完全了解，无论写周洵在乾隆十五年干过什么，是否在韩庄举行过谕祭巨典，等等，周洵此时是否在世，都难以现身回应冯敏昌所言之真伪。为坐实鹤年就是在孟县韩庄韩愈墓前举行了祭祀活动，冯敏昌找了一个证人，即与冯敏昌"现今同在志局（编修志书机构）"的岁贡生杨以诚，声言杨以诚参加了当年在韩庄举行的谕祭大典。冯敏昌是《孟县志》主编，又是孟县知县的姻亲，杨以诚是《孟县志》的参编人员，冯敏昌要怎么说，让怎么做，杨以诚自是唯命是从。同伙作证（且无发声），可信度自然不高。

三、鹤年致祭韩愈墓处所辨析

清乾隆皇帝于乾隆十五年九月巡幸中原，《乾隆帝起居注（九）》① 对此行有记载："……二十三日壬戌……驻跸马家庄大营（今河南省辉县峪河镇马庄村）。二十四日癸亥……驻跸恩村大营（河南省修武县承恩镇，今划归焦作市山阳区）。二十五日甲子……驻跸竹坞郡大营（河南省博爱县许良镇）。二十六日乙丑：驻跸孟县东大营（河南省孟州市）……"《乾隆帝起居注（九）》详载了乾隆帝巡幸中原途经辉县、修武县、博爱县、孟县的行程及起居情况，但对乾隆帝派遣大臣鹤年谕祭韩愈墓一事不曾记载。据《清史稿》介绍，乾隆帝巡幸中原时，所经官道三十里范围内所有先贤墓祠，均遣大臣前往祭祀。乾隆五十五年《孟县志》和修武县《韩文公门谱》对乾隆帝遣大臣致祭韩愈墓一事均有记载，并收录了乾隆帝所撰写的祭文原文，可知鹤年致祭韩愈墓确有此事。然鹤年在何处致祭韩愈墓则出现孟县、修武县之争。

持谕祭地在孟县说者坚持认为：乾隆皇帝九月二十六日自博爱县（清代称河内县）竹坞郡大营起驾至孟县，驻跸孟县东大营，当日遣大臣鹤年到孟县西十里

---

① 中国第一历史档案馆. 乾隆帝起居注［M］. 桂林：广西师范大学出版社，2002.

韩庄北岭致祭韩愈墓，出行日期与祭祀韩愈墓日期为同一天，且韩庄韩愈墓在官道三十里范围内，符合此次祭祀条件，故谕祭地在孟县韩庄北岭毋庸置疑。

持谕祭地在修武县说者坚持认为：乾隆皇帝九月二十四日自辉县马家庄大营起驾，进入修武县境后自东往西途经李固城、五里源、蒋村、陆村、演马庄、万斛村、山阳城，晚上到达恩村大营，行程八十余里，全天赶路，没时间撰写祭文致祭修武县韩愈墓。二十五日，乾隆帝自修武县恩村大营起驾至博爱县，驻跸竹坞郡大营，行程约四十里，此日路程不远，乾隆帝到竹坞郡大营后有充裕时间撰写祭文。二十六日，乾隆帝遣大臣鹤年前往修武县韩陂致祭韩愈墓。因特殊情况，乾隆帝到某县日期与致祭先贤日期不同实属正常。乾隆帝巡幸中原后返京，途经邢台沙河县当日，在知县等官员陪同下前往姚家庄围场打猎，参观宋璟墓园及梅花亭公园，驻跸梅花亭大营。次日，遣内阁大学士、礼部左侍郎鹤年致祭宋璟墓①。修武县韩陂韩愈墓离乾隆帝所经官道十里许，符合此次祭祀条件。所以，谕祭地在修武县韩陂无可置辩。

因史籍中没有鹤年到何县致祭韩愈墓的行踪记载，这给谕祭地的确认带来了一定的困难。但我们通过对诸多信息进行综合分析，便能分辨真伪，进行取舍。

明、清时期的《河南通志》记载孟县有韩愈墓，在县西十五里，韩愈故居在县西十里韩庄；清康熙年间孟县知县张之纪在《重建韩文公祠碑记》中讲"且公墓在邑西三十里，向植有神道碑"；清康熙三十四年起，乔腾凤、刘青芝、刘青藜等人考证认定韩愈墓在孟县西北二十里尹村；清乾隆五十四年，冯敏昌认定韩愈墓在孟县西十里韩庄北岭。在乾隆十五年鹤年致祭韩愈墓时，孟县有关韩愈墓址的说法多样，尚未确址，当时的主流观点是在孟县尹村。韩愈墓在韩庄北岭是乾隆五十四年冯敏昌提出的，冯敏昌认定的依据是明代成化年间耿裕的诗，诗中有"表墓有残碑"句。耿裕虽讲孟县有韩愈墓，但并未讲韩愈墓离韩庄有多远。冯敏昌在其所撰的《韩文公墓考》中承认："特耿侍郎序（诗序）内尚未申明庄与墓并在一处，似乎即谓庄与墓相隔尚远亦可者……庶乎耿侍郎所未申言庄墓一处者，至是而不啻申言矣。"② 看来，庄与墓并在一处的认定是冯敏昌所为。孟县对韩愈墓址的说法不一，比较混乱，

---

① 胡顺安. 邢台老沙河城的唐朝名相宋璟墓园［EB/OL］. 搜狐网，2022-11-29.

② 杨丕祥，主编. 韩少武，刘荣成，编著. 史证韩愈故里［M］. 香港：国际炎黄文化出版社，2011：113.

但有一点是肯定的,即乾隆十五年尚未出现韩愈墓在孟县韩庄北岭的说法,故鹤年致祭地孟县韩庄北岭说无根无据不可取。

明代《河南通志》既刊载了孟县有韩愈墓的信息,同时也登载了修武县是韩愈故里有韩愈墓的信息;清代冯敏昌虽认定韩愈墓在孟县韩庄,但在其主编的乾隆五十五年《孟县志·卷七·金石上》按语中承认:"然朱文公(朱熹)或以公(韩愈)所谓坟墓者为在修武矣。是以后人作《修武志》者皆载韩文公为修武人";清代以来《修武县志》均记载韩愈是修武人,韩愈墓在修武县安阳城韩陂;韩愈后裔续修千余年的《韩文公门谱》记载韩愈故里在修武县,韩愈葬祖茔韩陂;全国多地绝大多数韩愈后裔认定韩愈故里在修武县,韩愈葬修武县韩陂。修武县韩陂韩愈墓是千百年来固有的,不是考证出来的,从无移址,县内不存争议,得到公认。故鹤年致祭地修武县韩陂说有根有据可取信。

图7 1933年,河南省政府出版发行《道清铁路旅行指南》
来源:作者自拍《道清铁路旅行指南》第3期,1933年宣传手册.

1933年，河南省政府出版发行《道清铁路旅行指南》，第三期140页载有修武县青龙岭韩陂《唐昌黎伯韩文公墓》碑。

在青龍嶺韓坡上周圍三丈許高七八尺相傳爲韓文公之墓按文時爲刑部侍郎因極諫憲宗信佛貶爲潮州刺史時潮州湫水鱷魚爲患食民畜且盡居民苦之文公蒞任問民何所苦民僉以鱷患對文公以一羊一豚投於湫水作文咒之咒之夕有暴風震雷起於湫水數日水盡涸西徙六十里自是潮無鱷患文公以至誠感物非此一次唐朱以

唐昌黎伯韓文

图8　《道清铁路旅行指南》第三期修武县韩文公墓文字介绍

来源：作者自拍《道清铁路旅行指南》第 3 期，1933 年宣传手册.

孟县尹村韩昶墓及墓志的由来

自清康熙年间始，孟县声称尹村（今孟州市赵和乡苏家庄）发现了韩昶墓，出土了韩昶墓志。此说一直流传至今，且故事情节在不断发生着变化。本文特介绍一下孟县尹村韩昶墓及韩昶墓志的来龙去脉。

一、尹村韩昶墓及墓志出土故事编造始末

所谓的孟县尹村韩昶墓及墓志，最早由康熙《孟县志》主编乔腾凤虚构出来，继而由其好友刘青藜、刘青芝兄弟续编韩昶墓志出土故事，以假为真，流传至今。

（一）乔腾凤虚构尹村韩昶墓及墓志

乔腾凤，字遥集，清康熙三十四年《孟县志》主编。乔腾凤是孟县人，素闻韩愈后裔宋代时曾在尹村居住过（北宋末年，韩愈十世孙韩智、韩乾、韩元、韩德等，因避金兵战乱举家自修武县逃居尹村，南宋末年因避元兵战乱，居住尹村的韩愈后裔全部逃离尹村）。考虑到韩愈后裔在尹村居住一百多年，可能会在尹村留下一些遗迹或传说，故乔腾凤在主编《孟县志》时，多次到尹村寻访考察，以企有所收获。经乔腾凤启发诱导，有村民讲庄南有一土岗，隆起之处锥凿不入，传说是韩王陇。明代万历年间，有人在此耕种，庄稼不结果实，故荒岗得至今存。传说此荒岗有"韩王陇"，这可是个大收获！乔腾凤立马联想到韩愈的九世祖韩茂去世后追赠安定王，谥曰桓，此"韩王陇"一定就是韩茂墓。此荒岗有韩茂墓，韩愈生前讲过"归河阳省坟墓"，想即在此处，那么，此岗必定就是韩愈祖茔。乔腾凤凭一句传言加上自己的想象，认定韩茂墓及韩愈祖茔就在尹村荒岗上，并将此收获和认定记入康熙《孟县志·卷七·冢墓》中，其文载："韩文公祖茔在尹村岭后，即今苏家庄，自始祖安定桓王以下俱葬此。"

　　乔腾凤虽臆定尹村有韩茂墓和韩愈祖茔，但很心虚，仅凭庄南一个荒冢认定此处就是韩愈祖茔，讲韩茂以下十几代人都葬在此处确实证据不足（况韩愈墓、韩昶墓、韩湘墓均不在尹村），难以服众。为坐实韩愈祖茔就在尹村，乔腾凤干脆用文字表述方式，虚构出一个韩昶墓，以韩昶墓来佐证尹村有韩愈祖茔。尹村的韩昶墓虽是虚构，乔腾凤还是果断地将其写入康熙《孟县志·卷七·冢墓》中，其文曰："襄阳军别驾检校户部郎中文公子韩昶墓在城西北二十里尹村祖茔。"

　　乔腾凤虚构了一个韩昶墓，并记载在《孟县志》中示人，一旦有人去尹村拜谒没有韩昶墓怎么办？乔腾凤一不做二不休，故技重演，再用文字表述的方式，虚构出一个韩昶墓志铭，以墓志铭替代韩昶墓。你若问韩昶墓在哪里？见不到了，墓志已经出土，自然没有韩昶墓了。若有人问韩昶墓志在哪里？乔腾凤在《孟县志·卷七·冢墓》中给出了答复："志铭见艺文。"康熙《孟县志·卷十一·艺文》中载有乔腾凤编造的《韩昶墓志铭》文，乔腾凤以墓志铭文替代了韩昶墓。以子虚乌有的韩昶墓佐证尹村的韩愈祖茔，以韩昶墓志铭佐证尹村有韩昶墓，再以墓志铭文来替代韩昶墓志，乔腾凤无中生有、妙笔生物的本领可谓炉火纯青。

　　读罢康熙《孟县志·卷十一·艺文》所载《韩昶墓志铭》文，深感意外，原来《孟县志》中的《韩昶墓志铭》文，是由修武县雁门村保存的韩昶墓志铭文编造而成的。修武县雁门村韩昶墓是县级重点文物保护单位，韩昶安葬时的墓志铭原文由雁门村韩昶后裔抄写保存，并录入《韩文公门谱·札记卷》。

　　乔腾凤对修武县韩昶墓志铭文作了这些方面的编造改动：1. 修武县为他撰墓志铭，乔腾凤改为自撰墓志铭。2. 原文标题《唐故朝议郎检校尚书户部郎中兼襄阳别驾上柱国韩大公墓志铭》，改后标题为《韩昶墓志铭——昶自撰》。3. 原文"唐故南阳韩大公，讳昶，字有之"改为"唐故昌黎韩昶，字有之"。4. 原文"乳名曰符"改为"小名曰符"。5. 原文"公读慕之"改为"昶读慕之"。6. 原文"葬河阳军怀州修武县中雁门村"改为"葬孟州河阳县尹村"。7. 原文"有男五人，长曰纬，前复州参军，次曰绾、曰绲、曰绮、曰纨，皆举进士"改为"有男五人，曰纬，前复州参军，次曰绾，曰绲、曰绮、曰纨，举进士"。8. 原文"祖仲卿，秘书郎"改为"祖仲卿，秘书省秘书郎"。9. 原文"噫，韩子！噫，韩子"改为"噫，韩子"。10. 原文"次子绾撰并书"改为"昶自撰"。

俗言讲：百密必有一疏。将他撰墓志铭文改成自撰墓志铭文时，思维须缜密，语句、用词须反复推敲，这样才不会出现漏洞。可乔腾凤编造的韩昶自为墓志铭偏偏就出现了常识性错误，留下了编造痕迹。

例如，修武县他撰铭文有"唐故南阳韩大公，讳昶，字有之"句，其中"唐"指唐朝；"故"作原来、从前、旧的讲；"南阳"指修武，修武古称南阳；"大公"指父亲（排行老大），修武县习俗尊称长辈中排行老大者为大公，排行老二者称二公。全句是讲"尊父韩大公，讳昶，字有之，唐代修武（古称南阳）人"。为避开"南阳"，乔腾凤将原文"唐故南阳"改为"唐故昌黎"，这一改就解释不通了。"故昌黎"作原昌黎或古昌黎讲，那么，河阳县历史上从未称昌黎，"故昌黎"显然不是指河阳县。《旧唐书》讲韩愈是昌黎人，后被学界彻底否定，学界形成的共识是：韩愈是"晋启南阳"人。韩愈是"晋启南阳"人，韩昶是韩愈长子，韩昶会是昌黎人吗？承认韩昶是昌黎人，就意味着韩愈、韩昶不是河阳县人，这与孟县宣扬韩愈是河阳县人相矛盾。

又如，修武县他撰韩昶墓志铭文讲韩昶"传在国史"，意指韩昶的传记已载入国史。韩昶卒于唐大中九年六月八日，葬于大中九年十二月二十五日，讲韩昶"传在国史"符合实际。古代有"生不立传、盖棺定论"的立传原则和传统，符合立传条件的官员去世后，才由国史院为其立传。乔腾凤将修武县他撰墓志铭改成孟县自为墓志铭时，应删去"传在国史"句，因韩昶真的在死前写了自为墓志铭，决不会写自己"传在国史"，如果这么写就违背了"生不立传"原则。

再如，修武县他撰韩昶墓志铭文中记述韩昶"大中九年六月三日寝疾，八日终于任，年五十九，其年十二月二十五日葬河阳军怀州修武县中雁门村"。韩昶去世后，其次子韩绲在铭文中记述韩昶卒期、葬期、葬处符合常理。乔腾凤将修武县他撰韩昶墓志铭编造成韩昶自为墓志铭后，因疏忽未对韩昶的卒期、葬期和葬处作出处理，保留了韩昶死于何日、葬于何日何处的内容。要知道，韩昶真的撰写了自为墓志铭，是不可能写自己死于何日，葬于何日何处的。

乔腾凤虚构孟县尹村韩昶墓，编造韩昶墓志铭文，并载入康熙《孟县志》，虽了却了佐证韩愈祖茔在尹村的心愿，但外部的质疑问题并未解决。尹村见不到韩昶墓及韩昶墓志的出土详情、墓志的去向等问题，都需要给出一个合理的解释。本来，乔腾凤可以在康熙《孟县志》中作出解答，可他并没有这样做，因为他深知造假过多容易露馅，容易被当地人揭穿。于是，乔腾凤找到了文友刘青藜、刘青芝兄弟，通过他们手中的笔，回答尹村韩昶墓如何消失、墓志出土经过、墓志去向等悬疑，既能起到圆场补漏、消除疑问的作用，又能发挥多人旁证、增强说服力和可信度的作用。

（二）刘青芝编创韩昶墓志出土故事

刘青芝（1676—1730），雍正五年进士，清代学者。刘青芝撰有《韩文公河阳人辨》（录入《续河南通志·艺文志》）一文，文中有这样一段话："余闻乔遥集（乔腾凤，字遥集）先生云：'公祖茔在孟县苏家庄，古尹村也。庄南土山方广数亩，其巅有冢巍然（乔腾凤讲是一荒坡，未讲有高冢），传是韩王陇。公先祖茂，官尚书令、征南大将军、安定桓王，今所谓韩王想即茂与！明万历间，有耕犁及之者，禾黍皆不结实，土人神之，故得至今存。其左臂又有一高冢，百里皆可望见。尝有盗，夜掘其冢，暴风迅雷大作，惊起居人。群爇火执兵逐之，盗遁去。此冢想为公（韩愈）埋骨处，不然何以动鬼神呵护若是。又旁一小丘盗发，志石弃荆棘中，验其文，乃公子昶志铭也。益徵此地为公祖茔矣。'"

刘青芝讲述了三件事：其一，尹村有传言中的韩王陇；其二，韩王陇左臂有一高冢是韩愈墓，此冢被盗但未被掘开；其三，韩愈墓旁一小墓被盗掘，墓志丢弃荆棘中，验文才知是韩昶墓志。刘青芝声称这三件事都是听乔腾凤所讲。查看乔腾凤在《孟县志》序言中的讲述，并无韩昶墓被盗、韩昶墓志弃荆棘中的相关内容，可确认尹村出土韩昶墓志故事情节系刘青芝受乔腾凤所托而编创。刘青芝编造尹村有韩昶墓及墓志出土经过的故事，其用意在于弥补乔腾凤想说而不便说的缺憾，并让世人相信韩王陇就是韩愈祖茔。"余闻乔遥集先生云"则表明乔腾凤与刘青芝交流过韩昶墓志出土经过的写作构想。

（三）刘青藜改编韩昶墓志故事

刘青藜（1664—1707），康熙四十五年进士，清代学者。刘青藜撰有《孟县韩文公墓考》（录入《续河南通志·艺文志》）一文，文中讲述："孟县之苏家庄，古尹村也。庄南土山有茔，周围大数里许，其东南隅有冢巍然，其余诸墓稍卑，然皆无碑碣可考，不知为谁氏茔也。俗呼为尹丞相坟，然亦不详。所谓其地旷而肥，土人相传，有垦为田者，所植甚茂，卒不实。遂相与神之，不复耕。尝有盗，夜掘其冢，风雷大作，村落震动，居民惊起，举火往视，群盗遁去，故冢卒不得发。万历间，盗掘一小墓，志铭弃荆棘中，樵夫负去，将为砧石，或争之不得，遂鸣于官，验其文，乃文公子讳昶墓志铭也。遂封其墓，而置其石于文公祠壁中。余闻于乔先生遥集腾凤者如此……以子昶志铭，及风雷惊盗之事观之，则大冢为文公墓可无疑也。"

刘青藜的讲述是对乔腾凤和刘青芝之说的改编与补充。乔腾凤在康熙《孟县志·序言》中讲庄南有一"荒岗"，传为韩王陇，万历间有人在荒岗上耕种无收获。刘青藜改编为庄南"土山"有茔，周围大数里许。刘青芝讲韩王陇左臂一高冢，有贼夜盗未遂，而将旁边一小丘盗发，志石弃荆棘中，验文方知为韩昶墓志。刘青藜改编为韩王陇左臂高冢被贼夜盗未遂，而在万历年间，大冢前一小墓被盗发，志铭弃荆棘中，樵夫负去，引起争控，遂鸣于官，方知为韩昶墓志。刘青藜将"万历间"尹村人耕种无收获，改为"万历间"一小墓被盗发。刘青芝未讲韩昶墓及韩昶墓志是如何处理的，刘青藜增添了"遂封其墓，而置其石于文公祠壁中"。刘青藜改编、增添了故事情节，讲明了韩昶墓是如何消失的（被封填了），韩昶墓志是如何保管的，基本实现了乔腾凤想要达到的预期效果。

二、孟县韩昶墓志铭的编造与面世真相

冯敏昌在编修乾隆《孟县志》过程中，伙同他人假造韩昶墓志铭，编造韩昶墓志铭文，其作品至今仍蒙蔽不少善良的读者。在此，有必要讲述一下孟县韩昶墓志铭是如何编造和面世的。

（一）冯敏昌编造韩昶墓志铭文

冯敏昌在编修《孟县志》并考证韩愈故里、韩愈墓时，将传说中的尹村韩昶墓及韩昶墓志铭，视为认定韩愈故里、韩愈祖茔在孟县的最具说服力的证据。无奈乔腾凤所讲的韩昶墓及墓志铭都是虚构的，看不见、摸不着，缺乏实物作支撑，是没有说服力的。对此，冯敏昌心有不甘，决意要改变这种状况，做出真正能发挥作用且看得见的韩昶墓志。于是开始进行造假活动。冯敏昌要做的第一件事便是编造康熙年间《孟县志》所载的《韩昶墓志铭》文。

乾隆年间冯敏昌编造的韩昶墓志铭文（以下简称冯版志文）与康熙年间乔腾凤改编的韩昶墓志铭文（以下简称乔版志文）对比，有多处不同：第一，乔版志文标题："韩昶墓志铭——昶自撰"，冯版志文标题"唐故朝议郎检校尚书户部郎中兼襄州别驾上柱国韩昶自为墓志铭并序"。第二，乔版志文署名

"昶自撰"，冯版志文署名"孤子缙书并篆"。第三，乔版志文载"唐故昌黎韩昶"，冯版志文载"昌黎韩昶"。第四，乔版志文载"年十一二"，冯版志文载"及年十一二"。第五，乔版志文载"且不乐者"，冯版志文"直不乐者"。第六，乔版志文"娶京兆韦授女"，冯版志文"娶京兆韦放女"。第七，乔版志文"女四人，曰茱、曰溪、曰当、曰茗"，冯版志文"女四人，曰茱、曰溪、曰当、曰著"。第八，乔版志文："噫，韩子!"冯版志文："噫，韩子! 噫，韩子!"

冯敏昌对乔版志文改动的部分，有些有可取之处，有些则明显欠妥。

其一，乔版志文标题比较简单；冯版志文标题增加了墓主生前的官职，更显完整规范。

其二，乔版志文署名"昶自撰"，行文规范；冯版志文署名"孤子缙书并篆"，未署韩昶的名字，行文不够规范。

其三，乔版志文载"唐故昌黎韩昶"，对籍贯的表述解释不通；冯版志文改为"昌黎韩昶"，语句通顺。

其四，乔版志文载"且不乐者，或终年不与之语"，大意是"并且与不乐见的人相处，或整年都不愿与他交谈沟通"，语句顺畅；冯版志文将"且不乐者"改成"直不乐者"，则不够通顺，不好理解其义。

其五，乔版志文载"娶京兆韦授女"，此句与修武县墓志铭文同，应无误；冯版志文改为"娶京兆韦放女"，似有误，经查，韦放，字元直，南北朝时期南梁将领，早韩昶三百年左右。

其六，乔版志文载"噫，韩子"! 冯版志文载："噫，韩子! 噫，韩子!"此句与修武县韩昶志文相同，情感表达符合文意。

就常理而言，康熙年间乔腾凤编造的韩昶墓志铭文载入康熙《孟县志》后，无论全文转载或节选，皆应原文照搬，不改一字。然冯敏昌在乾隆《孟县志》转载乔版志文时，进行了多处修改，冯版志文只能称为编造铭文，更无真实性可言。

（二）冯敏昌伙同他人假造韩昶墓志铭

编造韩昶墓志铭文后，冯敏昌开始实施计划的第二步，即安排他人假造韩昶墓志。经精心策划运作，假造的韩昶墓志适时面世。据墓志持有者对外宣称，此志石在明代万历年间自尹村出土，出土后一直藏在家中。韩昶墓志面世，冯敏昌自是积极配合，广为宣传，力争得到社会的广泛认可。

面世的韩昶墓志信息被冯敏昌及时录入乾隆《孟县志·卷七·金石上》，文曰："唐故朝议郎检校尚书户部郎中兼襄州别驾上柱国韩昶自为墓志铭石，方广二尺，厚四寸五分，四旁镌镂花纹，志凡二十六行，行二十六字，石既坚厚完好，书亦工楷可观。按县牍略云：志石于前明万历年间自孟县北二十里苏村即古尹村韩王陇前出土，当时韩文公裔孙得之藏于家。"

将新面世的韩昶墓志铭信息载入乾隆《孟县志》后，冯敏昌觉得力度还不够大，说服力还不够强，遂决定在新面世的韩昶墓志上题跋，以证明墓志的真实性，提高墓志的可信度。其跋文曰："此志据县牍载，前明万历年间，自孟县西北二十里苏庄出土，当时韩文公裔孙谨藏于家。按：苏庄即古尹村，为文公祖茔，迨清雍正四年至乾隆元年，文公裔孙法祖呈请世袭博士，经河南巡抚田公、富公再三核实，得此石为确据。乾隆庚戌年。"冯敏昌为给新面世的韩昶墓志正名可谓煞费苦心，在一块小小的志石上题跋写按语，世所罕见。这还不够，冯敏昌还要拉上已去世多年的河南巡抚田文镜（1724 年 8 月—1732 年 11 月在任）和富德（1735 年 11 月—1737 年 3 月在任）为自己的造假行为背书，谎称两位前巡抚"再三核实，得此石为确据"。事实果真如此吗？答案是否定的。韩愈后裔韩法祖申请世袭五经博士的时间是雍正四年（公元 1726 年），乾隆皇帝恩准的时间是乾隆三年（公元 1738 年），此时期冯敏昌题跋的假墓志尚未面世。假若当年韩法祖以此石为据（证明是愈公裔孙）申请世袭五经博士，田文镜、富德只需将志石刻文与康熙《孟县志》所载《韩昶墓志铭——昶自撰》铭文对比一次，即可判定此志为假，何需再三核实，更不会认定"此石为确据"。因为冯敏昌题跋的韩昶墓志铭石铭文与康熙《孟县志》所录韩昶墓志铭文多处不同，连标题、署名都有变动，故不可能认定"此石为确据"。

之所以认定冯敏昌题跋的韩昶墓志铭是假的，是因为该墓志铭文与冯敏昌编造的韩昶墓志铭文完全相同，一字不差。冯敏昌称这块墓志就是万历年间出土的那块韩昶墓志，乔腾凤编造的万历年间出土的韩昶墓志铭文收录在康熙《孟县志》中，冯敏昌题跋的志石铭文应与康熙《孟县志》所载韩昶墓志铭文完全一致才行。康熙《孟县志》载文在先，乾隆《孟县志》载文在后，冯敏昌题跋的墓志铭铭文与乾隆《孟县志》所载韩昶墓志铭铭文完全相同，而与康熙《孟县志》所载韩昶墓志铭铭文有多处不同，故认定为假墓志确凿无疑。

（三）孟县对韩昶墓志存放处的矛盾记述

孟县对韩昶墓志存放处有两种记述，一是出土后存放县城韩文公祠内；二是出土后存放韩文公裔孙家中。两种说法自相矛盾，但能并存。仔细分析一下，可发现这两种说法是有时间先后的，存放县城韩文公祠说法在先，存放韩文公裔孙家中说法在后。

1. 志石存放县城韩文公祠说

康熙年间，学者刘青藜在其所撰《孟县韩文公墓考》一文中讲："……验其文，乃文公子讳昶墓志铭也。遂封其墓，而置其石于文公祠壁中。"刘青藜是讲出孟县韩昶墓志铭存放何处第一人。乾隆三十二年，《孟县韩文公墓考》一文载入《续河南通忘·艺文志》，《续河南通志》被孟县县署收藏，后人称为"县牍"（即县署存放的书刊、文件）。

乾隆《孟县志·卷二·地理下》记载："又县牍载，前明万历间，文公子襄州别驾名昶者墓志，即于此陇前出土，则尤赖以确证，此陇为韩公祖茔无疑，今其志现存……检校尚书、户部郎中兼襄州别驾韩昶墓，在城西北二十里苏家庄，即古尹村岭韩氏祖茔前。自为墓志铭石尚存城南门内韩文公祠，志文见后金石志，兹不具载。"

乾隆《孟县志·卷七·金石上》载有《唐故朝议郎检校尚书户部郎中兼襄州别驾上柱国韩昶自为墓志铭并序》，标题下小字注曰："正书，大中九年，存在城内韩文公祠。"此时假墓志尚未面世。

乾隆《孟县志》自乾隆五十二年开始编修，乾隆五十五年成书。编修前期，以刘青藜所讲为依据，记载尹村韩昶墓志铭石存放县城韩文公祠内。自假造韩昶墓志铭石面世后，乾隆《孟县志》关于韩昶墓志存放处的说法发生了变化。

2. 志石由韩文公裔孙家藏说

乾隆《孟县志·卷七·金石上》载有韩昶墓志铭按语："按：县牍略云，志石于前明万历间自孟县北二十里苏村即古尹村韩王陇前出土，当时韩文公裔孙得之谨藏于家。"

冯敏昌在新面世的韩昶自为墓志铭石上题跋云："……此志据县牍载，前明万历年间，自孟县西北二十里苏庄出土，当时韩文公裔孙谨藏于家。"

今孟州市韩愈研究会顾问梁先生在《韩昶墓志的出土流传经过》一文中写道："明万历间，有盗墓者，夜掘其冢，风雷大作，村中居民从梦中惊醒，纷纷举火向山上跑来，众盗遁去。大冢未盗开，而从一小墓中，得到一墓志。

一人想背回家作砧石，众人不答应。争执不下，遂鸣于官。官念其文，才知此墓志为韩愈之子韩昶墓志铭……韩昶墓志出土后，经知县裁定，暂由西武章村小韩庄韩姓族长保存。"

冯敏昌为假韩昶墓志所题跋文（刻在墓志左侧边沿上）落款时间为"乾隆庚戌年"，即乾隆五十五年（公元 1790 年），此年正是乾隆《孟县志》成书之年。假韩昶墓志大约于乾隆五十五年初以冯敏昌编造的《韩昶自为墓志铭并序》为依据刻制后面世，面世后冯敏昌题跋，题跋后乾隆《孟县志》将其收录予以介绍，并依据跋文撰写了编者按语，开始称韩昶墓志由韩文公裔孙得之谨藏于家。

三、韩昶墓及墓志造假行为辨析

有关孟县尹村韩昶墓及墓志的传说，版本多样，说法不一，无论怎么改编，不管如何演变，但假的终归是假的，真相可能会迟到，但从来不会缺席。

1. 故事编造于清康熙年间。孟县尹村的韩昶墓及墓志出土故事是刘青芝在《韩文公河阳人辨》一文中编创出来的，其兄刘青藜在《孟县韩文公墓考》一文中对故事进行了改编再造。康熙《孟县志》始修于康熙三十四年（公元1695 年），刘青藜卒于公元 1707 年，刘青芝、刘青藜编造故事的时间当在公元 1695—1707 年之间。

2. 确定万历年间颇费心机。刘青藜把韩昶墓志出土时间确定为明万历年间是有其考量的。其一，时间久远。万历年间即公元 1573—1620 年，编造故事时间为清康熙年间后期，此时尹村不可能还有明万历年间的村民在世，故讲韩昶墓志出土于万历年间，无人知晓真假。其二，坟墓位置不详。讲韩昶墓志出土后，墓穴已填平，人们就找不到坟墓的具体位置。其三，墓志难觅。韩昶墓志出土后置韩文公祠壁中，孟县韩文公祠于明正德丁丑（公元 1517年）重建于县城南门内，重修于清康熙戊寅（公元 1698 年），相距 181 年，历经战乱，年久失修，早已墙倒屋塌，破败不堪，祠中的韩昶墓志难以寻觅。基于这三方面的考量，刘青藜决定将韩昶墓志出土时间确定为万历年间。

3. 造假责任推卸他人。刘青芝为了证明韩王陇左臂高冢是韩愈墓，编造了在高冢前一小墓中出土了韩昶墓志这样一个虚假故事，但又怕被人拆穿毁了自己的清誉，于是把编造虚假故事的责任推给乔腾凤，声称"余闻乔遥集先生云"。刘青藜改编刘青芝故事之后，为了保全自己和弟弟刘青芝的声誉，亦把改编虚假故事的责任推给乔腾凤，声称"余闻于乔先生遥集腾凤者如此"，即让人们知道是乔腾凤让这样讲的。

4. 版本多样说法混乱。一是茔地大小说法不同。刘青芝讲"庄南土山方广数亩"；刘青藜讲"庄南土山有茔，周围大数里许"。二是韩昶墓位置说法不同。刘青芝、刘青藜讲韩昶墓在韩王陇左臂高冢前；乾隆《孟县志》讲韩昶墓在韩王陇前。三是盗墓时间说法不同。刘青藜讲"故冢卒不得发""万历间，盗掘一小墓"，大、小墓盗掘时间有间隔；梁先生讲"大冢未盗开，而从一小墓中，得到一墓志"，大、小墓盗掘时间发生在同一时段。四是墓志出土经过说法不同。刘青芝、刘青藜讲志石弃于荆棘中，樵夫负去，与人发生争执，遂鸣于官；梁先生讲"而从一小墓中，得到一墓志，一人想背回家作砧石，众人不答应。争执不下，遂鸣于官"。五是墓志存放地说法不同。刘青藜讲"而置其石于文公祠壁中"；冯敏昌讲"当时韩文公裔孙谨藏于家"；梁先生讲"经知县裁定，暂由西武章村小韩庄韩姓族长保存"。

有关孟县尹村韩昶墓及墓志出土的每一个故事情节都有不同的版本、不同的说法，虚假之处众目昭彰，岂能令人相信并接受。

5. 故事情节荒诞不经。例如，刘青芝讲："尝有盗，夜掘其冢，暴风迅雷大作，惊起居人，群爇火执兵逐之，盗遁去。"试想，狂风大作、电闪雷鸣、大雨骤至的黑夜，能见度很差，人们睡在床上，怎能看见离村很远的土岗和盗贼？在狂风大雨的恶劣环境中，村民手中的火把在跑动中不会熄灭吗？又如，刘青藜讲："万历间，盗掘一小墓，志铭弃荆棘中，樵夫负去，将为砧石，或争之不得，遂鸣于官。"其说甚为荒诞，墓志假若值钱，盗贼定会将其带走卖掉；假若墓志不值钱，盗贼不会将其搬出墓穴。将铭石从墓穴中搬出，再扔到荆棘中，盗墓贼是要锻炼臂力吗？樵夫在荆棘中拾到墓志，欲背回家当砧石使用，亦说明墓志不值钱。可这时有人不答应，遂发生争执。当时人们并不知道这是韩昶墓志，况且墓志又不值钱，发生争执的理由是什么？不仅如此，众人还带上沉重的铭石，步行几十里去县城找知县评理裁决，这是成人干的事吗？这样的故事只有年幼无知的孩童才会相信。

综上可以确定，所谓的孟县尹村韩昶墓和韩昶墓志，先是由乔腾凤虚构出来，再由刘青藜、刘青芝兄弟配合编造出韩昶墓志出土及收藏故事，继而由冯敏昌编造韩昶墓志铭文，伙同他人假造出韩昶墓志并题跋作证。清代孟县的修志者真的是敢作敢干！

图 9　修武县雁门村韩昶墓

来源：修武县政协提案文史委员会，修武县历史文化研究会. 韩愈故里在修武 [M].
郑州：中州古籍出版社，2008：附图.

图 10　位于修武县城南郊的韩愈长子韩昶冢保护碑

来源：修武县政协提案文史委员会，修武县历史文化研究会. 韩愈故里在修武 [M].
郑州：中州古籍出版社，2008：附图.

真假韩昶墓志铭文辨析

韩愈长子韩昶卒于唐大中九年六月八日，其年十二月十五日安葬。据河南省修武县雁门村韩昶后裔讲，韩昶的墓志铭文由其次子韩绾撰写，当时家人将墓志铭文抄写保存，并录入《韩文公门谱·札记卷》。此为韩昶墓志铭文的第一个版本，以下简称"修武版铭文"。清康熙年间《孟县志》载有韩昶自撰墓志铭文，正文内容与修武版铭文大致相同，但标题、署名及正文中埋葬地等处明显不同，此为韩昶墓志铭文的第二个版本，以下简称"康熙版铭文"。清乾隆年间《孟县志》收录有康熙版铭文，但作了多处改动，此为韩昶墓志铭文的第三个版本，以下简称"乾隆版铭文"。三个版本的韩昶墓志铭文互不相同，有真有假。本文拟从三篇墓志铭文的互异处入手，通过对比辨析，以识别孰真孰伪。

一、韩昶墓志铭文互异对比

一般而言，墓志铭的撰写有两种类型，一种是他撰墓志铭，即由他人为墓主撰写墓志铭文；一种是自为墓志铭，即墓主生前为自己亲撰墓志铭文。从三篇铭文的标题和署名来看，修武版铭文为"他撰墓志铭"；孟县康熙版铭文和乾隆版铭文属"自为墓志铭"。除类型不同，三篇墓志铭文还存在标题、署名、葬地、文辞等方面的不同之处，详情如下。

（一）修武版韩昶墓志铭文

唐故朝议郎检校尚书户部郎中兼襄阳别驾上柱国

韩大公墓志铭

唐故南阳韩大公，讳昶，字有之，传在国史。生徐之符离，乳名曰符。幼而就学，性寡言笑，不为儿戏，不能暗记书。至年长，不能通诵得三五百字，为同学所笑。至六七岁，未解把笔书字，即是性好文字，出言成文，不同他人所为。张籍奇之，为授诗。时年十余岁，日通一卷，籍大奇之，试授诸童，皆不及之。能以所闻，曲问其义，籍往往不能答。授诗未过两三卷，便自为诗，年十一二，樊宗师大奇之。宗师文学，为人之师，文体与常人不同，公读慕之。一旦为文，宗师大奇，其文中字或出于经史之外，樊读不能通。稍长，爱进士及第，见进士所为之文，与樊不同，遂改体就之，欲中其汇。年至二十五及第释褐。柳公公绰镇郐，辟之试弘文馆校书郎。相国窦公易直辟为襄阳从事，校书如前。旋除高陵尉，集贤殿校理，又迁度支监察，拜左拾遗。好直言，一日上疏或过二三，文字之体，与同官异，文宗皇帝大用其言。不通人事气，且不乐者，或终年不与之语，因与俗乖，不得官。相国牛公僧孺镇襄阳，以殿中加支使，旋拜秘书省著作郎，迁国子博士，因久居襄阳，以禄养为便，除别驾检校礼部郎中。丁艰服除，再授襄阳别驾检校户部郎中。大中九年六月三日寝疾，八日终于任，年五十七。其年十二月十五日，葬河阳军怀州修武县中雁门村。娶京兆韦授女，有男五人，长曰纬，前复州参军，次曰绾、曰绳、曰绮、曰纨，皆举进士。女四人，曰茱、曰溪、曰当、曰茗，在室。曾祖睿素，朝散大夫、桂州长史。祖仲卿，秘书郎，赠尚书左仆射。父愈，吏部侍郎，赠礼部尚书，谥曰文公。

　　铭曰：噫，韩子！噫，韩子！世以昧昧为贤，而黑白分；众以委委为道，而曲直辨。生有志而卒不能就，岂命也夫，岂命也夫！

次子绾撰并书

（二）康熙版铭文与修武版铭文的不同之处

为便于辨析，特将孟县康熙版铭文与修武版铭文的不同之处摘录如下：

1. 康熙版铭文"韩昶墓志铭——昶自撰"，修武版铭文"唐故朝议郎检校尚书户部郎中兼襄阳别驾上柱国韩大公墓志铭"；2. 康熙版铭文"唐故昌黎韩昶，字有之"，修武版铭文"唐故南阳韩大公，讳昶，字有之"；3. 康熙版铭文"小名曰符"，修武版铭文"乳名曰符"；4. 康熙版铭文"昶读慕之"，修武版铭文"公读慕之"；5. 康熙版铭文"葬孟州河阳县尹村"，修武版铭文"葬河阳军怀州修武县中雁门村"；6. 康熙版铭文"辟为襄州从事"，修武版铭文"辟为襄阳从事"；7. 康熙版铭文"有男五人，曰纬，前复州参军，次曰绾、曰绲、曰绮、曰纨，举进士"，修武版铭文"有男五人，长曰纬，前复州参军，次曰绾、曰绲、曰绮、曰纨，皆举进士"；8. 康熙版铭文"祖仲卿，秘书省秘书郎"，修武版铭文"祖仲卿，秘书郎"；9. 康熙版铭文："噫，韩子！"修武版铭文："噫，韩子！噫，韩子！"10. 康熙版铭文"而白黑分"，修武版铭文"而黑白分"；11. 康熙版铭文"昶自撰"，修武版铭文"次子绾撰并书"。

（三）乾隆版铭文与康熙版铭文的不同之处

乾隆版铭文与康熙版铭文有以下这些方面的不同：

1. 乾隆版铭文标题"唐故朝议郎检校尚书户部郎中兼襄州别驾上柱国韩昶自为墓志铭并序"，康熙版铭文标题"韩昶墓志铭——昶自撰"；2. 乾隆版铭文署名"孤子绾书并篆"，康熙版铭文"昶自撰"；3. 乾隆版铭文"昌黎韩昶"，康熙版铭文"唐故昌黎韩昶"；4. 乾隆版铭文"及年十一二"，康熙版铭文"年十一二"；5. 乾隆版铭文"直不乐者"，康熙版铭文"且不乐者"；6. 乾隆版铭文"娶京兆韦放女"，康熙版铭文"娶京兆韦授女"；7. 乾隆版铭文"女四人，曰茱、曰溪、曰当、曰著"，康熙版铭文"女四人，曰茱、曰溪、曰当、曰茗"；8. 乾隆版铭文："噫，韩子！噫，韩子！"康熙版铭文："噫，韩子！"

二、韩昶墓志铭文互异内容辨析

三个版本的韩昶墓志铭相互有异是显而易见的，互异内容是否合情入理、是否合乎墓志铭文的撰写规范和要求，有待深入辨别剖析。

1. 是他撰墓志铭还是自为墓志铭。他撰墓志铭一般是在墓主死后，由他人根据死者情况所撰写，多为叙事、赞颂之词。而自为墓志铭是死者生前为自己亲撰的墓志铭，以备死后使用，多为自贬自嘲之言。一般是墓主预先设定自己死亡，然后以临终者的眼光回顾审视一生，以完成对自我的深刻认识，是撰者一生精华的浓缩，向世人充分展现墓主眼中自认为的"我"。通览孟县、修武县三篇韩昶墓志铭文，正文均为叙事和赞颂之词，如"出言成文，不同他人所为。张籍奇之，为授诗。时年十余岁，日通一卷，籍大奇之，试授诸童，皆不及之。能以所闻，曲问其义，籍往往不能答。受诗未过两三卷，便自为诗，年十一二，樊宗师大奇之。宗师文学，为人之师，文体与常人不同，昶读慕之。一旦为文，宗师大奇"。这是一般他撰墓志铭的惯常写法。三篇铭文均无自贬或自嘲之言，没有以临终者的眼光回顾、审视自己的一生，以完成对自我的深刻认识，不具自为墓志铭的属性。康熙版铭文和乾隆版铭文仅是自标"自为墓志铭"而已。

2. 韩昶是南阳人还是昌黎人。南阳指"晋启南阳"，有南阳城，后成为修武县城，故修武亦称南阳。修武版铭文载："唐故南阳韩大公，讳昶，字有之。"意即"尊父大公讳昶，字有之，唐朝古南阳修武县人"。修武县民间俗称长辈中排行老大者为"大公"。李白在为韩昶祖父所撰《武昌宰韩君去思颂碑（并序）》中讲"君名仲卿，南阳人也"；朱熹在《韩文考异》中写道："则知公（韩愈）为河内之南阳人……然南阳之为河内修武，则无可疑者。"韩昶三子韩绲在《韩文公门谱》序言中讲："自茂公之曾孙镶公徙居南阳，已十有二世。"镶公指韩镶，是韩昶的七世祖。修武版铭文称韩昶"唐故南阳韩大公"表述准确。韩昶的父亲韩愈号"昌黎"，但并非昌黎人。韩愈是修武南阳人，韩昶自然是修武南阳人。孟县康熙版铭文和乾隆版铭文称韩昶是昌黎人明显错误。

3. "传在国史"是生前即有还是死后才有。中国古代有"生不立传"和"盖棺定论"的原则和传统，所以韩昶生前不会讲自己已经"传在国史"。人未死，怎么会"传在国史"？国史列传的做法是：符合立传条件的官员死后，家属首先请文人为死者写"行状"，写好后一份留存家中，一份上交国史院，国史院据此为其立传。康熙版铭文和乾隆版铭文皆为韩昶生前撰写的自为墓志铭文，文中讲自己"传在国史"，岂不辱没了自己的身份？更何况国史院是在人死后才立传的，故讲"传在国史"有违常理和规定。修武县的墓志铭文不是韩昶撰写的，是韩昶去世后由次子韩绲撰写的，故讲"传在国史"合情入理。

4. 是"且不乐者"还是"直不乐者"。修武版铭文和康熙版铭文皆为"且不乐者"，是讲"并且对不乐见的人"。乾隆版铭文为"直不乐者"，改动痕迹明显，可信度不高。

5. 是生前即知卒期和埋葬日，还是身后记述卒期和埋葬日。修武版铭文记载韩昶"大中九年六月三日寝疾，八日终于任，年五十七。其年十二月十五日，葬河阳军怀州修武县中雁门村"，内容符合他撰墓志铭属性。孟县康熙版铭文和乾隆版铭文均标为自为墓志铭，当为韩昶生前自撰，文中记载了韩昶的卒期和葬期，犯了常识性错误。活着的人是不可能知晓自己卒于何时，葬于何日。孟县有人辩解：韩昶撰墓志铭时将卒期、葬期及葬处空着，留给他人填写。此说不成立，他人参与撰写的墓志铭文是"合撰"，不具有完全自撰的性质。明代文学家徐渭在《自为墓志铭》中是这样记述自己的卒期和葬期的："……又四年，为嘉靖乙丑某月日……葬之所为山阴木栅，某日月不知也，亦不书。"徐渭对自己卒期、葬日的讲述处理客观、合理。同是自为墓志铭，康熙版铭文和乾隆版铭文对韩昶卒期和葬日的记述处理有违常理，令人难以置信。

6. 是"韦放女"还是"韦授女"。经查，乾隆版铭文所讲的韦放，字元直，南北朝时南梁将领，距韩昶在世相差三百年左右。而修武版铭文和康熙版铭文，均记载韩昶夫人是"韦授女"，可取信。

7. 是"举进士"还是"皆举进士"。康熙版铭文和乾隆版铭文在介绍完韩昶五个儿子名字后出现"举进士"句，指代不明，不知是第五个儿子"举进士"，还是五个儿子都"举进士"。修武版铭文讲得很清楚"皆举进士"。这与《韩文公门谱》记载是一致的："纬，大中十三年进士；绾，咸通二年第进士；绲，咸通四年第状元；绮，咸通七年第进士；纨，进士及第。"

8. "韩子"的称谓是否合适。封建社会有五等爵位，即"公、侯、伯、子、男"，"子"是第四等爵位。"子"又是古代人们对有知识、有修为的人的尊称，如孔子、孟子、荀子、墨子、韩非子、庄子、曾子、朱子、程子等。大凡有学识、有身份的人，对外一般使用谦称，而不会自称为"子"。修武版铭文中出现："噫，韩子！噫，韩子！"符合他撰墓志铭的特征。而孟县乾隆版铭文和康熙版铭文皆以"韩子"自称，不符合自撰墓志铭文用语特征。韩昶是进士出身，在外为官，怎会在自为墓志铭中称自己为"韩子"？

9. 铭文署名应为韩昶还是韩绾。修武版铭文由韩绾"撰并书"，故署韩绾之名名正言顺；乾隆版铭文由韩昶自撰，落款应署韩昶之名，但落款署的却是"孤子绾书并篆"，显然"名不对题"。

10. 是无"序"墓志铭还是有"序"墓志铭。"序"指开头的、在正文之前的序文。撰写墓志铭可以一并作序，序的内容一般是说明书写的宗旨、缘由和经过。修武版铭文和康熙版铭文标题未带"并序"二字，正文中自然不存在序文。而乾隆版铭文标题带有"并序"二字，志文之前应有序文，但开头与修武版铭文和康熙版铭文的开头相同，开篇即志文，并无序文，故乾隆版铭文标题中所讲的"并序"空有其名，弄巧成拙。

三、真假韩昶墓志铭文认定

依据三篇韩昶墓志铭文互异处的对比辨析信息，我们大致可以识别认定三个版本墓志铭文的真与伪。

（一）修武版墓志铭文规范真实

之所以讲修武版铭文规范真实，是基于以下这些方面的考量。

其一，是一篇规范的他撰墓志铭文。标题、正文、署名齐全；志文、铭文皆有，结构完整；通篇融叙事、赞颂为一体，符合他撰墓志铭文的写作规范和要求；语言表达完全符合他撰墓志铭文的属性特征。

其二，是一篇无瑕疵的墓志铭文。通篇无病句、无不当用语、无违反常理的表述、无自相矛盾之处、无逻辑错误、无抄袭嫌疑。语句通顺朴实无华，"大公"称呼亲切深情，颇具修武县地方用语特色。

其三，真实反映了唐代中后期行政区划的变革实情。唐代中后期，"道"已成虚设，"军镇"（藩镇）取代"道"成为事实上的州（府）以上一级行政区划单位。河阳军是唐代中后期军镇（藩镇）之一，管辖怀州、孟州等地，怀州辖修武、获嘉等县。修武版铭文记述韩昶"葬河阳军怀州修武县中雁门村"准确无误，真实地反映了当时行政区划变革的实情。

其四，修武县韩昶墓今存。雁门村韩昶墓现为修武县重点文物保护单位。当年护墓的韩昶后裔如今已繁衍发展到一千多人，当年抄写的韩昶墓志铭文收录在《韩文公门谱·札记卷》中，流传至今。

（二）康熙版铭文是编造而成的墓志铭文

之所以讲康熙版铭文是编造而成的，是基于以下这些方面的考量。

其一，冠名"自撰墓志铭"名不副实。康熙版铭文与修武版铭文比较一下就会发现，两篇铭文大同小异，康熙版铭文只有"昶自撰"和"昶读慕之"两处显示这是"自撰墓志铭"文，其余内容则是典型的他撰墓志铭文。志文部分和铭文部分的内容凸显赞颂之词，没有自贬自嘲之言，不具自为墓志铭属性。

其二，编造痕迹明显。康熙版铭文以修武版铭文为基础，作了部分文辞的改动，从而把韩绾撰写的墓志铭文编造成韩昶自撰的墓志铭文，编造痕迹明显。例如，修武版铭文讲"唐故南阳韩大公"，康熙版铭文改为"唐故昌黎韩昶",改后解释不通。又如,修武版铭文讲"有子五人,长曰纬,前复州参军,次曰绾、曰绲、曰绮、曰纨,皆举进士"。康熙版铭文改为"有子五人,曰纬,前复州参军,次曰绾、曰绲、曰绮、曰纨,举进士"。漏掉了"长"字,"次"字缺少了呼应之词。少了"皆"字,不知几人举进士。再如,康熙版铭文载:"噫,韩子!"明显漏掉了另一句:"噫,韩子!"修武版铭文载"而黑白分",康熙版铭文故意改为"而白黑分",以显示有别于修武版铭文等。

其三,因改变类型出现常识性错误。康熙版铭文将修武版他撰墓志铭编造成自撰墓志铭类型时,因处理不当,仍保留了原文中的一些说法,出现常识性错误。例如,"传在国史"在修武版铭文中属正常表述,用在康熙版铭文中就有违事实,不合常理,活着的人不可能传在国史。康熙版铭文载韩昶"大中九年六月三日寝疾,八日终于任,年五十七,其年十二月十五日,葬孟州河阳县尹村",照搬了修武版铭文中韩昶的卒期和葬期,忽略了自撰墓志铭的属性,活人无法预知自己的卒期和葬期,故犯了常识性错误。

显然,康熙版铭文是以修武版铭文为底本编造而成。

（三）乾隆版铭文是篡改而成的墓志铭文

之所以讲乾隆版铭文是篡改而成的,是基于以下这些方面的考量。

其一,乾隆版铭文与康熙版铭文同源。康熙《孟县志·卷十一·艺文》载有韩昶墓志铭文,乾隆《孟县志·卷七·金石上》转载了康熙《孟县志》韩昶墓志铭文,作了多处修改,内容大同小异,均为自为墓志铭类型。就出处而言,两篇墓志铭文可谓同源。

其二,篡改痕迹明显。康熙版铭文原标题"韩昶墓志铭——昶自撰",乾隆版铭文改写为"唐故朝议郎检校尚书户部郎中兼襄州别驾上柱国韩昶自为墓志铭并序",可是正文中并无序文内容。康熙版铭文载"唐故昌黎韩昶",乾隆版铭文改写为"昌黎韩昶",明显少了"唐故"二字。康熙版铭文署名"昶自撰",乾隆版铭文改写为"孤子绾书并篆",明显换了人名。康熙版铭文载:"噫,韩子!"乾隆版铭文改写为:"噫,韩子！噫,韩子！"明显增加了一句"噫,韩子"。康熙版铭文载"娶京兆韦授女",乾隆版铭文改写为"娶京兆书放女",更换了韩昶岳父名字,韦放与韩昶相距二百年左右。此外还有"且不乐者"改写为"直不乐者","茗"改写成"著"等改动处。

其三,同样存在常识性错误。康熙版铭文中出现的"传在国史""韩昶大中九年六月八日终于任……其年十二月十五日葬"等常识性错误，在乾隆版铭文中依然存在，未做处理。

其四，襄州与襄阳记述混乱。唐武德四年（公元621年），废郡设州，襄阳郡改称襄州。由于襄阳历史久远，名气较大，故人们仍习惯称襄州为襄阳。古代郡、州官员设有别驾一职，韩昶曾任襄州别驾，后人习惯称韩昶为襄阳别驾。修武版铭文、康熙版铭文均载韩昶任"襄阳别驾"，乾隆《怀庆府志·卷二十七·金石》亦载为"襄阳别驾韩昶墓志铭"，乾隆《孟县志》主编冯敏昌在《孟县韩文公墓考》按语中亦讲"况今更有公子襄阳别驾昶之墓铭为证"①。乾隆版铭文在改写康熙版铭文过程中，标题中称韩昶"兼襄州别驾"，正文中仍保留康熙版铭文原句"再授襄阳别驾检校户部郎中"，对襄州别驾和襄阳别驾的记述前后不一，说法混乱，留下改写痕迹。

上述信息表明，乾隆版铭文是在康熙版铭文基础上篡改而成，自然不是真正的正版韩昶墓志铭文。

通过对比辨析，三个版本的韩昶墓志铭文真假已明。

---

① 杨丕祥，主编. 韩少武，刘荣成，编著. 史证韩愈故里［M］. 香港：国际炎黄文化出版社，2011：151.

三、里籍篇

韩愈故里修武南阳说

韩愈故里在何处，多年来为韩学研究者所关注，且学界、民间多有争论，出现了"昌黎说""邓州南阳说""修武说""孟县说"等不同说法。笔者最近收集到一些有关韩愈故里方面的相关资料。发现自唐代以来，史籍志书、历代碑铭、韩愈家谱、名家学者、韩氏谱牒、典籍书刊等，多记述韩愈故里在修武南阳。

今河南省修武县史上曾置南阳县，亦称修武南阳。据《左传》记载，僖公二十五年（公元前 635 年）："晋侯朝王……与之阳樊、温、原、攒茅（修武境内）之田，晋于是始启南阳。""晋启南阳"，建南阳城于今修武之地，后置南阳县。《吕氏春秋·去私》记载："晋平公问于祁黄羊曰：'南阳无令，其谁可而为之?'祁黄羊对曰：'解狐可。'"解狐遂为南阳县令。南北朝时期，南阳城尚存，变为修武县城。清代学者沈钦韩在《春秋左传地名补注》中注曰："盖南阳总指河内之地而一城偶袭其号也。"东汉学者应劭在《汉书》中注曰："晋始启南阳，今南阳城是也，秦改曰修武。"唐太宗之子魏王李泰主编《括地志》记曰："修武古宁也，也曰南阳。"东晋历史学家徐广在其所著《集辞》一书中对"白起攻南阳太行山道，绝之"句加注曰："此南阳，河内修武是也。"北魏地理学家郦道元著《水经注》记述："修武，故宁也，亦曰南阳。"南宋大学士鲍彪在《战国策》"夫秦下轵道，则南阳动"句下注："修武者。"

韩愈的父亲韩仲卿、兄长韩会均著籍南阳（修武南阳）。北宋欧阳修、宋祁等编纂《新唐书》，介绍韩愈时在南阳人前误加"邓州"二字，后南宋著名理学家朱熹考证，纠正为修武南阳，后世学者多认之从之。

下边介绍一下史籍碑刻、历代名人学者是如何说韩愈故里的。

一、史籍志书说韩愈故里

史籍志书对韩愈里籍多有记述，应当说，史籍和志书对韩愈故里地的认定，是最有权威性的。

五代后晋开运二年（公元945年）《旧唐书·韩愈传》载："韩愈，字退之，昌黎人。"

北宋仁宗嘉祐五年（公元1060年）《新唐书·韩愈传》载："韩愈，字退之，邓州南阳人。"

北宋神宗元丰七年（公元1084年）《资治通鉴》载："会（韩愈长兄），南阳人。"

南宋宁宗庆元六年（公元1200年）《五百家注昌黎文集》载："韩愈，字退之，南阳人。"

元顺帝至正六年（公元1346年）《大元大一统志》载："韩愈，字退之，南阳安众人也。"

明天顺五年（公元1461年）《大明一统志·卷28·怀庆府·人物志》载："唐韩愈，南阳人，即今修武县北南阳城是也……《左传》载："晋启南阳即此，唐韩愈世家焉。"

明弘治十四年（公元1501年）《永平府志·卷之四·卷之六》载："韩愈，字退之，昌黎人。"

明嘉靖三十七年（公元1558年）《河南通志·卷23·圣迹（先贤附）·志·韩愈》载："唐韩愈，字退之，修武人。"《河南通志·卷44·辨疑》载："修武县东北三十里曰南阳县，韩文公愈之故里也。居人呼其地曰韩庄，又曰韩村，愈自上世居此……今修武之韩庄有愈墓存焉，则愈之为修武人明矣。"

明嘉靖年间《陕西通志》载："韩愈，南阳人，京兆尹。"

明嘉靖年间《潮州府志》载："韩愈，昌黎人。"

明代《河内郡志·古迹》载："南阳城在修武县北，唐韩愈世家焉！霜不打韩陂，一奇也！"

清顺治年间《阳山县志·卷之五·名宦·人物一》载："韩愈，字退之，南阳邓州人。"

清康熙九年（公元1670年）《河南通志·卷26·人物（二）》载："韩愈，字退之，修武人。"

清康熙三十四年（公元 1695 年）《河南通志·卷 26·人物二》载："韩愈，字退之，修武人。"

清康熙年间《嵩县志·卷之九·艺文志下》载："韩愈，南阳人。"

清雍正《陕西通志》载："韩愈，字退之，邓州南阳人。"

清雍正《湖广通志》载："仲卿，南阳人。""韩愈，唐书列传，字退之，邓州人。"

清雍正《广东通志》载："韩愈，南阳人。"

清雍正《江西通志》载："韩愈，邓州南阳人。"

清雍正九年（公元 1731 年）《河南通志·卷 57·人物（一）》载："韩愈，字退之，修武人。"《河南通志·卷 80·辨疑》载："韩愈本修武人，修武县东北三十里曰南阳县，韩文公之故里也。"

清乾隆年间《钦定四库全书·卷二十一》载："唐韩愈，修武北南阳城人。"《钦定四库全书·卷二十四·万姓通谱》载："韩愈，南阳人。"

清乾隆年间，日本明和八年（公元 1711 年），日本嵩山房出版《韩文公论语笔解·卷上》，作者署名："唐南阳韩愈著，日本东都东龟年校正。"

清乾隆年间《河南府志·116 卷·官职》载："韩愈，南阳人，元和初拜河南令。"

清乾隆四十八年（公元 1783 年），河南巡抚李世杰呈乾隆皇帝奏折（现藏于中国第一历史档案馆）陈述："……韩法祖生前欲立嗣之修武县武生韩伯虎……玉珍与韩伯虎之八世祖玉环系同胞兄弟，玉环迁居修武，现有宗祠及文公故里碑碣，班班可考。韩法祖生前往来与祭，保邻均皆见知，且查乾隆二十一年间，韩法祖曾选举韩伯虎堂兄韩金为修邑奉祀生……"

清乾隆《安徽通志》载："韩愈，南阳人。"

清乾隆《潮州府志》载："韩愈，字退之，南阳人。"

清乾隆《西安府志》载："韩愈，邓州南阳人。"

清乾隆《袁州府志》载："韩愈，字退之，邓州南阳人。"

清乾隆《怀庆府志·卷二·星野志》载："南阳城，在修武县北三十里，今名安阳城。按《汉书·地理志》应劭曰：晋始启南阳，今南阳城是也。《嘉靖通志》谓：唐韩愈世居此，名韩家庄。"

清乾隆《怀庆府志·卷二十八》载："《河南通志》云：'韩愈本修武人，县东北三十里南阳县，韩文公之故里也……'郡志古迹曰：'南阳城在修武县北，唐韩愈世家焉。'"

清乾隆三十一年《修武县志》载："考韩文公上世居县北南阳城，公实修武人也。"

清乾隆年间《桐柏县志·卷六》载："韩愈，字退之，修武人。"

清乾隆年间《芮城县志》载："先儒韩愈，字退之，唐修武人。"

清嘉庆《河南通志》载："韩愈，字退之，修武人。"

清嘉庆《南阳府志》载："韩愈，字退之，南阳人。"

清道光年间《修武县志》载县境全图，在安阳城下标注："韩文公故里。"

清道光年间《舞阳县志·卷十·艺文志》载："汉司空韩渊德公，讳棱……后数世，生昌黎公愈，居修武。"

清同治年间《袁州府志》载："韩愈，邓州南阳人。"

清光绪年间《灵石县志》载："先儒韩愈，字退之，唐修武人，宋元丰七年从祀。"

《重修台湾县志·卷五》载："先儒韩子退之（名愈），唐修武人。"

民国时期《榆社县志》载："先儒韩愈，字退之，怀县人。"（怀县，古县名，唐贞观元年并入武陟县。隋开皇十六年分修武县南部置武陟县，隋唐之际修武县曾以今武陟县老城为县治。故《榆社县志》讲韩愈怀县人，实指修武）

民国 22 年《昌黎县志》载："韩文公多自称昌黎……有谓文公上世尝居南阳，由南阳迁入昌黎者，有谓文公祖居昌黎者，由昌黎迁于南阳者。善乎！"

二、历代碑铭说韩愈故里

流传至今的历代碑文、铭文，以其独特的方式，告知人们韩愈故里在什么地方。

唐代大诗人李白为韩仲卿（韩愈父亲）撰写《武昌宰韩君去思颂碑（并序）》碑文记述："君名仲卿，南阳人也。"

唐代散文家皇甫湜撰《韩文公神道碑》文记述："故韩襄王孙信有功，复封韩王，条叶遂著。后居南阳，又隶延州，之武阳。"（韩愈先祖北魏末期徙居北修武县安阳城，隋代徙居修武南阳。隋开皇十六年设置殷州，辖修武县，

皇甫湜误将殷州记为延州。"之武阳"是指修武县又曾归到有武阳城的山阳郡管辖。"之"为到之意）

唐·韩绾撰《韩昶墓志铭》文记述："唐故南阳韩大公，讳昶，字有之，传在国史……葬河阳军怀州修武县中雁门村……"（韩昶是韩愈长子，韩绾是韩昶次子，韩昶墓在修武县雁门村，为县级文物保护单位）

宋熙宁三年，修武县立韩愈故里碑，碑阳刻"唐韩文公故里"，该碑现珍藏于修武县博物馆。

明隆庆五年，修武县重立韩愈故里碑，碑阳刻："唐昌黎伯韩文公故里"，碑阴刻："据实考唐宋八大家之首韩文公，韩愈，字退之，确为晋启南阳修武县人也……"该碑现珍藏于修武县博物馆。

明初获嘉县重建"武王庙"，庙内有"韩愈碑"，碑文载："韩愈，修武人。"

明嘉靖四十四年修武县在韩愈衣冠冢前立碑，碑阳刻"唐昌黎伯韩文公墓"，碑阴刻："……考其志乃修武人也，祖籍世居于安阳城及治东廓……"韩愈衣冠冢现存于修武县赵场村，为县级文物保护单位。

清乾隆三十一年，《修武县志·三公祠碑记》记载："考韩文公上世居县北南阳城，公实修武人也。"

清乾隆四十三年，今河南省荥阳市韩常村韩愈后裔重修韩文公祠，立《重修韩文公祠》碑，碑文记载："公怀之修武人也。"

清嘉庆二十年，修武县知县杨濂立《韩文公祭田碑》，碑阳刻："窃维先儒文公韩子……考之志乃修武人也。自李唐以来，海内人士皆仰之如泰山北斗，况其桑梓可祭飨先生于社者乎……余用是购田八十亩零九分九厘七毫，为公祠祭田……余恐日久弊生，爰立石志其事，并志其地，以备考云。"此碑现珍藏于修武县博物馆。

清嘉庆十三年，今河南省伊川县水寨镇上天院韩愈后裔立《创造韩文公庙碑记》，碑文记载："始祖讳愈，为唐时名儒……祖籍河南怀庆府修武县。"（录自伊川县上天院《韩氏家谱》）

公元1933年，河南省政府印刷出版发行《道清铁路旅行者指南》，第三期140页图文并茂地刊载了修武县"韩文公墓"和"韩文公故里"两大景点，在介绍韩文公墓文中曰："文公名愈，修武人，其墓在青龙岭韩陂上……"在介绍韩文公故里文中曰："在东门内，故居已圮废，惟碑石一方，文曰：'唐昌黎伯韩文公故里'，又宁城书院内有韩文公祠。"

公元 1999 年元月，修武县文管会在雁门村韩昶墓前立"韩昶冢"保护碑，碑阴刻文："韩昶，字有之，唐代文学家韩愈之子，乳名符，祖籍河南河阳怀州修武人。"

公元 2018 年 11 月，焦作市人民政府在青龙岭韩陂韩愈墓前立保护碑，碑阳刻："韩愈墓，焦作市文物保护单位。"

三、韩愈家谱说韩愈故里

韩愈家谱名《韩文公门谱》，由韩愈子孙后裔历代续修，至今已续修一千一百多年，韩愈子孙后人讲韩愈故里，最有发言权、最符合实际、最有说服力。《韩文公门谱》现珍藏在修武县史志档案局。

（一）《谱序卷》说韩愈故里

唐大中十年（公元 856 年），时任修武县令杜其为《韩文公门谱》撰序言曰："……修武韩氏巨族也！南阳韩氏望族也！且巨族中仕宦累累也！科第相望也！青衿不少也！云卿公文词独行中朝，退之文公乃华夏硕彦，而称富饶者更多……"

唐代光启三年（公元 884 年），韩愈三孙状元郎韩绲为《韩文公门谱》作序曰："……茂公（韩愈九世祖）之曾孙镶公徙居南阳，已十有二世，创建门谱以镶公为祖，始建茔地葬韩陂……"

元代至元十一年（公元 1874 年），集贤殿大学士许衡为《韩文公门谱》撰序曰："……今修武韩，余辈子新联姻之岳氏也，系分南阳、颍川，望著昌黎，自后魏徙居修武安阳城。隋末世乱，避乱又徙居南阳城，人才辈出，遂为望族，创建族谱迄今七百五十有年矣……"

（二）《世系卷》说韩愈故里

《韩文公门谱》（世系卷）记载：

四十五世宝山子：镶，字文远，拜平北将军，后魏神龟元年政乱隐居北修武县安阳城。

四十六世镶子长：杰，字景魁，拜修武县尉，隋大业八年世乱，隐居修武南阳城东关。

（三）《札记卷》说韩愈故里

明代正统十二年（公元 1447 年），韩愈二十二世裔孙韩庆勋撰《祖祠地亩志》记述："……祀产阙无以供俎豆，祠碑记载：唐穆宗恩赏赐田百顷，东至樊哙庙，西至山门河，南至陆真观，北至莲花池。据传，金兵入侵，锦衣南渡，富庶逃亡，耕管失继，田地荒芜，金人没收土地再分配。金熙宗天会十三年，县令翟中舍崇儒重道，赐给韩陂祖茔边田地三百亩；元武宗至大二年，县尹宁晋人阎珪崇儒，赐祖祠地五百亩。其中，安阳城二百亩，聩城寨一百亩，北庄一百亩，冯营三十亩，岳村七十亩。大明太祖崇儒重道，诏修文公祠。洪武六年，修武县知县直隶人万士杰奉诏复修，祖祠焕然一新，又赐祭田五百亩……"

明嘉靖二十八年（公元1549年），韩愈二十七世裔孙韩思公撰《祭田志》记述："大明成化八年，知县宋骥修赐祭田百二十亩，俱在后岳村。大明正德十三年，知县冷宗元赐祭田百亩，俱在李庄。唯恐年湮世乱，碑记损失，特志之。"

《韩陂先茔记》记载："我韩氏由后魏季迄今世居修邑，故里在县邑西北二十五里安阳城，城北三里许即先茔焉……因有坟茔，其地名始曰韩陂……"

四、名家学者说韩愈故里

韩愈乃中国古代文坛一代宗师，其故里地为历代名家学者所熟知。历代名家学者对韩愈故里的记述，是不同时期的历史见证。

北宋文学家孔平仲在其所著《孔氏杂说》（卷四）中记曰："《新唐书》：'韩退之，邓州南阳人。'退之南阳人，而非邓州也。或云：是怀州界人。《史记》曰：'（白）起攻南阳，太行道绝之。'徐广注曰：'此南阳，河内修武是也。'则退之修武人也。以为邓州，误也。"

南宋理学家朱熹在《新唐书·韩愈传注》中批注："……则知公为河内之南阳人，其说独为得之……然南阳之为河内修武，则无可疑者。"

南宋著名学者邵博在其所撰《邵氏闻见后录》（卷八）中记述："《新唐书》：'韩退之，邓州南阳人。'《史记》：白起攻南阳。徐广注云：'此南阳，河内修武也。'则退之修武人也。以为邓州，误也。"

宋元之际，著名历史学家马端临在其所著《文献通考》（卷十八）中写道："韩愈，字退之，南阳人，贞元八年进士。"

元代文学家辛文房撰《唐才子传》（卷五·中）记云："韩愈，字退之，南阳人。"

大明奇才、著名哲学家、科学家方以智著《通雅》一书，在该书（卷首之三）中记述："韩退之南阳，在修武非邓州也。南阳，怀州修武县南阳城。《左传》曰：晋于是始启南阳，即此。智按：韩退之，修武人，今为怀庆府修武县。"方以智首称韩愈为"韩修武"，在其著作中写道："韩修武振起八代之衰，为其单行古文法也……"

明代文学家陈继儒在所著《偃曝谈余》（卷六）中讲道："修武县东北三十里，曰南阳，韩文公之故里也，居人呼其地曰'韩庄'，又曰'韩村'，愈自上世居此。"

明代知名学者、嘉靖年间《河南通志》主编李濂考察韩愈故里及韩愈墓后撰写《韩庄记》，李濂在该考察记中记述："修武县东北三十里曰南阳城，韩文公退之故里也，居人呼其地曰韩庄，又曰韩村，公自上世居此……今修武之韩庄有公墓，而湘之墓亦衬葬，盖韩氏世墓也。道旁有湘子祠，塑像于其中，双鬓童面，挈篮载花……由是知退之为修武人，无疑矣。"

明代书法家陆应阳在其编著的《广舆记》（万历刻本）一书中写道："韩愈，字退之，修武人。""南阳城：修武，韩愈世家于此。"

清代文学家、评点家林云铭著有《韩文起》[①] 一书，书中记载："公讳愈，字退之，本传邓州南阳人，按《广舆记》，即河南怀庆府修武县，秦名南阳。今有南阳城，在县东北三十里，韩氏世家于此，洪兴祖谓本传，谬添邓州二字是也。孟县有别墅，俗呼韩庄。其自称昌黎者，以系出昌黎，犹崔之博陵，李之陇西耳……"

清代学者熊峻运撰《氏族笺释》，在（卷五）介绍韩愈时写道："唐韩愈，字退之，号昌黎，修武人。"

清代素有"牛青天"之称的牛树梅辑《文庙通考》一书（同治十一年十月浙江书局校刊），书载："韩愈，字退之，唐南阳河南修武人。"

清代地理学家叶泰（字九升）编辑《地理大成》一书，书中讲述："文公韩愈墓在修武县城北三十里之韩陂，后靠青龙岭，前对九里山，形如双龙戏水。"并印有韩文公墓位置图。

清代著名学者史梦兰在光绪四年主修《永平府志》中记曰："文公豫产也……其为修武原籍无疑。"

---

① 林云铭.韩文起［M］.上海：华东师范大学出版社，2015.

清代著名史学家钱大昕在其所著《地名考异》一书中记述："韩陂，在青龙岭前，上有一冢，周围约三丈许，高七八尺，居人传为韩文公墓，谚有云霜不打韩陂，严冬霜降，墓上草自青葱，前后左右数百亩中并无霜色，亦一奇也，清赵侍卿旭录陈眉公《偃曝谈余》云，修武县西北三十里曰南阳，韩文公之故里也……"

民国时期著名文史学家、教育家钱基博著有《韩愈志》① 一书，书中记载："韩愈，河南修武人……韩愈墓在河南修武古南阳城的青龙岭前。"

现代台湾学者马起华在其编著的《韩文公年谱》② 中记曰："文公的籍贯有四说：（一）旧唐书本传说他是'昌黎人'。按韩姓有一支在唐中叶为昌黎县（河北通县东）的望族。朱熹说：'昌黎族盛，故随称之。'在心理学上，认属于有名气的地方或有名望的宗族，是很平常的。文公自称'昌黎韩愈'，可能就是这种心理。（二）新唐书本传说他是'邓州南阳人'；河南通志考证说他是'河内南阳人'。（三）陈继儒说他是河内修武人，世居县东北三十里之南阳；居人呼其地为韩庄或韩村（《偃曝谈余》）。（四）皇甫湜所作的文公墓志铭说：'三月癸酉，葬河南河阳。'文公的文中也曾提到'归葬河阳''河阳韩氏墓'。上面（二）（三）（四）说，可归纳起来，南阳是指河内的修武（而非荆州的南阳），也就是河阳。韩文公就是葬在修武的韩庄……"

五、韩氏谱牒说韩愈故里

明、清以来，有不少韩氏谱牒谈到唐代韩氏名人韩愈，韩愈故里亦跃然纸上。

《庐阳韩氏续修支谱》（今安徽省合肥庐阳区）序言中记述："……骞公出颍川，后避莽乱徙居南阳。唐时愈公出修武，封昌黎伯，故称韩氏有颍川、昌黎、南阳三望也。"

《韩氏家谱》（今河北省昌黎县韩家营村）序曰："《新唐书》因以公为邓州，不知太白、持正之所谓南阳，即《左氏传》晋启南阳者是也，其地为今怀庆之修武，在唐为河阳，《新唐书》误为荆州之南阳，遂以邓州冠之也。"（清康熙五十七年京畿督学使者、翰林院侍读吴士玉撰）

---

① 钱基博. 韩愈志［M］. 北京：商务印书馆，1958.

② 马起华. 韩文公年谱［M］. 台北：商务印书馆，1978.

《韩氏族谱·南阳堂·卷首·源流一》（清嘉庆辛酉年重修，韩俊起主编）谱载："颍川系：一世祖颓当……十世祖愈徙南阳……"

《韩氏家乘》（今山西省武乡县北上合村）谱载："尚书令征南大将军安定桓王茂三子，长备，袭爵安定公；次均，金部尚书……而均（韩愈八世祖）后衣冠世继至昌黎伯，益显本传邓州南阳人，南阳乃河阳，秦称南阳，修武东三十里有南阳城，非邓州也。"

《韩家韩氏族谱》（今山东省滨州市沾化区，清光绪三十一年续修）谱序曰："祖韩愈，字退之，世居邓州南阳。"

《河婆韩氏族谱》（今广东省揭西县河婆村）记述："颍川系……二世祖耆，徙九门……十世祖愈，徙南阳。"

《歙县韩氏族谱》（今安徽省歙县）谱载："愈公事实：大历三年正月十五日寅时生，长庆四年十二月初一日卒，居南阳。"

《韩氏族谱》（今河北省沧州市）谱序曰："韩愈（公元768年—824年），字退之，唐代中期河阳军怀州（今河南省焦作市修武县）人。"

《豫西南韩氏世系谱（韩愈支系）》（今河南省唐河县、桐柏县、社旗县、泌阳县联谱）序曰："……实现了豫西南谱与修武县《韩文公门谱》的无缝对接；确定了韩愈的故里在修武，韩愈的墓地在修武。"

《韩氏族谱》（今江西省万载县花塘村）谱载："溯我始祖昌黎公，世居南阳。"

《韩文公族谱》（今河南省焦作市西王封村）谱序曰："韩愈（公元768—824年），字退之，祖籍修武人。"

六、典籍书刊说韩愈故里

典籍书刊对韩愈里籍的记载，既是对韩愈故里历史史实的认定，又是对韩愈故里历史史实的展示。

《古今图书集成·氏族典》① 载："韩愈，字退之，邓州南阳人。"

《四角号码字典》② 记载："韩愈，唐代文学家，字退之，南阳人，先世居昌黎，故世称韩昌黎。"

---

① （清）陈梦雷. 古今图书集成 [M].（清）蒋廷锡，校订. 北京：中华书局；成都：巴蜀书社，1985.

② 四角号码字典 [M]. 北京：商务印书馆，1953.

《古文观止》① 载明代吕维祺绘韩愈像并介绍："先儒韩子，愈，字退之，河南怀庆府修武县人。"

《郡县古迹》（清代）记载："南阳城在修武县北，唐韩愈世家焉。"

《骨董琐记·续记卷三》（史学家邓之诚著）载："《太平清话》云：修武县北三十里，古曰南阳，韩文公之故里也……"

《河南政治观察》② 刊载"视察修武日记"，作者讲述："……十五日，星期五，晴……下午，与黎书记（注：国民党修武县党部书记）至东关，谒韩文公故里，见有古碑两方，嵌于墙壁内。余与黎书记分立碑侧摄影，以留纪念。"据云："韩陂上有韩文公墓，宁城书院内有韩文公祠。"

《中国历代文学作品选》③ 载："韩愈，修武南阳人。"

《中国历史大事年表·古代史卷》④ 载："愈字退之，怀州修武县南阳人。《新唐书》作邓州南阳人，误。"2000年元月沈起炜先生在写给修武韩愈后裔的信中明确表示："……韩愈为修武县人之说，我以为是对的……"

《全唐诗》⑤ 载："韩愈，修武南阳人。"

《毛泽东与文章学》⑥ 载：1959年毛泽东主席在中国共产党八届七中全会上讲："唐朝名作家韩愈，以散文著称于世，他是河南修武人。他主张用师之意，不用师之词；他主张不要因循守旧，要有独特的风格。"

《隋唐》⑦ 注记："韩愈的籍贯，《新唐书》本传说是邓州南阳，邓州二字是欧阳修因南阳而加的。邓之诚《骨董琐记》续集卷三《韩文公墓》条引《太平》'南阳在修武县东北三十里，当地人叫韩庄，也叫韩村，愈墓即在其地，此条最为可靠'。"《隋唐史》（313页）又载："韩愈，字退之，唐代著名的文学家，被誉为唐宋八大家之首，逝后葬于故乡河南省修武县。"

《千家诗里的故事》⑧ 载："韩愈，字退之，祖先从昌黎移居南阳（今河南省修武县），《新唐书》说他是邓州南阳人，误也。"

———————

① 古文观止［M］. 北京：北京燕山出版社，2008.
② 河南政治观察［Z］. 郑州：河南省政府秘书处，1935：74-86.
③ 朱东润. 中国历代文学作品选［M］. 上海：上海古籍出版社，1980.
④ 沈起炜. 中国历史大事年表：古代卷［M］. 上海：上海辞书出版社，1983.
⑤ 全唐诗［M］. 西安：陕西人民出版社，1980.
⑥ 曾祥芹，王绍令. 毛泽东与文章学［M］. 郑州：河南大学出版社，1993.
⑦ 沈起炜. 隋唐［M］. 北京：中国青年出版社，1995.
⑧ 李炳杰. 千家诗里的故事［M］. 台北：国语出版社，1997.

《中国文学家大辞典》① 载："韩愈，河内之南阳人。"

《古代汉语》② 载："韩愈（公元 768—824 年），字退之，邓州南阳人（据朱熹考证，这个南阳即今河南修武县）。"

《中国人名大辞典》③ 载："愈之祖父韩睿素，南阳人。"

《中国历代名人画像谱》④ 载韩愈画像及介绍："韩愈（768—824），唐怀州修武县南阳（今河南修武东北）人……"2020 年 1 月 13 日《人民日报》第九版《哲学社会科学名家小传》选用了该韩愈画像及简介。

《唐诗》⑤ 载："韩愈（公元 768—824 年），字退之，河内修武（今河南县名）人。"

《中华圣人》⑥ 载："韩愈，字退之，河南修武人。"

---

① 梁淑安. 中国文学家大辞典［M］. 北京：中华书局，1997.

② 王力. 古代汉语［M］. 北京：中华书局，1998.

③ 臧励龢. 中国人名大辞典［M］. 北京：商务印书馆，1998.

④ 中国历代名人画像谱［M］. 福州：海峡文艺出版社，2003.

⑤ 冯刚民. 唐诗［M］. 北京：大众文艺出版社，2005.

⑥ 张放涛，罗开明，李永新. 中华圣人［M］. 北京：中国文史出版社，2007.

韩愈河阳修武人辨

文章巨公韩愈在其作品中屡屡提及"河阳",如在《祭十二郎文》中写道:"从嫂归葬河阳……吾往河阳省坟墓。"在《女挐圹铭》中讲:"归女挐之骨于河南之河阳韩氏墓葬之。"在《画记》中记述:"明年出京师,至河阳"等。由是可知,韩愈祖茔及故里与河阳有关。

讲韩愈故里与河阳有关,笔者认同。但有人妄自在河阳后边加注"(今孟州市)",笔者不能苟同。河阳是地域名称,又是区划名称。黄河以北、太行山以南地区称"河内",又称"河阳";唐建中二年(公元781年)在黄河两岸设置的河阳军(河阳节度使)亦简称"河阳"。有人见韩愈笔下写有"河阳"就认定是河阳县,那是望文生义,是对河阳称谓多样性的不了解,是对中唐以后行政区划沿革历史及韩愈故里在何处不知情所致。

一、河阳军是中唐以后的一级行政区划单位

河阳军是中唐以后设置的藩镇名称,因初置时治所在河阳三城而得名,是州以上一级行政区,与道并称。

(一)河阳军是中唐以后的节度使军镇

军,指唐代设置的军镇,亦称方镇、节镇、藩镇,是节度使辖区区划名称。

"百度百科"网载:"藩镇,亦称方镇,是唐朝中、后期设立的军镇。藩是'保卫'之意,镇是指军镇。"

"百度·历史词典"释曰:"节镇,指置节度使之州道。唐初,仅置于边地,玄宗开元(公元713—714年)中凡八节度使……其后更增加兼改名号,大者连州数十,小者犹兼三四,父死子继,世称藩镇。"

"百度汉语"网载:"节镇,1. 指节度使。2. 设置节度使的重镇。3. 泛

指驻有军事统帅的要塞。”

"搜狗百科"网载:"节度使,中国唐代开始设立的地方军政长官。因受职之时,朝廷赐以旌节,故称节度使……节度使集军、民、财三政于一身,又常以一人兼统两至三镇,多者达四镇,威权之重,超过魏晋时期的持节都督,时称节镇……安史乱起,唐廷为了平叛,内地也相继设置军镇。节度使的僚属,都由节度使辟举,然后上报朝廷批准。所统州县长吏虽由中央任命,而实际则听命于节镇。”

河阳军,唐建中初(公元781年)设置的军镇,因治所在河阳三城,故称河阳军,其最高长官为节度使,全称河阳军节度使。节度使是官职名称,唐时节度使之名亦代指节镇,故河阳军亦称河阳节度使。

"搜狐网"载有《说说节度使和唐朝的关系》一文,文曰:"唐玄宗时的节度使,基本上和各个道地区划有关。但到了肃宗时期,各地节度使已经达到了40多个,如宣武节度使、凤翔节度使、剑南节度使、魏博节度使等。各个节度使不再是以道为模式,而是以各个军为基准,如宣武军、魏博军、昭义军等。”

(二)河阳军是中唐以后的一级行政区

唐玄宗为防止边陲各异族的侵犯,大量扩充防戍军镇,设立节度使,共设九个节度使和一个经略使,时称天宝十节度。安史之乱期间,根据需要,原为边关的军事制度引入内地,大量设置军镇。安史之乱结束后,全国设置四十多个军镇,军镇演变成为一级行政区划建制。河阳军(河阳节度使)成为一级行政区划单位。

"百度知道"网载唐朝后期节度使有什么作用:"节度使成为地方行政区划是由唐代中期开始设置的,又称藩镇,主管地方军事、行政与财政,位高权重。”

"百度APP·史家之韵"网载:"唐朝行政区划首创'道''府',节度使又是如何产生的?安史之乱爆发后,十五道采访处置使已经是有名无实了。唐肃宗乾元元年(公元758年),只好改置为观察处置使,并由节度使、防御使、团练使等兼任。从此,节度使成了合法的军事、民政长官,州不能和中央发生联系,节镇亦称道,从而形成道、州、县三级行政区划(参考文献:《中国古代史常识》)。”

"百度百科"网载唐朝行政区划:"安史之乱以后,节度使制被滥用于内地，使这种原为边关的军事制度变成内地实际的行政区划单位，而且大者连州十数，小者亦兼三四。据《旧唐书·地理志》记载，唐肃宗时（公元756—761年），节度使已有44；又据李吉甫《元和郡县志》所载，在唐宪宗元和年间（公元806—820年），唐全国有节度使47，所以，唐初的行政区划单位——道，安史之乱后已徒有虚名了。综观唐朝的行政区划制度，应该说这是中国行政区划沿革史中的一个大变革时期。唐太宗创建了'道'，唐玄宗把'府'引进了区划，唐睿宗又把节度使变成了正式建制，使三级制正式成型。主要是道—府（州）—县。后期则为道—节度使—府（州）—县制，由于道已为虚设，实际还是三级制。"

（三）河阳军（河阳节度使）在中唐以后与道并称

中唐以后，由于道已成为虚设，军镇（节度使）便发挥着道的功能作用，军镇（节度使）遂与道合而为一，军镇（节度使）亦称道，道亦指军镇（节度使），河阳军（河阳节度使）与道并称。

"豆丁网"网载唐朝行政区划简介："公元618年，改郡为州。公元627年，根据山河走向，分天下为10道。公元639年，唐朝有10道、358州、1551县。公元713年，升雍州为京兆府，洛州为洛阳府。中国从此有了府的行政区划建制。府和州同级，但地位比州高。公元733年，改天下为15道。公元741年，唐朝有15道、328州（3府、319州、6都护府）、1573县。公元742年，改州为郡，公元758年，复改郡为州。安史之乱期间，唐朝大量设置藩镇。安史之乱结束后，藩镇成为一级行政区划，一个藩镇也称为一道。公元807年，唐朝有48道（藩镇）、295州府（288州、7府、1都护府）、1453县。"

"百度"网载唐朝后期之道、州、县组织："唐后期的州县制与唐前期没有什么大差别，发生大变化的是在州以上增加了道—方镇一级新型的行政组织。这一级组织的产生，是由节度使的出现而引起的……与此同时，原十五道采访使已无存在基础，于是乾元元年（公元758年）遂正式罢去采访使职，而改置各镇观察处置使。此后或以节度兼观察，或以观察兼防御、经略，于是安史之乱前，作为监察区的采访使道，与都督府分统诸州的区域合而为一，名为一道而非单纯监察区域，名为一镇而已经不是军政区域，这种合方镇与道为一体的地理区域实际上已成为州以上的一级行政区划，形成'制敕不下支郡，刺史不专奏事'的局面。"

二、韩愈笔下的"河阳"是指"河阳军"

中国人出门在外谈及籍贯时，一般会说大不说小，且习惯于简称地名。例如，某人是河南省焦作市修武县郇封镇人，通常出县时自称修武人，出市时会称焦作人，出省时则称河南人。韩愈长期客居异地，在谈及故里时，常常说大不说小，习惯简称老家河阳军为"河阳"，而很少提及修武县。

（一）河阳军长期辖河南河北道西部地区

河阳军（河阳节度使）始置于唐建中二年（公元781年），是军、民、财为一体的州以上一级行政区划单位，是位居中原的一个重要藩镇。其名称、治所、辖域在不同时期虽有所变化，但在韩愈生前，河阳军（河阳节度使）长期辖河南道、河北道西部地区，即黄河南岸地区和黄河北岸地区。韩愈故里修武县始终归河阳军管辖，故韩愈习惯称故里为"河阳"。

《中国古今地名大辞典》（臧励龢主编）载："河阳军，唐置，治河阳城，在今河南孟州市西三十五里，建中初曰怀郑汝陕四州及河阳三城节度使，寻割郑州隶永平军，以河阳三城、怀州为河阳军，含河南河北道西部之地。元和中以魏博军归顺，徙镇汝州，今河南临汝县治，改曰河阳怀汝节度，寻还镇河阳。会昌中移治怀州，今河南沁阳县治，寻还治孟，即河阳城也。文德初属于朱全忠，宋曰孟州河阳军，寻改为济源郡。"

《中国古今地名大辞典》介绍得非常清楚：河阳军初置时辖河南道郑、陕、汝三州和河北道怀州（领河内、修武、武陟、获嘉、武德五县）及河阳三城；割郑州隶永平军后，仅少了一个郑州，河阳军仍辖河南河北道西部地区；元和中，魏博军归顺，辖域扩大，河阳军仍辖河南河北道西部地区；会昌中（公元843年），河阳军移治怀州，此时韩愈已去世（公元824年）。韩愈生前，河阳军一直辖河南河北道西部地区（包括修武县），故韩愈有时称故里修武为"河阳"，有时则称故里为"河南河阳"。

（二）韩愈简称河阳军为"河阳"

《辞海·地理分册·历史地理》[①] 载："河阳三城节度使：唐方镇名，因节度使治河阳三城得名，简称河阳，又名怀卫。"河阳军亦称河阳军节度使，

---

① 辞海：地理分册·历史地理 [M]. 上海：上海辞书出版社，1982.

初名河阳三城节度使。《辞海》把河阳三城节度使简称河阳，在韩愈笔下，在有关史料及唐代名家作品中，亦把河阳军（河阳节度使）简称"河阳"。

1. 韩愈笔下河阳军简称"河阳"

在韩愈的作品中，有时使用河阳军的全称，有时则把河阳军、河阳节度使简称为"河阳"。

在《送温处士赴河阳军序》一文中，韩愈写道："大夫乌公，以铁钺镇河阳之三月，以石生为才，以礼为罗，罗而致之幕下……"该文标题中的"河阳军"使用了全称，文中的"镇河阳"即治理河阳军，"河阳"是河阳军的简称。

《送石处士序》是《送温处士赴河阳军序》的姊妹篇，文中记述："河阳军节度、御史大夫乌公，为节度使之三月，求士于从事之贤者。有荐石先生者。"文中的"河阳军"是全称，"节度"则是节度使的简称。

韩愈写有《赠河阳李大夫》一诗，诗名中出现的"河阳"是河阳军节度使的简称，李大夫指时任河阳军节度使李元淳。

2. 史籍简称河阳军为"河阳"

《旧唐书·诸葛爽传》记载："（黄）巢以爽为河阳节度使。巢贼败，复表归国，进位检校司徒。时魏博韩简军势方盛。中和元年四月，魏人攻河阳，大败爽军于修武，爽弃城遁走……十月，孟州人复诱爽，爽自金商率千人，复入河阳。"诸葛爽投降黄巢，被黄巢任命为河阳军节度使。黄巢失败后，诸葛爽复归朝廷，仍任河阳军节度使，进位检校司徒。魏博军韩简攻打河阳军，河阳军节度使诸葛爽兵败河阳军修武县，弃城而逃。中和元年十月，诸葛爽受河阳军孟州人的诱惑，率兵复入河阳军。《旧唐书·诸葛爽传》所讲的"河阳"即河阳军的简称，孟州、修武为河阳军所辖州、县。

3. 唐代名家简称河阳军为"河阳"

白居易与韩愈为同时代的大诗人，曾作《河阳石尚书破回鹘迎贵主过上党射鹭鸶绘画为图猥蒙见示称叹不足以诗美之》一诗，诗名很长，诗名中出现的"河阳石尚书"，指河阳军节度使、尚书石雄。"河阳"为河阳军节度使简称。

诗人孟郊是韩愈的文友，写有《上河阳李大夫》一诗，诗名中的"河阳"为河阳军节度使简称，李大夫指时任河阳军节度使李元淳。

杜牧在《自为墓志铭》中写道："……从河阳西北去天井关强百里，用万人为垒，室其口，深壁勿与战……"铭文中提到的"河阳"即河阳军的简称。河阳军辖怀州，怀州辖县河内县（今河南省沁阳市一带）与泽州（今山西省泽州县）天井关相距五十多公里，天井关在河阳军河内县的西北方向。而天井关距河阳县一百多公里，在河阳县的东北方向，杜牧笔下的"河阳"显然是指河阳军而非指河阳县。

韩愈、史籍、唐代名家多简称河阳军为"河阳"，那么，韩愈在《祭十二郎文》《女挐圹铭》《画记》等作品中所讲的"葬河阳""吾往河阳""葬河南之河阳""至河阳"等河阳称谓，均当为"河阳军"简称无疑。

三、韩愈故里在河阳军修武县

有关韩愈故里在何处的争论由来已久。《旧唐书》讲韩愈是昌黎人；《新唐书》讲韩愈是邓州南阳人。南宋理学家朱熹考证后写道："然南阳之为河内修武，则无可疑者。"认定韩愈是河内郡修武县人。20世纪80年代，韩愈故里河阳县（今孟州市）说独树一帜，风行一时。那么，韩愈究竟是河阳军修武县人，还是河阳军河阳县人，我们可从韩愈的著作中寻到答案。

韩愈在其著作中多次讲到回故里河阳，对回河阳的行走路线亦有记述。韩愈回河阳的行走路线透露了故里的位置所在。

在《画记》一文中韩愈讲道："贞元甲戌年，余在京师……明年出京师至河阳，与二三客论画品格，因出而观之。"韩愈于贞元十一年离开京师长安回故里河阳修武。

韩愈在《感二鸟赋（并序）》一文中写道："贞元十一年五月戊辰（初二），愈东归。癸酉（初七），自潼关出，息于河阴。时始去京师，有不遇时之叹。"韩愈贞元十一年五月初二离开京师东归河阳故里。

《祭郑夫人文》是韩愈为亡嫂郑夫人所撰的祭文，其文曰："维年月日，愈谨于逆旅，备时羞之奠，再拜顿首，敢昭祭于六嫂荥阳郑氏夫人之灵……""逆旅"是旅店的古称，"六嫂"即韩愈大嫂郑氏，称大嫂为"六嫂"或为大哥韩会在族兄弟中排行第六。韩愈贞元十一年五月离开京师回故里省坟墓，行至汜水镇时入住旅店，碰巧侄儿十二郎扶母（郑夫人）灵柩停放在汜水镇旅店，等待离汜水镇不远的荥阳郑氏亲戚前来祭拜。韩愈与郑夫人灵柩不期而遇，遂备下祭品，在汜水镇旅店祭奠亡嫂郑夫人。韩愈与十二郎之所以能在汜水镇旅店相遇，是因为汜水镇往北即是通往修武县的玉门黄河渡口。对这次旅店相遇,韩愈在《祭十二郎文》中亦有提及:"又四年,吾往河阳省坟墓,遇汝从嫂丧来葬(自江南宣城到河阳修武)。"

郑夫人的祭奠活动结束后,韩愈、十二郎择时北渡黄河,将郑夫人灵柩安葬在修武县韩陂韩氏祖茔。修武县韩愈后裔珍藏的《始祖文公年谱》记述:"(贞元)十一年乙亥,二十八岁,五月去京师,过东都,至南阳(修武县古称南阳)省坟墓,值嫂郑氏卒,庐墓百日,服期以报……"《始祖文公年谱》记述韩愈安葬大嫂郑夫人后,搭茅庐为郑夫人守墓百日,服丧报恩。

服丧期间,韩愈曾去修武县云台山西白涧观览,并写有《题西白涧》一诗。诗云:"……天门幽深十里西,无奈落日催人归。谁人可属天宫事,为我乞取须臾期。上天无梯日不顾,牢落归来坛未暮。闭门下马一衾寒,梦想魂驰在何处。"此诗文透露了一个重要信息,即韩愈故里及葬大嫂的韩氏祖茔离云台山西白涧、天门谷景点并不远。韩愈游罢西白涧时,太阳将要落山,韩愈只好在恋恋不舍中骑马离开。一路孤寂地回到守墓草庐时,为大嫂设立的祭坛尚映着落日的余晖。

根据常识,从太阳即将落山到天空尚有余晖,这段时间在一小时之内。韩愈祖茔在韩陂,韩陂位于云台山青龙岭南坡,云台山在修武县境内。云台山韩陂距云台山西白涧景点约十五公里路程,韩愈骑马自西白涧到韩陂住所大约需半小时时间,故回到住所时天空尚有落日的余晖。有人讲韩愈的大嫂葬在孟县尹村,孟县尹村距修武县云台山西白涧景点一百多公里的路程,让韩愈自太阳即将落山至天空尚有太阳余晖这段时间从云台山西白涧回到孟县尹村,是很难做到的。故韩愈大嫂葬孟县尹村说不足取信。

韩愈为大嫂郑夫人庐墓百日后,于贞元十一年九月离开修武县,经玉门北渡口渡过黄河,途经汜水镇、偃师县到达洛阳。途经偃师县时,韩愈顺道凭吊了田横墓,并写有《祭田横墓文》。

《祭田横墓文》曰:"贞元十一年九月,愈如东京,道出田横墓下,感横义高,能得士,因取酒以祭,为文而吊之……"文中的"如"作"往、到、去"讲,"如东京"即往洛阳去。韩愈出修武往洛阳,南渡黄河过汜水镇,西行途经偃师县时顺道祭拜了田横墓,其行走路线证明韩愈故里在河阳军修武县。如果韩愈故里在河阳军河阳县,韩愈应自河阳县出发,自盟津北渡口南渡黄河,途经盟津,西南行八十里到洛阳,根本无须自盟津往东行几十里到偃师县,再返回盟津去洛阳。"愈如东京,道出田横墓下"句,真实地、明白无误地讲清了韩愈自故里去洛阳的行走路线及方向，韩愈故里在河阳军修武县还是在河阳军河阳县，当不辩自明。

今荥阳市汜水镇西北有古玉门黄河渡口，玉门以古成皋城北门名玉门而得名，《水经注·河水五》载"河水南对玉门"即指此，玉门渡口为黄河南北交通之咽喉。《史记·高祖本纪》载："汉王跳，独与腾公共车出成皋玉门，北渡河，驰宿修武。"当年刘邦为避项羽围攻成皋，正是出成皋玉门，从玉门渡口北渡黄河至修武的。无论韩愈回故里或是离开故里去它外，汜水镇玉门黄河渡口是必经之地。贞元十一年五月，韩愈经汜水镇玉门黄河南渡口北渡黄河回故里修武；该年九月，韩愈自修武经汜水镇玉门黄河北渡口南渡黄河去洛阳。贞元十五年二月，韩愈再次自修武经汜水镇玉门黄河渡口南渡黄河去徐州。

韩愈在《此日足可惜赠张籍》一诗中写道："……闻子高第日，正从相公丧。哀情逢吉语，惝恍难为双。暮宿偃师西，徒展转在床。夜闻汴州乱，绕壁行彷徨。我时留妻子，仓卒不及将。相见不复期，零落甘所丁。骄儿未绝乳，念念不能忘。忽如在我所，耳若闻啼声。中途安得返？一日不可更。俄有东来说，我家免罹殃。乘船下汴水，东去趋彭城。从丧朝至洛，还走不及停。假道经盟津，出入行涧冈。日西入军门，羸马颠且僵。主人愿少留，延入陈壶觞。卑贱不敢辞，忽忽心如狂。饮食岂知味，丝竹徒轰轰。平明脱身去，决若惊凫翔。黄昏次汜水，欲过无舟航。号呼久乃至，夜济十里黄……甲午憩时门，临泉窥斗龙。东南出陈许，陂泽平茫茫……行行二月暮，乃及徐南疆……"诗文叙述了一段难忘的过往经历：贞元十五年，韩愈为宣武军节度使董晋僚属，任观察推官，是年二月初三日，董晋病故，韩愈陪同董晋之子护丧归葬洛阳。在去洛途中，韩愈得到宣武军在汴州发生兵变的消息，因妻儿均在汴州，韩愈心中十分焦急，担心妻儿的安危。幸又有好消息传来，韩愈得知家人已安全离开汴州，乘船前往徐州。但韩愈仍记挂妻儿的安危生存，护丧至洛阳后未及停留即踏上返程。汴州兵变，韩愈失去了工作和安居地，在去徐州前，韩愈先去了河阳军治所，拜见河阳军节度使李元淳，为日后在河阳军谋职铺路。第二天韩愈急忙回到故里修武县，为日后妻儿回故里安家做前期筹划。诸事安排妥当后，韩愈即离开修武，黄昏时从玉门北渡口南渡黄河在汜水镇住下，后经郑州、陈许节度使辖区到达徐州。

诗中出现"假道经盟津"句，"假道"为借路经由之义，盟津有黄河渡口，从洛阳去河阳军治所河阳三城必经盟津黄河渡口。因盟津黄河渡口不是韩愈回故里修武的必经之路，故韩愈用"假道经盟津"来表述。"黄昏次汜水"，则表明韩愈从修武县出发，黄昏时经由玉门北渡口南渡黄河后在汜水镇住下。假若河阳县是韩愈故里，韩愈当自盟津北渡口南渡黄河后，在孟津住宿，决不会自河阳县东行百里在玉门北渡口南渡黄河并住在汜水镇。

综上可知，河阳军是中唐以后设置的军镇（藩镇），亦称河阳军节度使。与道合而为一亦称道，是事实上的州以上一级行政区划建制。韩愈笔下的"河阳"是河阳军的简称。韩愈生前故里修武县属河阳军管辖，河阳军长期辖有河南道、河北道西部地区，故韩愈习惯称河阳军为"河阳"。韩愈笔下的故里河阳，从未带"县"字，故有人将河阳说成是"河阳县"或在河阳后边加注"（今孟州市）"，是为曲解误导、混淆视听。韩愈相关作品佐证韩愈故里在河阳军修武县。

韩愈修武南阳人辨

韩愈，字退之。有人称韩愈是河阳县（今孟州市）人，有人讲韩愈是邓州南阳人，有人讲韩愈是昌黎人，这是对历史史实和韩愈家世不了解所致，韩愈实修武南阳人。

在中国历史上，今河南省有两个南阳，一个在河南省的西北部，史称"晋启南阳"，其辖地最大时包括今焦作市及济源市部分区域，后缩小在修武县境；一个在河南省西南部，史称"邓州南阳"，其辖地在今南阳市境内。"邓州南阳"是韩愈远祖居住过的地方；"晋启南阳"则是韩愈近祖徙居之地，为韩愈故里。

唐代大诗人李白在为韩愈父亲韩仲卿所撰《武昌宰韩君去思颂碑（并序）》中写道："君名仲卿，南阳人也。"《资治通鉴》记载："会（韩愈长兄），南阳人也。"韩愈的父亲韩仲卿是南阳人，韩愈的大哥韩会是南阳人，韩愈自是南阳人无疑。

一、修武称南阳始于"晋启南阳"

《左传·僖公二十五年》记载："晋侯（晋文公）朝王，王（周襄王）飨醴，命之宥，请隧，弗许，曰：'王章也。未代德而有二王，亦叔父之所恶也'。与之阳樊、温、原、攒茅之田，晋于是始启南阳。"周襄王将阳樊（今河南省济源市西南）、温（今河南省温县）、原（今河南省济源市西北）、攒茅（今河南省修武县北）四邑赠予晋文公，晋文公合四邑之地始启南阳。为便于管理，晋国在攒茅之南、温县之北选址新筑南阳城，以为南阳治所。

晋启南阳初有阳樊、温、原、攒茅四邑。随着晋国的日益强盛，其南阳之地逐渐扩大为后世河内郡所辖全部区域。东晋著名经学家马融讲："晋地朝歌北至中山为东阳，朝歌以南至枳为南阳。"由此可知当时南阳地域之大。后因各诸侯国及贵族之间你争我夺，相互兼并，战火不断，古南阳之地不断瓜分、易主，最后只留下南阳城保留着南阳的名号。南北朝东魏天平年间置西修武县，以南阳城为治所，南阳城演变为修武县城，故后人习惯称修武为修武南阳。

二、春秋晋平公时期修武始称南阳县

《吕氏春秋·去私》记载："晋平公问于祁黄羊曰：'南阳无令，其谁可而为之？'祁黄羊对曰：'解狐可。'平公曰：'解狐非子之仇邪？'对曰：'君问可，非问臣之仇也。'平公曰：'善。'遂用之，国人称善焉。"晋平公在位期间在修武之地设南阳县，询问心腹大臣祁黄羊派谁出任南阳县令合适，祁黄羊推荐了仇家解狐，晋平公遂任命解狐为南阳县令。据有关资料介绍，解狐出任南阳县令后，为当地办了不少好事，受到南阳百姓的普遍好评，做到了为官一任，造福一方。

"百度百科"网载：春秋初期，中原侯国的地方政权组织，基本上是国野制。所谓"国"，是指国都及附近地区；所谓"野"，即指农村，把居民按什伍制组织起来，各级设官管理。春秋中晚期，出现了县级组织，许多县成为国家的地方政权组织，晋国又在县下增设郡、郡小于县。由于县的大量设置，县逐渐取代了国野制，县、郡官吏也就成为地方政权的主要官吏。战国时期，国野制消失。

"百度文库"网载：据考证，县的创建最初始于楚、秦。《左传》载："楚武王在灭权、申、息等小国后开始置县，时间在鲁庄公四年（公元前690年）前后，秦、楚等国这种先进做法很快在各诸侯国实行，有的系在吞并别国新开拓区域置县，有的则在境内以大邑为县，或并乡邑为县。郡的建制大约比县要晚半个世纪。春秋时期，各诸侯国的县郡关系是县主郡次，或县大郡小，或以县领郡。战国时期则变为郡大县小，以郡治县。"

古代县有大小之分，大县的长官称令，小县的长官称长。《汉书·百官公卿表》记载："县令、长，皆秦官，掌治其县。万户以上为令，秩千石至六百石，减万户为长，秩五百石至三百石。"县令简称"令，"县长简称"长"。晋平公任命解狐为南阳县令，南阳县或为一大县。

三、战国时期修武县称南阳邑

《春秋传》（北宋史学家刘原父著）载："修武有古南阳城，盖南阳其统

名，而修武则魏之南阳邑也。"

《史记·秦本纪》载："（昭襄王）三十三年，客卿胡伤攻魏卷、蔡阳、长社，取之。击芒卯华阳，破之，斩首十五万。魏入南阳以和。"徐广（东晋历史学家）注："河内修武，古曰南阳。"

《战国策·魏策一》张仪告公仲："魏王俱，问张子。张子曰：'秦欲救齐，韩欲攻南阳，秦、韩合而欲攻南阳，无异也。'"元代国子博士吴师道补注："此河内修武。"

《战国策·西周策》韩魏易地："且魏有南阳、郑地、三川，而包有二周，则楚方城之外危。"南宋大学士鲍彪注曰："河内修武，晋启南阳是也。"

四、史籍记载修武古称南阳

《后汉书·郡国志》载："修武，故南阳，秦始皇更名。有南阳城、阳樊、攒茅田。有小修武聚，有隤城。"

《汉书·地理志》（东汉学者应劭注）曰："晋始启南阳，今南阳城是也，秦改曰修武。"

《续汉志》（西晋史学家司马彪著）载："修武有南阳城，在今修武县北，秦始皇改曰修武。"

《水经注》（北魏地理学家郦道元著）载："修武，故宁也，亦曰南阳。"

明代正德年间《怀庆府志·卷十·稽古·沿革》载："修武县商为宁邑，周武王伐纣勒兵于宁，遂为修武。秦国传有晋启南阳之文，更名南阳，汉置修武县……修武故南阳，秦始皇更名，有南阳城。"

《春秋左传地名补注》（清代学者沈钦韩著）注曰："盖南阳总指河内之地而一城（南阳城）偶袭其号也。"

五、志书文献记载韩愈是修武南阳人

《五百家注昌黎文集》（南宋庆元六年）载："韩愈，字退之，南阳人。"

《新唐书·韩愈传注》（南宋理学家朱熹批注）载："……则知公为河内之南阳人，其说独为得之……然南阳之为河内修武，则无可疑者。"

《大明一统志·卷28·怀庆府·人物志》（明天顺五年）载："唐韩愈，南阳人，即今修武县北南阳城是也……"

《河南通志·卷23·圣迹（先贤附）·志·韩愈》（明嘉靖三十七年）载：

"唐韩愈，字退之，修武人。"《河南通志·卷44·辨疑·韩愈本修武人》载："修武县东北三十里曰南阳县，韩文公愈之故里也……今修武之韩庄有愈墓存焉，则愈之为修武人明矣。"

《河内郡志·古迹》（明代）载："南阳城在修武县北，唐韩愈世家焉！霜不打韩陂，一奇也！"

《河南通志·卷26·人物（二）》（清康熙九年）载："韩愈，字退之，修武人。"

《河南通志·卷80·辨疑》（清雍正九年）载："韩愈本修武人，修武县东北三十里曰南阳县，韩文公之故里也。"

《钦定四库全书·卷三十一》（清乾隆年间）载："唐韩愈，修武北南阳城人。"

《河南府志·116卷·官职》（清乾隆年间）载："韩愈，南阳人，元和初拜河南令。"

《怀庆府志·卷二十八》（清乾隆年间）载："《河南通志》云：韩愈本修武人，县东北三十里曰南阳县，韩文公之故里也……郡志古迹曰：'南阳城在修武县北，唐韩愈世家焉。'"

《修武县志》（清乾隆三十一年）载："考韩文公上世居县北南阳城，公实修武人也。"

六、韩愈自称南阳人

《陈氏家谱》刊载有韩愈为南陈桂阳王陈伯谋遗像所撰像赞，赞曰："伯谋才智实难忘，诣笃亲亲宰桂阳。绘像于兹仰盛德，堂皇品格宜君王。"署名为"南阳退之韩愈拜赞"。韩愈在此自称南阳人。

韩愈与陈氏家族缘分颇多。唐兴元元年（公元784年），十七岁的韩愈到铜陵凤凰山采铜，其间亲手制琴一张，冠名"落霞琴"，该琴为陈家收藏。北宋大臣陈瑾（号子斋）去世时将落霞琴随葬墓侧。至明代，官员张弓寻得面世的落霞琴，传至十一世孙张涛，因战乱落霞琴遗失，仅留张涛手作的该琴拓片。如今流传的落霞琴拓片，为著名古琴收藏家马俊昌先生收藏的清代琴拓。落霞琴琴身题记云："大唐兴元元年时在甲子三月朔，南阳退之氏韩愈采铜于凤皇山。"

七、韩愈家谱记载韩愈是修武南阳人

韩愈家谱由其子孙后裔续修一千一百余年，谱名《韩文公门谱》。《韩文公门谱》详细记载了韩愈先祖徙居修武南阳的历史史实。

韩愈三孙韩绲（状元）于唐光启三年（公元884年）为《韩文公门谱》作序曰："……茂公（韩茂，韩愈九世祖）之曾孙镶公（韩愈六世祖）徙居南阳，已十有二世，创建门谱以镶公为祖，始建茔地葬韩陂……"

韩愈二十一世裔孙韩景文（修武主簿）于明洪武三十年（公元1397年）为《韩文公门谱》作序曰："……至后魏安定桓王茂公之曾孙镶公，避政乱隐居北修武之安阳城，始建茔于城北三里许青龙岭前……隋大业八年世乱，强人占山，安阳城危在旦夕，故镶公之长子杰公，遂徙居南阳城东郭门内……"

《韩文公门谱》（世系卷）记载："……四十五世宝山子三：镶，字文远，拜平北将军，后魏神龟元年政乱隐居北修武县安阳城。四十六世镶子长：杰，字景魁，拜修武县尉，隋大业八年世乱，隐居修武南阳城东关……"

《韩文公门谱》（札记卷）录韩愈二十二世裔孙韩庆勋所撰《祖祠地亩志》曰："……祀产阙无以供俎豆，祠碑记载：唐穆宗恩赐田百顷（韩愈孤身入叛营，劝降王廷凑有功），东至樊哙庙，西至山门河，南至陆真观，北至莲花池。据传，金兵入侵，锦衣南渡，富庶逃亡，耕管失继，田地荒芜，金人没收土地再分配。金熙宗天会十三年，县令翟中舍崇儒重道，赐给韩陂祖茔边田地三百亩；元武宗至大二年，县尹宁晋人阎珪崇儒，赐祖祠地五百亩。其中，安阳城二百亩，聩城寨一百亩，北庄一百亩，冯营三十亩，岳村七十亩……"

修武县境"晋启南阳"筑南阳城，春秋置南阳县，战国为南阳邑，故修武史称修武南阳，对此，史籍、志书均有记载。韩愈先祖徙居修武南阳，修武南阳是韩愈故里，史书、地方志、《韩文公门谱》均有明确记述。史志记载最具权威性。韩愈自称南阳人，最有可信度。韩愈实修武南阳人，而非孟县人、邓州南阳人、昌黎人明矣。

图 11　韩愈撰陈伯谋像赞

像赞出自桃枝谱局《义门陈氏宗谱散页》，刊载在香港浸会学院学报版《韩愈学谱》。

　　来源：孔夫子旧书网："伯谋公封桂阳王遗像"。

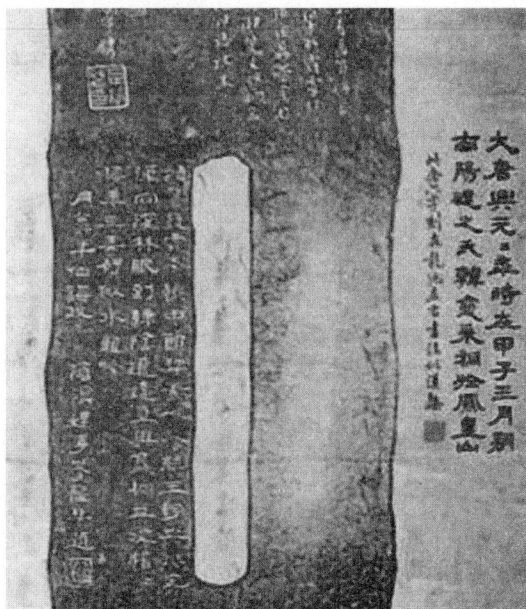

图 12　韩愈手制落霞琴琴身题记

　　来源：视频号，小红书，文博时空《韩愈的一首琴诗，为何让苏轼欧阳修等名家争论不休？》配图。

朱熹考证认定韩愈故里在修武县

朱熹是南宋著名理学家、思想家、哲学家、教育家、诗人，一生著述颇丰，著有《四书章句集注》《太极图说解》《通书解说》《周易读本》《楚辞集注》等名作。《昌黎先生集考异》（亦称《韩文考异》）是朱熹晚年较为成功的校勘学著作，集中体现了朱熹的校雠思想、理论、原则、态度和方法，在文献学研究领域占有重要地位。《昌黎先生集考异》第十卷为《新书本传》，即对《新唐书·韩愈传》所作的校注与考证，其中一段注语为考证韩愈故里而作，自南宋以来产生较大影响。

一、朱熹《新书本传》注语选录

朱熹在《新书本传》注语中写道："今以李翱所撰《行状》、皇甫湜所撰《墓志》《神道碑》，《旧史本传》《资治通鉴》、洪兴祖所撰《年谱》、程俱所撰《历官记》、方崧卿《增考年谱》，考其同异详略，附注本文之下，以见公之行事本末，而文之已见于集者，不复载云。韩愈，字退之，邓州南阳人。七世祖茂，有功于后魏，封安定王。父仲卿，为武昌令，有美政，既去，县人刻石颂德，终秘书郎。李白作文公父仲卿《去思碑》，云南阳人，而公常自称昌黎，李翱作公《行状》，亦云昌黎某人。皇甫湜作《墓志》，不言乡里。又作《神道碑》，乃云上世尝居南阳，又隶延州，之武阳。而《旧史》亦但云昌黎。今按：《新史》盖因李碑而加邓州二字也。然考《汉书地理志》，有两南阳。其一河内修武，即《左传》所谓'晋启南阳'也。其一南阳堵阳，即荆州之南阳郡，字与赭同，在唐属邓州者也。《元和姓纂》《唐书·世系表》有两韩氏。其一汉弓高侯颓当玄孙骞，避乱居南阳郡之赭阳。九世孙河东太守术，生河东太守纯。纯四世孙安之，晋员外郎，二子潜、恬，随司马休之入后魏，为玄菟大守。二子都、偃，偃生后魏中郎颖，颖生播，徙昌黎棘城。其一则颓当裔孙寻，为后汉陇西太守，世居颍川，生司空棱，后徙安定武安。至后魏有常山太守武安成侯者，徙居九门，生尚书令，征南大将军、安定桓王茂。茂生均，均生晙，晙生仁泰，仁泰生睿素，睿素生仲卿，仲卿生会、愈，而中间尝徙陈留。以此类推，则公固颍川之族，寻、棱之后，而不得承骞之系矣。而洪兴祖所撰年谱，但以骞之后世尝徙昌黎，遂附《新史》之说，独以赭阳为均州，小有不同耳。及其再考二书，而见公世系之实，则遂讳匿不敢复著仲卿、会、愈之名，而直以为不可考，今固不得而据也。唯方崧卿《增考》引董逌说，以为骞乃韩瑗、韩休之祖，而公自出于寻、棱，与二书合。其论南阳，则又云：今孟、怀州皆春秋南阳之地，自汉至隋，二州皆属河内郡，唐显庆中始以孟州隶河南府，建中中乃以河南之四县入河阳三城使，其后又改为孟州。今河内有河阳县，韩氏世居。故公每自言归河阳省坟墓，而女挐之铭亦曰'归骨于河南之河阳韩氏墓'，张籍祭公诗亦云'旧茔盟津北'，则知公为河内之南阳人，其说独为得之。公诗所谓'旧籍在东都''我家本瀍谷'，则必以地近而后尝徙居耳。但据此，则公与昌黎之韩异派，而每以自称，则又有不可晓者。岂是时昌黎之族颇盛，故随称之。亦若所谓言刘悉出彭城，言李悉出陇西者邪。然设使公派果出昌黎也，则其去赭阳已历数世，其后又屡迁徙，不应舍其近世所居之土，而远指邓州为乡里也。方又引孔武仲之说，亦同董氏。而王铚以为公生于河中之永乐，今永乐犹有韩文乡，则其说为已详。盖其世系虽有不可知者，然南阳之为河内修武则无可疑者。而新史，洪谱之误断可识矣。"

二、朱熹《新书本传》注语分析

《新书本传》注语选录的内容自成一篇，可视为是完整的韩愈家世故里考证论文。全文可划分为三部分：第一部分是引论，即提出问题。点明存在韩愈故里昌黎、南阳二说。第二部分是本论，即分析问题。集中考证两韩氏，明确韩愈非昌黎支系；考证两南阳，指出韩愈非邓州南阳人。第三部分为结论，即解决问题。得出结论为：韩愈是河内南阳人，"然南阳之为河内修武则无可疑者。"全文观点与使用材料相统一，论据与论点相一致。

引论部分："今以李翱所撰《行状》—而《旧史》亦但云昌黎。"

在引论部分，朱熹旁征博引，列举了大量史籍材料，如李翱的《韩文公行状》、皇甫湜的《韩文公墓志铭》与《韩文公神道碑》文、《旧唐书·韩愈传》《资治通鉴》、洪兴祖的《韩子年谱》以及韩愈自述等，经与《新唐书·韩愈传》进行同异详略对比分析，点明韩愈故里认定存在昌黎、南阳二说。

本论部分："今按——则其说为已详。"

在本论部分，朱熹博采众说，引经据典，紧紧围绕韩愈故里昌黎、南阳二说进行考证。在考证过程中，坚持以史籍为证，以事实为据，认真推敲，去伪存真，厘清并阐明历史上有两个南阳，韩愈是河内南阳人；韩氏有两大支系，韩愈属寻、棱支系。

在探究韩愈故里南阳说时，朱熹采信《汉书·地理志》的记述，即古代有两个南阳，一个是《左传》所讲的"晋启南阳"，在河内修武县。一个是荆州南阳，唐代为邓州南阳，在南阳堵阳县。朱熹采纳方崧卿《增考年谱》引董逌之说，即宋代的怀州、孟州皆为春秋南阳之地，自汉至隋，此地为河内郡辖地；两宋时期，河内地区有河阳县，韩氏世居之；韩愈在《祭十二郎文》中讲"吾往河阳省坟墓"，又在《女挐圹铭》中讲："归女挐之骨于河南之河阳韩氏墓葬之"；张籍在《祭退之》诗中讲"旧茔盟津北"。这些信息都与河内南阳之地有关联，由此知晓韩愈是河内南阳人，而非邓州南阳人。

朱熹在考证韩愈家世时，以《元和姓纂》和《唐书·宰相世系表》记载为据，确认汉代弓高侯韩颓当之后裔分两大支系：一支为南阳堵阳韩骞及昌黎棘城韩播支系。韩骞避王莽乱徙居南阳堵阳，为南阳堵阳韩氏始迁祖。韩骞后裔韩术，生韩纯，韩纯四世孙韩安之，安之后裔韩播，后魏时徙居昌黎，为昌黎韩氏始迁祖。一支为颍川韩寻、韩棱支系。东汉陇西太守韩寻，寻子韩棱，东汉司空，其后徙居安定郡安武县。后世韩耆投奔北魏，为常山太守，居常山郡九门县，生子韩茂，北魏大将军。茂生韩均，均生宝山，宝山生韩镶。镶，北魏末年平北将军，徙居北修武县安阳城。镶子杰，韩愈五世祖，隋大业八年徙居修武县南阳城。世系归属表明韩愈是颍川寻、棱支系，不是南阳堵阳韩骞及昌黎棘城韩播之后。故韩愈既非邓州南阳人，亦非昌黎人。

结论部分："盖其世系虽有不可知者—而新史、洪谱之误断可识矣。"

注语的结尾，即结论部分。朱熹在结论部分认定：韩愈的家世虽有待考的地方，但故里南阳为河内修武是无容置疑的。《新唐书·韩愈传》和洪兴祖《韩子年谱》对韩愈故里的错误认定是显而易见的。

朱熹认定韩愈故里南阳即河内修武县，观点正确、依据可靠、判定准确，并有大量史料可以佐证。

其一，"晋启南阳"包括修武之地。《左传·僖公二十五年》记载："晋侯朝王……（王）与之阳樊、温、原、攒茅之田，晋于是始启南阳。"魏晋大学者杜预注曰："晋于是始开南阳之疆土，四邑在晋山南（太行山南）河北（黄河北），故曰南阳。"晋国初置南阳辖阳樊邑（今河南省济源市西南一带）、温邑（今河南省温县西南一带）、原邑（今河南省济源市西北一带）、攒茅邑（今河南省修武县北部一带）。显然，"晋启南阳"有修武县。

春秋南阳是指拓疆展土后的大南阳。晋始置南阳之后，随着晋国的日益强盛，南阳地域不断拓展，最大时几乎囊括了后世的河内地区全境。东汉经学家马融曰："晋地自朝歌北至中山为东阳，朝歌以南至轵为南阳。"朱熹注语中所讲"今孟、怀州皆春秋南阳之地"，即指"晋启南阳"之后的大南阳。既包括今修武县地，也包括今孟州市（河阳县）辖域。

其二，"晋启南阳"治所南阳城在修武县境内。晋国初置南阳后，为便于统治管理，在修武县境内新筑南阳城，以为南阳治所。后因各诸侯国互相争夺地盘，南阳之地越来越小，最后仅留下南阳城承继着"南阳"名号。因南阳城在修武县，又因东魏天平年间，南阳城成为修武县城，故后世将修武称为南阳。

东汉著名学者应劭在《汉书·地理志》修武条下注曰："晋启始南阳，今南阳城是也，秦改曰修武。"北魏地理学家郦道元在《水经注》中注曰："修武，故宁也，亦曰南阳。"北宋史学家刘原父在《春秋传》中写道："修武有古南阳城，盖南阳其统名，而修武则魏之南阳邑也。"清代学者沈钦韩在《春秋左传地名补注》中记述："盖南阳总指河内之地而一城偶袭其号也。"

其三，春秋时期修武之地置南阳县。《吕氏春秋·去私》载："晋平公问于祁黄羊曰：'南阳无令，其谁可而为之？'祁黄羊对曰：'解狐可。'平公曰：'解狐非子之仇邪？'对曰：'君问可，非问臣之仇也。'平公曰：'善。'遂用之，国人称善焉。"解狐任南阳县令后，为百姓办了很多实事，受到百姓称颂。南阳县辖南阳城及周边之地。县的创立始于春秋楚、秦，《左传》载：楚武王在灭掉权、申、息等小国后，开始置县，时间在鲁庄公四年（公元前690年）前后。县分大小，万户以上为大县，最高长官称令；万户以下为小县，最高长官称长。解狐任南阳县令，可知春秋南阳县是万户以上的大县。由此可知，春秋时期修武称南阳县。

其四，战国时期修武县为魏国南阳邑。《战国策·韩魏易地》载："魏有南阳。"宋代学者鲍彪注曰："河内修武，晋始启南阳是也。"《战国策·张仪告公仲》载："张仪曰：秦欲救齐，韩欲攻南阳，秦、韩合而攻南阳，无异也。"元代文学家吴师道注曰："此河内修武，古曰南阳，秦始皇更名河内，属魏地。"《资治通鉴·卷四·周赧王四十二年》载："魏王不听，卒以南阳为和，实修武。"《春秋传》云："而修武则魏之南阳邑也。"战国时期，修武县称南阳邑。

其五，韩镶以下至韩愈皆著籍修武南阳。修武县《韩文公门谱》记载："四十五世，镶，字文远，拜平北将军，后魏神龟元年政乱隐居北修武县安阳城。四十六世，镶子杰，字景魁，拜修武县尉，隋大业八年世乱隐居修武南阳城东关。"韩镶是韩愈六世祖，韩杰是韩愈五世祖。李白《武昌宰韩君去思颂碑（并序）》记述："君名仲卿，南阳人也。"李白与韩仲卿相识，讲韩愈父亲韩仲卿是南阳人，当为听到过韩仲卿自报家门。《资治通鉴》载韩愈长兄"（韩）会，南阳人也。"韩愈父、兄是河内南阳人，韩愈自然是河内南阳人。

其六，韩愈后裔宋代世居修武、河阳二县。修武县《韩文公门谱》记载，韩愈后裔多居住修武县，至宋代，因战乱及各种灾害等因素，有不少族人迁居异县他乡。北宋初年，韩愈六世孙韩浚随父自修武县韩蒋村徙居河阳县东水运村，开枝散叶，世代赓续。北宋末年，韩愈十世孙韩德（修武安阳城）、韩智（南阳城东关）、韩乾（修武后韩村）、韩元（修武后韩村），十一世孙韩善元（修武安阳城）、韩善魁（修武安阳城）、韩善论（修武安阳城）、韩善诗（修武安阳城）等族人，避金兵乱皆举家自修武县徙居河阳县尹村，延续五代人，历一百五十年左右。南宋末年，避元兵乱，居住河阳县尹村的韩愈后裔全部迁回修武县。故有董逌（北宋末年藏书家、书画家）"今河内有河阳县，韩氏世居之"之说。"今"指北宋末、南宋初；"河内"指河内地区，宋代无河内郡；韩氏世居之，指韩愈后裔世居河阳县东水运村和尹村。宋代韩愈后裔多居住河内地区修武县、河阳县，佐证韩愈是河内南阳人而非邓州南阳人。

其七，古代黄河北岸称河阳或河阳地区，战国早期寓言家列御寇在《愚公移山》中写道："太行、王屋二山，方七百里，高万仞，本在冀州之南，河阳之北。""河阳"指黄河北岸地区；"河阳之北"，指太行、王屋二山位于河阳地区的北部。有人将《愚公移山》文中的"河阳"解释为河阳邑，此说有误，战国时期黄河北岸无河阳邑，时河阳县境为向邑、盟邑。河阳一般指水的北岸区域，"百度百科"释曰："山南水北叫作阳，山北水南叫作阴。"故古代称太行山以南、黄河北岸区域为河阳。《史记·周本纪》载："二十年，晋文公召襄王，襄王会之河阳、践土，诸侯毕朝，书讳'天子狩于河阳'。"文中所载"河阳"，指黄河北岸温邑（今河南省温县）至践土（今河南省原阳县西南一带）沿黄河地带。《春秋谷梁传》曰："水北为阳，山南为阳。温，河阳也。"

　　冯并先生在《河阴与河阳》一文中写道："河阴河阳、河东河西，是历史上的地域概念。唐开元二十二年，唐玄宗为了便利漕运，在汴河口修建了河阴仓，并将氾水、荥泽连同武陟的一部分划为河阴县。自此，河阴和河阳成为重要的古地域名，出现在黄河两岸。河阴河阳以黄河为界。一般来说，从小浪底南岸的洛阳孟津到郑州荥阳，主要是荥阳地区为河阴；北岸的焦作武陟地区为河阳，包括了新乡……河阳地带沿黄200里，是隋唐时代经济文化的又一个核心区……河阳也叫河内地区，也指孟津对面的黄河北岸。"

　　韩愈生于唐代宗大历三年，卒于唐穆宗长庆四年，韩愈生前，黄河南岸的荥阳一带称河阴地区，与荥阳隔河相望的武陟、修武一带称河阳地区，故韩愈称回故里修武县为回"河阳"。韩愈在作品中自言"吾往河阳省坟墓""归女挐之骨于河南之河阳韩氏墓葬之"。所言"河阳"，即指河阳地区。有人见到"河阳"二字就解释为河阳县，是为曲解，韩愈作品中出现的"河阳"，是不带"县"字的。

　　韩愈所讲的"河阳"，还与河阳军（河阳节度使）有关联。河阳军（河阳节度使）是唐代事实上的一级行政区划单位，始置于唐建中二年（公元781年），北宋初废，辖河阴与河阳两个地区。韩愈在《送温处士赴河阳军序》一文中写道："大夫乌公一镇河阳，而东都处士之庐无人焉。"文中的"河阳"为河阳军的简称。韩愈故里修武县为河阳军（河阳节度使）辖县，故韩愈把回修武说成回河阳自然、合理，就如同今天修武人在北京工作，把回修武说成回河南、回焦作的情况一样。

三、清代以来对朱熹注语的篡改与曲解

　　明代成化年间，吏部侍郎耿裕路过孟县，听孟县人讲城西十里许一村庄有韩愈故居及韩愈墓，很是兴奋，遂写下感言及小诗一首，感言写道："则公为河阳人本无疑者，不知何以讹为南阳人，盖'南'字即'河'字之误，抄

录者之过也。"耿裕笔下的"河阳",明显是指河阳县而非河阳地区。因耿裕位高权重,其感言及小诗发表后,受其影响,出现了韩愈故里河阳县(孟县)说。显然,朱熹认定韩愈故里在修武县与韩愈故里河阳县(孟县)说者的主张相悖,于是就产生了对朱熹《新书本传》注语的篡改、曲解及表达不满等行为。

(一)康熙《孟县志》篡改《新书本传》注语原文

朱熹对韩愈故里在修武的认定在史学界有很大的影响力,得到韩学研究者的普遍赞同。但韩愈故里河阳县(孟县)说者很想让朱熹的认定变得有利于自己,于是将《新书本传》注语篡改后录入康熙《孟县志·卷九·艺文》中。朱熹注语原句为"则知公为河内之南阳人,其说独为得之"。康熙《孟县志》将其篡改为:"则知公为河内之河阳人,其说独为得之。"如此一改,韩愈就由河内南阳人变成了河内河阳县人,并且是出自朱熹之口,你不得不信韩愈为河内河阳人,是朱熹在《新书本传》注语中考证认定的。事实让我们看清了康熙《孟县志》编修人员是如何造假、欺世盗名的。

(二)清代两任《孟县志》主编曲解注语本意

所谓曲解,是指歪曲和错误解释、错误理解。

朱熹在论证韩愈故里河内南阳时,引董逌说,以"今孟、怀州皆春秋南阳之地""今河内有河阳县,韩氏世居之""故公每自言归河阳省坟墓""张籍祭公诗亦云'旧茔盟津北'"等为论据,来论证韩愈是河内之南阳人。朱熹正是在这些论据基础上,确认:"则知公为河内之南阳人,其说独为得之。"然清代康熙《孟县志》主编乔腾凤、乾隆《孟县志》主编冯敏昌等人却对朱熹所引用论据的本意进行了歪曲,错误解释这些证据是用来证明韩愈是河阳县人而非修武县人。

乔腾凤在雍正九年《覃怀志·卷七·人物》韩愈词条的按语中写道:"凤按,韩吏部之为河阳人,朱文公辩之详矣……而怀孟皆其故地,以证愈之为河阳人,非谓愈即修武人。"乔腾凤之说与朱熹的原意相去甚远,且有很大的迷惑性。

冯敏昌在其主编的乾隆《孟县志·卷五·人物上》按语中写道:"朱子既于《考异》后载《新书本传》,而另作注语以递驳之。大意谓非邓州之南阳,当为春秋所云之南阳,为晋始启者。而又据方崧卿《增考》所引董逌说,谓河内有河阳县，韩氏世居之，及公每言'归河阳省坟墓'等语，知公为河内之河阳县人，其说最审，而朱子采之甚当。"冯敏昌之谬处与乔腾凤大致相同，误人不浅。

（三）主张不同而心生不满

因朱熹认定河内南阳即河内修武，韩愈故里在修武，招致部分韩愈故里河阳县（孟县）说者的不满和微词。

孟州市韩愈研究会前副会长张思青先生在其所撰《韩愈籍贯问题研究浅见》一文中写道："而他（朱熹）又把'晋启南阳'定在河内之修武，既是其不足之处……'晋启南阳'是指太行山以南、黄河以北、西起济源、东至淇县的豫北沿黄河北岸一大片土地，相当于现在焦作、新乡两个市的十几个县还要大，孟县的前身河阳县就刚好存在这个区域之内，河阳何尝不能称之为'晋启南阳'？而朱熹却把这个非常广大的地名缩小到修武县管辖的一个'南阳城'，所以就会造成以上的种种误会。我们对圣人，对前人的研究成果都要加以分析，要扬其是，弃其非。"张先生所言道出了部分韩愈故里孟县说者的心声，同时也暴露其对"晋启南阳"演变过程、修武县称南阳的历史真相缺乏全面了解的实情。

概而言之，朱熹《新书本传》注语选录是一篇早期考证韩愈故里的重要文献。该文主题鲜明、重点突出、史料翔实、论据可靠、论证合理、事实清楚、说理透彻、逻辑性强、结论正确、首尾呼应，是不可多得的传世力作。朱熹经对韩愈家世的考证，否定了韩愈故里昌黎说；经对两个南阳的考证，否定了韩愈故里邓州南阳说；经反复推敲论证，确认韩愈故里在河内南阳，认定韩愈是河内修武县人。朱熹《新书本传》注语问世后，基本上平息了韩愈故里昌黎说与南阳说、邓州南阳说与河内南阳说的争论，得到史学界的普遍认可与尊重，其说影响至今。

修武县南阳城故址寻迹

修武县有南阳城，史籍、志书等文献均有记载。然要问古南阳城在什么地方，则说法不一，表述各异。

一、有关南阳城故址的各种说法

（一）古南阳城在修武县东北三十里韩庄

明天顺五年（公元1461年）《大明一统志·卷28·怀庆府·古迹》载："南阳城，在修武县北。《左传》：晋启南阳即此，唐韩愈世家焉。"

明嘉靖二十四年（公元1545年）《河南通志》主编李濂到修武县考察，撰写了《韩庄记》，文中写道："修武县东北三十里曰南阳城，韩文公退之故里也，居人呼其地曰韩庄，又曰韩村，公自上世居此。"

明嘉靖三十七年（公元1558年）《河南通志·卷44·辨疑》载："修武县东北三十里曰南阳县，韩文公愈之故里也。居人呼其地曰韩庄，又曰韩村，愈自上世居此。"

（二）古南阳城在修武县西北三十里，今曰安阳城

清乾隆年间《怀庆府志·卷二·星野志》载："南阳城，在修武县北三十里，今名安阳城。"

清乾隆年间《修武县志·古迹》载："南阳城在县北三十里。《左传》'晋启南阳'即此，唐韩愈世家焉。有韩家庄、湘子祠故址，今名安阳城。"

1986年《修武县志》载："春秋（晋）、战国南阳城，在县城北（西北）15公里，今焦作市安阳城村。"

（三）古南阳城在今获嘉县县城

杨保红先生在《隋唐以前修武城址变迁及演变》一文中讲："《水经注》

说：'修武，古宁也，亦曰南阳矣。'《一统志》说：'今获嘉县治，即古修武，亦即宁也。'笔者认同这种说法。"

《〈水经·清水注〉里的修武、宁、攒茅等考略》一文讲："据张氏（河南省社科院历史研究所所长张新斌）等考证，战国时的修武城（小修武）在今获嘉县西南的张巨附近……因秦置修武县治于南阳城（今获嘉县城小西关有南阳故城遗址），故汉初称张巨附近的故城为'小修武'……"①

（四）古南阳城在今修武县城

"百度"网载修武县人民政府（2019年11月15日）发布的修武县历史沿革信息显示："修武县旧城原为春秋时期的南阳城，东魏时又加以营建，后经历代修葺，至清末旧城墙高7米有余，顶宽5米，为砖石结构，宏伟壮观……"

王保成先生在《古南阳及古南阳城考》一文中讲："古南阳城即东魏时的西修武故城，也就是今天的修武县城。同时我们可以据此判断，在北齐至北宋时期，当时的修武县城还有一个别名，即南阳城，就好像今天的武陟县城又叫木栾店、博爱县城又名清化镇一样。"

之所以对南阳城故址出现多种认定，这与修武县在历史上多次更名，多次分合、多次变换治所不无关联。

二、修武县历史沿革

在不同历史时期，修武县有不同的称谓，治所亦不断变换。

（一）商代称"宁邑"，治所位于今获嘉县城

《水经注》（北魏地理学家郦道元著）载："修武，故宁也，亦曰南阳。"

《括地志》（唐代魏王李泰主编）载："怀州修武本殷之宁邑。"

《元和郡县图志》（唐代李吉甫撰）载："修武县，本殷之宁邑。"

"百度"网载修武县历史沿革信息显示："……周代之前此地称'宁邑'……"

宁邑包括今修武县及获嘉县大部辖域，治所宁城位于今获嘉县城。

---

① 《水经·清水注》里的修武、宁、攒茅等考略 [EB/OL]. 水经注里的名胜古迹，2019-02-28.

（二）西周称"修武"，治所位于今获嘉县城

《韩诗外传》（西汉韩婴著）载"……乃修武勒兵于宁，更名邢丘为怀，宁曰修武，行，克纣于牧之野。"

《释商》（郑杰祥著）载："修武在商代称宁，西周改称修武。"

"百度百科"网载修武县历史沿革信息显示："武王伐纣途经'宁邑'，天降大雨，三日不止，遂勒兵于宁，修兵练武，遂将宁邑改名'修武邑'，隶雍国。"

（三）春秋时期称"南阳县"，治所位于南阳城

《左传·僖公二十五年》（公元前635年）载："夏四月丁巳，王入于王城，取大叔于温，杀之于隰城。戊午，晋侯朝王，王飨醴，命之宥，请遂，弗许，曰'王章也。未有代德而有二王，亦叔父之所恶也'。与之阳樊、温、原、攒茅之田，晋于是始启南阳。"周襄王因晋文公救驾有功，将阳樊、温、原、攒茅四邑赐予晋文公，晋文公合四邑之地取名南阳，史称"晋启南阳"，为方便管理，新筑南阳城为南阳治所。

《吕氏春秋·去私》载："晋平公问于祁黄羊曰：'南阳无令，其谁可而为之？'祁黄羊对曰：'解狐可。'平公曰：'解狐非子仇耶？'对曰：'君问可，非问臣之仇也。'平公曰：'善。'遂用之，国人称善焉。"晋平公在位期间在修武之地设南阳县，任命解狐为县令，治所当在南阳城（今修武县城）。

（四）战国时期称"南阳"，分属韩、魏两国

公元前376年，韩、赵、魏三家分晋，南阳之地分别为韩、魏两国拥有。随着秦国的强盛，韩、魏两国所拥有的南阳之地被秦国吞并。

秦昭王三十三年（公元前274年），魏国被迫割让南阳之地向秦国求和。《史记·秦本纪》载："（秦昭王）三十三年……魏入南阳以和。"东晋史学家徐广注曰："河内修武，古曰南阳。"

秦昭王四十四年（公元前263年），秦将白起攻打韩国，攻占南阳，并断绝了太行山道。《史记·白起王翦列传》载："（秦昭王）四十四年，白起攻南阳太行道，绝之。"徐广注曰："此南阳，河内修武是也。"

战国时期，南阳是一个地域概念，而非行政区划单位。南阳城、宁城均作为城邑而独立存在，分属韩国、魏国。《战国策·赵策》载"秦攻魏，取宁邑，诸侯皆贺"，魏国的宁邑城被秦国吞并。

秦昭王吞并韩、魏南阳之地后，改称南阳之地为修武。《韩非子·初见秦》载："……拔邯郸，管山东河间，引军而去，西伐修武，逾羊肠，降代、上党。"西晋学者臣瓒曰："韩非书'秦昭王越长平西伐修武'，时秦未兼并天下，修武之名久矣。"唐代史学家颜师古曰："（臣）瓒说是也。"

《史记》记载韩非子入秦时间为秦王政十四年（公元前233年），韩非子讲秦昭王时期"西伐修武"，表明秦昭王时期南阳之地已改称修武。有学者称修武之称始于秦始皇更名，有误。

（五）秦朝称"修武县"，治所位于今获嘉县城

秦始皇统一六国后，推行郡县制，修武始称"修武县"，县治在今获嘉县城北崇兴寺东，曰修武城。

《后汉书》（南朝史学家范晔编著）载："修武，故南阳，秦始皇更名，有南阳城、阳樊、攒茅田，有小修武聚。"《后汉书》记载或可表明南阳城和攒茅城在秦代均是独立存在的城邑，非修武县治所。

"百度"网载修武县历史沿革信息显示："……秦置修武县，治今获嘉县城。"

（六）汉代称"修武县"，治所在今获嘉县城

"百度"网载修武县历史沿革信息显示："……（西汉）高祖三年（公元前205年），将修武县分为山阳、修武两县，隶河内郡。"修武分县后，山阳县治在山阳城，修武县治在修武城（今获嘉县城）。

《读史方舆》（清代地理学家顾祖禹著）在"修武县宁城"条下注曰："后汉建武二年（公元26年），幸修武，自是修武县皆治焉。"此注语表明后汉时期修武县名依旧，县治仍在宁城（今获嘉县城）。

（七）南北朝至清代名称和治所多变

"百度·时空大观"网载修武县历史沿革信息显示"……北魏孝昌中（公元526年）改修武县为南修武县（治宣阳城），并析置北修武县，治浊鹿城（今修武县东北李固村南）。东魏又增置西修武县（治河南今修武县城），寻废。北齐天保七年（公元556年）移南修武县治故西修武县城，废北修武县，称修武县，治今修武县城。隋大业十年（公元614年）移治永桥。唐武德二年（公元619年）移治浊鹿城，六年还治今修武县城，属殷州，贞观初属怀州。北宋熙宁六年（公元1073年）又废，元祐元年（公元1086年）再

置，属怀州。元属怀庆路，明、清属怀庆府。"

三、修武古南阳城故址辨析

修武县历史沿革信息，提供了不同历史时期修武县治所的具体位置，有助于我们依据文献记载，对照修武县治所的位置来考证修武古南阳城故址。

（一）讲南阳城在修武县东北三十里韩庄系误判

这个误判源于晋启南阳有攒茅城，攒茅城在修武境内。南宋《通鉴地理通释》载："攒茅在修武县北，今为大陆村。"《中国古今地名大辞典》载："攒茅，春秋周畿内地，在今河南省修武县西北二十里。"大陆村今为焦作市马村区演马街道陆村。晋启南阳筑有南阳城，在南阳境内（即今修武县城）。明天顺五年《大明一统志》记述："南阳城，在修武县北。《左传》：晋启南阳即此。"显而易见，《大明一统志》编修者误将攒茅城认作南阳城。

今修武县城东北三十里许有浊鹿城，浊鹿城（今修武县东北李固村）历史上曾为北修武县县城，但从未称过南阳城，附近亦没有韩庄村。

明代学者李濂在《韩庄记》一文中讲："修武县东北三十里曰南阳城，韩文公退之故里也，居人呼其地曰韩庄，又曰韩村，公自上世居此。"李濂之说承袭了《大明一统志》之误判。李濂考察的是今修武县城西北三十里韩庄，是韩愈上六世祖韩镶隐居的地方，韩庄数公里处有"晋启南阳"之攒茅城，有韩愈祖茔，有韩愈墓。李濂明显是将攒茅城当成了南阳城。李濂所讲的"修武县东北三十里曰南阳城"，其方位是以隋大业十年（公元614年）修武县以永桥城（今武陟县大虹桥村）为治所而言。永桥城东北三十里许有攒茅城，但攒茅城并非南阳城。明嘉靖三十七年《河南通志》确认了李濂对韩愈故里在韩庄的考证，但将李濂所讲的"南阳城"改为"南阳县"，则符合史实，值得肯定，攒茅城一带在晋平公在位时属南阳县境。

（二）讲古南阳城在县西北三十里今名安阳城缺乏依据

安阳城位于今焦作市马村区安阳城街道，在今修武县城西北方向，距今修武县城三十里许。

"百度百科"网载安阳城街道历史沿革信息显示："武王伐纣时，带领部队路经一座村寨时，突然下起大雨，将士为避雨躲村寨，大雨连下数日，部队在此安营扎寨，部队边操练边等天晴，故此得名安阳城。"安阳城之名最早可追溯到商末周初，早于南阳城。

《魏书·地形志》（北齐魏收主编）在北修武县名下注曰：“郡界安阳城。”表明北魏末期置北修武县时，安阳城之名依旧，且未成为北修武县治所。明正德《怀庆府志》载：“安阳城在县西北二十五里。”

清代《怀庆府志》和《修武县志》所讲的修武县是指清代的修武县城，故出现南阳城在修武县西北三十里之说。讲“南阳城在县北三十里”延续了明天顺五年《大明一统志》的误判，而讲南阳城“今名安阳城”则没有史籍依据。可知“南阳城”改名“安阳城”源于清代史志工作者的错误处理，清代以前，没有史籍文献记载“南阳城更名安阳城”者。明代《大明一统志》及李濂所讲的“南阳城在修武县北”是误认攒茅城而非安阳城。

南阳城乃古代大县县城，安阳城乃村镇小城，两者不能相提并论。安阳城之名由来已久，岂会在清代由南阳城改为“今名安阳城”？

清乾隆三十一年《修武县志·卷二·疆域》载有修武域内地名，其中有“红河、安阳城、李庄、韩庄、南阳城（旧志韩昌黎故里）、沿山”等，可知韩庄、安阳城、南阳城之名同时存在，安阳城非南阳城，南阳城非韩庄。

《中国历史地图集》① 绘制有春秋时期和东汉时期南阳城位置图，显示南阳城位于修武县城，在攒茅城东南方向，而非在攒茅城的西北方向安阳城。

（三）讲南阳城在今获嘉县城不符合史实

今获嘉县城古代称宁邑、宁城、修武城。

《战国策·赵策》载：“秦攻魏，取宁邑，诸侯皆贺。”表明战国时期宁邑之名仍存。

《水经注》讲“修武，故宁也，亦曰南阳”，是对修武历史沿革的真实表述。修武由宁邑沿革而来，在春秋时期曾为“南阳”辖境，又因南阳城承袭了“晋启南阳”之名，南阳城后隶修武，故修武“亦曰南阳”与史实合。古修武亦称南阳，但古修武城并非南阳城。

主张“古南阳城在今获嘉县城”者忽略了这样一个史实：西周初年，周武王封大司寇苏忿生于温国，温国辖温、原、绨、阳樊、隰、攒茅、向、盟、州、陉、隤、怀十二邑。周襄王十八年（公元前635年），因晋文公平定王子带之乱有功，周襄王将原温国十二邑中的阳樊（今河南省济源市西南）、原

① 谭其骧．中国历史地图集［M］．北京：中国地图出版社，1982.

（今河南省济源市西北）、温（今河南省温县）、攒茅（原修武县西北二十里许，今焦作市马村区演马街道陆村）四邑赐予晋文公，晋文公合四邑之地命名南阳，并在南阳境内筑南阳城为治所，史称"晋启南阳"。时宁邑非古温国十二邑之列，亦非"晋启南阳"之辖地，故南阳城不可能建在宁邑境内。后来晋国日益强大，南阳之地不断拓展到太行山以南、黄河以北整个河内地区，宁邑始为大南阳辖境，但这是南阳城建成之后的事。

《中国历史地图集》所绘春秋时期和东汉时期南阳城位置图表明，南阳城在今修武县城，在宁邑西南方向，可证南阳城并未建在古宁邑（今获嘉县城）。

有学者认定今获嘉县城有古南阳城遗址，此遗址当为古宁城遗址。

（四）讲南阳城在今修武县城可取信

纵观修武治所的变迁历史，不难发现古代修武治所不管怎样变换，都依托某一个城邑。古宁邑、古修武治所依托的是古宁城；南修武县县治依托的是宣阳城；北修武县县治依托的是浊鹿城；隋大业十年修武县移治武陟依托的是永桥城；西修武县县治依托的是什么城呢？答案是南阳城。在西修武县境内，除了南阳城，没有其他城邑可作县城。北齐天保七年（公元556年），将山阳县、南修武县、北修武县合并到西修武县，统称修武县，说明西修武县位置适中，县城够大。

修武县流传千年的《韩文公门谱》记载："四十五世宝山子三：镶，字文远，拜平北将军，后魏神龟元年政乱隐居北修武县安阳城；四十六世镶子长：杰，字景魁，拜修武县尉，隋大业八年世乱，隐居修武南阳城东关。"《韩文公门谱》的记载佐证了一个史实，即安阳城不是南阳城，安阳城与南阳城是不同名称的两个城，南阳城即北齐天保七年的修武县城。

"百度"网载修武县人民政府发布修武县历史沿革信息显示："……南北朝时期的东魏天平年间设西修武县，县址即在现今的修武城址……据考证，修武县旧城原为春秋时的南阳城……"

综上辨析，修武县南阳城故址在何处当真相大白。

关于古南阳及古南阳城的两幅地图

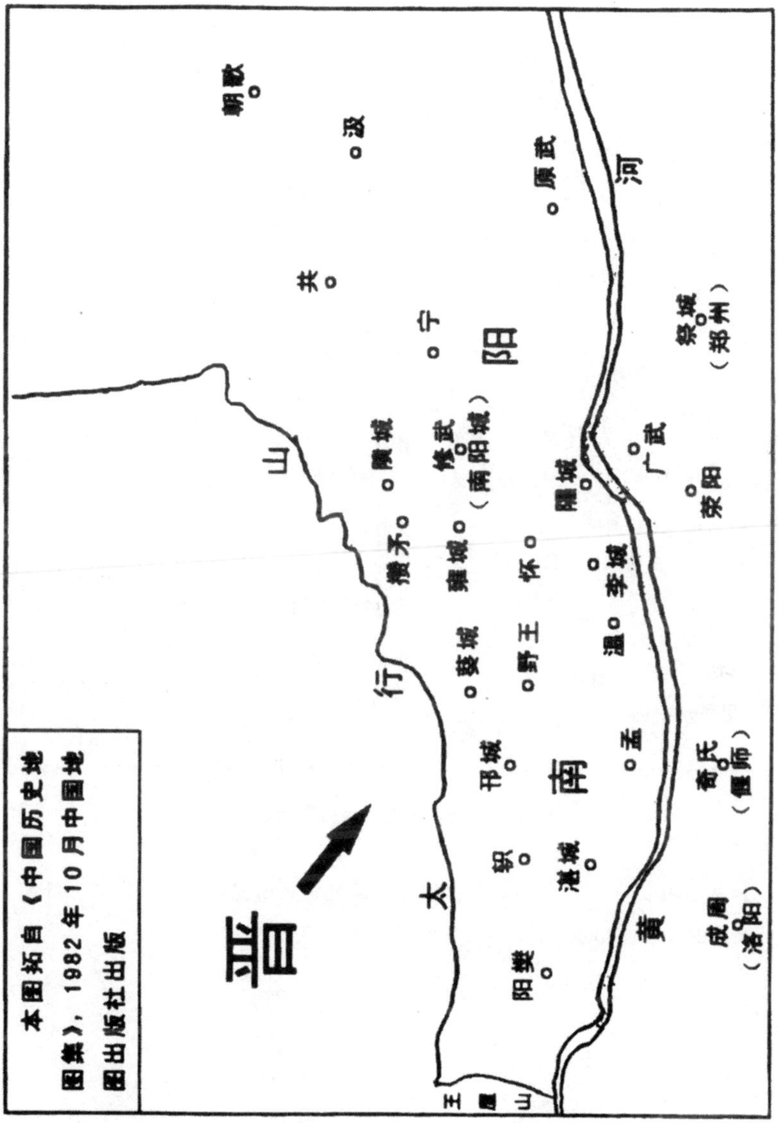

图13 春秋时期晋始启南阳及南阳城图

来源：修武县政协提案文史委员会，修武县历史文化研究会. 韩愈故里在修武 [M].
郑州：中州古籍出版社，2008：186-187，配图.

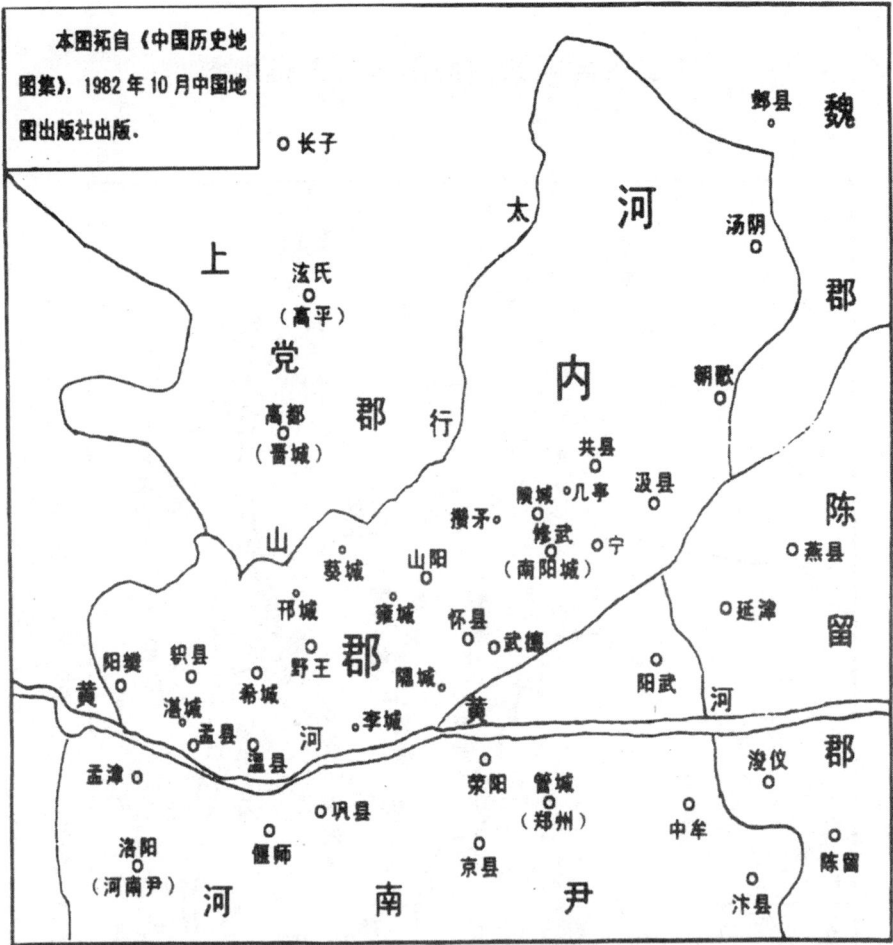

图14　东汉时期南阳城位置图

来源：修武县政协提案文史委员会，修武县历史文化研究会．韩愈故里在修武［M］．
郑州：中州古籍出版社，2008：186-187，配图．

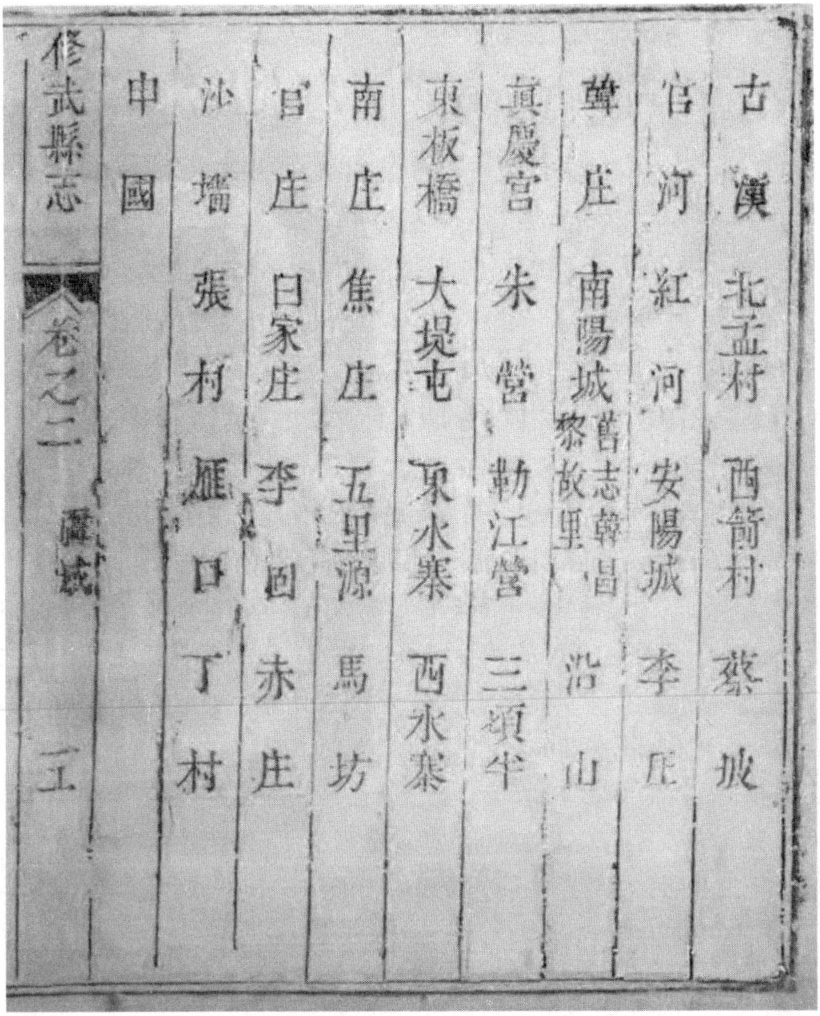

修武縣志 〈卷之二〉 疆域

中國

沁墻 張村 雁口 丁村

呂庄 日家庄 李囤 赤庄

南庄 焦庄 五里源 馬坊

東板橋 大堤屯 東水寨 西水寨

真慶宮 朱營 勒江營 三頃牛

韓莊 南陽城舊志韓昌沿山 黎故里

官河 紅河 安陽城 李莊

古漢 北孟村 西簡村 蔡坡

图15　乾隆三十年《修武县志·卷二》记载

来源：作者自拍。

《韩愈里籍考析》辨正

近有暇暑，翻阅《史证韩愈故里》一书，书中选录有张清华先生的一篇论文，名《韩愈里籍考析》（以下简称张文）。张文中有这样一段考证文字："在《寄崔二十六立之》诗里云'旧籍在东都，茅屋枳棘篱'（《韩昌黎全集》卷五）。唐高宗显庆三年至唐武宗会昌三年的188年间，河阳辖属洛阳东都。韩愈终其一生，河阳皆属东都洛阳管。在与孟郊等的《会合联句》里云：'我家本瀍谷，有地介皋巩。'（《韩昌黎全集》卷八）'瀍'，即孟津西北之瀍水，在唐设置河阳三城时，该地极有可能就是河阳之南城，在河阳节度使管辖区之内。'谷'，指河阳县境内的谷旦镇，在今孟州城北十五里，韩愈的祖茔在今孟州赵和乡的苏庄，其地域正在瀍水东北，谷旦之西的中间，而又与黄河南岸的巩县、成皋隔河相望。看来虽是诗的语言，韩公自述其家的地域概念是很清楚的。"

读罢张文深感意外，张文对韩愈里籍的考析不仅轻率，且存在诸多错误。笔者在此不揣浅陋，特对张文误处予以辨正。

一、韩愈旧籍在"东郡"而非"东都"

清康熙四十五年，曹寅、彭定求等奉敕编纂的《钦定全唐诗》由扬州诗局刻印成书，卷340载有韩愈《寄崔二十六立之》一诗，诗中写道："旧籍在东郡，茅屋枳棘篱。"诗的大意是：我的祖籍在东郡，老家的茅草屋前是刺枳林围成的篱笆墙。

东郡，古郡名。秦代、两汉、北魏、北齐、北周、隋代、唐代均设置有东郡，但不同时期的东郡辖县均不包括河阳县（今孟州市）。经考证，秦始皇五年（尚未统一六国）初置东郡辖有修武县南阳城。《史记·秦始皇本纪》载："五年，将军骜攻魏，定酸枣、燕、虚、长平、雍丘、山阳城，皆拔之，取二十城。初置东郡。"据有关资料介绍，东郡辖区范围：东至濮阳，西至山阳城，南至杞县，北至高平，治所在濮阳县西南一带。修武县南阳城位于山阳城（现焦作市区东南 2 公里处）以东 19 公里、濮阳以西区间内，是韩愈所讲旧籍处。而河阳县（今孟州市）在秦初置东郡时，属魏国，秦统一六国后，是河雍县的一部分，后属三川郡管辖，河阳县境不隶属东郡，所以不是韩愈旧籍。

东都，指洛阳新城。隋大业元年营建洛阳新城，称东京。大业五年改称东都。唐朝时高宗、中宗、睿宗、武则天、玄宗、昭宗、哀帝都洛阳近 50 年，时洛阳城称为东都、神都。唐天宝初年（公元 742 年），唐玄宗移都长安，为降低洛阳地位，提高长安地位，随将洛阳"东都"改称"东京"，长安"京师"改称"西京"。自此，洛阳作为陪都称"东京"而不再称"东都"。唐贞元十一年（公元 795 年），韩愈在《祭田横墓文》中写道："贞元十一年九月，愈如（往）东京，道出田横墓下。"在《与陈给事书》中讲："其后，如东京取妻子，又不得朝夕继见。"由此可知，韩愈生前洛阳称"东京"而不称"东都"。因"郡""都"二字相近，或有其他诗集版本误将"东郡"刻印为"东都"者，但应以史实为依据。

"旧籍"有别于"旧居"。"百度·古汉语·汉语"对旧籍的释义为："祖居的地方。""百度百科"对旧居的释义为："意指曾经居住过的地方，可以是临时性居所，也可以是长时间居住过的地方。"韩愈生前在洛阳居住多年，有其旧居，但洛阳的"旧居"不是"旧籍"，不是祖居地或口故里。"旧籍在东郡"即"祖居地（故里）在秦时初置的东郡辖域内"。

二、唐代河阳县并非"皆属东都洛阳管"

张文讲："唐高宗显庆二年至唐武宗会昌三年的 188 年间，河阳辖属洛阳东都。韩愈终其一生，河阳皆属东都洛阳管。"唐显庆二年应为公元 657 年，此年唐高宗于洛阳置东都。唐会昌三年（公元 843 年），河阳三城改为孟州，河阳县隶属孟州。相关史料显示，张文讲自唐显庆二年至唐会昌三年，河阳县辖属洛阳东都不符合史实。

（一）韩愈生前洛阳称东京不称东都

"百度百科"网载："唐代，自高宗始仍以洛阳为都，称东都……天宝年间（公元 742 年）改东都为东京。"自唐天宝元年（公元 742 年）至唐会昌三年（公元 843 年），洛阳一直称东京不称东都。韩愈生于公元 768 年，卒于公元 824 年，终其一生，洛阳不称东都，故张文"韩愈终其一生，河阳皆属东都洛阳管"之说不成立。

（二）东都洛阳是京城不辖河阳县

唐高宗时期洛阳城是都城，是当时全国的政治经济文化活动中心，是各个政府部门集中驻扎地。东都是行政中心，管辖全国各道，由道辖州，州辖县，故河阳县不可能直属东都洛阳管辖。

就行政区划隶属关系而言，唐高宗时全国仍分十道，其中河南道为一级行政区划单位，辖洛州、郑州、陕州等三十州。开元元年（公元713年），升洛州为河南府，河南道辖一府（河南府）二十九州。河南道、洛州、河南府治所均在洛阳县辖境洛阳城。此阶段，洛州或河南府均不辖河阳县。唐开元二十一年（公元733年），全国划分为十五道，分河南道河南府及附近地区置都畿道，河南道治所移至汴州。都畿道辖河南府、汝州、陕州、怀州、郑州等，治所在河南府洛阳县辖境内。在都畿道存在期间（公元733年至公元758年），河阳县为都畿道河阳三城使辖县，此时期河南府辖县中没有河阳县。

（三）河阳军长期管辖河阳县

史为乐先生主编的《中国历史地名大辞典》中有"河阳军"词条："河阳军：唐至五代方镇名。唐建中二年（公元781年）置河阳三城节度使，寻改为河阳节度使，治所在河阳县（今河南孟县南十五里）。元和九年（公元814年）徙治汝州（今河南省汝州市），十三年（公元818年）废（移治河阳）。会昌三年（公元843年）复置，还治孟州河阳县。较长期领有河阳三城和河阳、温县、济源、汜水、河阴等县及怀、卫二州，辖境相当于今河南黄河故道以北、太行山以南、浚县以西和今黄河南岸孟津县及荥阳市汜水、广武二镇地。北宋初废。"

从《中国历史地名大辞典》对河阳军（河阳节度使）的介绍中，可知河阳县（孟县）在公元781年至公元843年间归河阳军（河阳节度使）管辖，并非张文所讲的"韩愈终其一生，河阳皆属东都洛阳管"。韩愈生于公元768年，13岁时（公元781年）就有了河阳军，57岁去世（公元824年）时河阳军依然存在，一生中大多时间河阳县（孟县）归河阳军（河阳节度使）管辖。可知张文的说法是有违史实的。

有人讲，河阳军（河阳节度使）是军镇、军区，不是行政区划单位，州以上一级行政区划单位是"道"而不是"军"（节度使）。此说是对唐朝"安史之乱"后行政区划大变革历史不了解所致。

"百度百科"网载唐朝行政区划:"安史之乱以后,节度使被滥用于内地,使这种原为边关的军事制度变成为内地实际的行政区划单位,而且大者连州十数,小者亦兼三四……所以,唐初的行政区划单位——道,安史之乱后已徒有虚名了……纵观唐朝的行政区划制度,应该说这是中国行政区划沿革史中的一个大变革时期。唐太宗创建了'道',唐玄宗把'府'引进了区划,唐睿宗又把节度使变成了正式建制,使三级制正式成型。主要是道—府(州)—县。后期则为道—节度使—府(州)—县制,由于道已为虚设,实际还是三级制。"

"百度·个人图书馆"载:"安史之乱期间,唐朝大量设置藩镇。安史之乱结束后,天下政区已经基本被各节度使、观察使、经略使、防御使瓜分,开元十五道完全失去了实际意义,只保留了地理意义。"

"百度"载有《说说节度使和唐朝的关系》一文,文曰:"唐玄宗时期的节度使,基本上和各个道地区划有关。但到了唐代宗时期,各地节度使已经达到了40多个,如宣武节度使、凤翔节度使、剑南东川节度使、魏博节度使等。各个节度使不再以道为模式,而是以各个军为基准,如宣武军、魏博军、昭义军等。"军,指军镇,亦称方镇、节镇、藩镇,是节度使辖区区划名称。节度使原本是官职名称,后亦代指军镇名称。

"百度"所载信息告知我们,唐代中后期,藩镇(军镇)取代了"道"成为一级行政区划单位,发挥着"道"的行政功能,一个藩镇也称一道。开元十五道已完全失去了功能,只保留了地理意义。故河阳军(河阳节度使)是州以上一级行政区划单位,实际管辖河阳等县。

三、"瀍谷"本指洛阳城

瀍、谷是流经洛阳的两条知名水系。现洛阳市有以二水命名的瀍河区、谷水大道。"瀍",指瀍河,发源于孟津县横水镇东面的寒亮村,由牛步河入瀍沟,由洛阳瀍河区的下园汇入洛河。"谷",指谷水河,发源于渑池崤山以东的马头山谷,经渑池、新安至洛阳汇孝河东南,流注洛河。"百度百科"对韩愈诗句是这样注释的:"樊汝霖云:《尚书·禹贡》:伊、洛、瀍、涧,入于河。伊出陆浑山,洛出冢领山,瀍出谷城山,涧出邑池山,四水皆入河。瀍,水名,在河南谷城也。方世举云:《尚书·禹贡》,导洛自熊耳,东北会于涧瀍。《水经》:瀍水出河南谷城县北山，东入于洛。谷水出弘农渑池县谷阳谷，东南入于洛。"

"百度百科"对韩愈诗句"我家本瀍谷"的注释十分清晰："谷"指谷水河，因源出渑池县马头山谷阳谷而得名。"瀍"是瀍河，因流经瀍沟而得名。

"我家本瀍谷"是讲"我家原来住在洛阳"。韩愈借"瀍谷"代指洛阳。古代诗歌常用"比兴"手法；"比"就是比喻，以彼物比此物；"兴"就是兴起，先言他物以引起所咏之词，即借助其他事物作为诗歌发端，以引起所要歌咏的内容。"比兴"常常连用。韩愈是以流经洛阳的"瀍、谷"二河来喻指家在洛阳。

韩愈曾在洛阳安家，而修武县则是韩愈的故里老家。修武县韩愈后裔珍藏的《韩文公年谱》记载："贞元十六年庚辰，三十三岁。五月初，离徐赴洛。公家仍居符离。是年，建封卒，徐州军乱，公幸免于难……贞元十七年辛巳，三十四岁。公徙眷属居东京洛阳后，赴长安参加调选，秋末，始选任国子监四门博士……唐宪宗元和元年丙戌，三十九岁。六月之前，公在江陵任法曹参军；六月十日接诏书，回京权知国子博士（权者，未实授也）……"从修武所藏《韩文公年谱》记载中可知，韩愈33岁时，独自离徐州赴洛阳；34岁时，徙眷属居东京洛阳，这一年是唐贞元十七年。

"百度"在解答韩愈《会合联句》写作时间时介绍："公元803年（唐德宗贞元十九年），愈贬阳山令。公元806年（唐宪宗元和元年），愈移职江陵法曹，不日返回长安任国子博士，与张籍、张彻、孟郊相会京师，继而联句而为有此诗。""百度"的解答，使我们清楚了韩愈《会合联句》创作时间为唐宪宗元和元年，这一年韩愈39岁，离举家徙居洛阳已过去了5个年头，诗中讲我家原来在洛阳，这就真相大白了。

"瀍谷"喻指洛阳是非常明确的，然而，张文却把瀍讲成："即孟津西北之瀍水，在唐设置河阳三城时，该地极有可能就是河阳之南城。"张文把"谷"说成"指河阳县境内的谷旦镇，在今孟州城北十五里"。张文之说纯系张冠李戴，信口开河。

四、有地就在"皋巩"间

《会合联句》"我家本瀍谷"的下一句即"有地介皋巩"。"百度百科"注释："钱钟联云：《左传》，'介居二大国之间。'杜预注：'介，犹间也。'《谷梁传》陆德明《释文》：'介，音界，近也。'方世举云：《史记·秦本纪》

云：'庄襄王元年，韩献成皋、巩。'《正义》曰：'《括地志》云：洛州汜水县，古之虢国，亦郑之制邑，又名虎牢，汉之成皋。巩，今洛州巩县。'"由此可知，"巩"，指巩县，今河南省巩义市；"皋"，指成皋，今河南省荥阳市西北汜水镇。

"有地介皋巩"，即我家有土地介于成皋和巩县之间。那么确切位置在哪里？张文讲："……其地域正在瀍水东北，谷旦之西的中间，而又与黄河南岸的巩县、成皋隔河相望。"是否如张文所言呢？打开河南省地图，从巩县和荥阳之间往北看，跃入眼帘的是修武县，是修武县与黄河南岸的巩义市、荥阳市隔河相望，介于"皋巩"之间。而河阳县则与黄河南岸的孟津县、偃师市隔河相望，介于"孟、偃"之间。

韩愈是修武县人，修武县韩氏是个大家族，官宦世家，家有房屋、田产是自然的，有房有地，才保证了韩愈回故里省亲、祭祖时有吃有住。田地在哪里？据《韩文公门谱》记载和修武韩愈后人代代口传，田地就在修武县祖茔韩陂及韩陂周围区域。

据笔者考证，韩愈的祖茔在韩陂。韩陂，地名，位于修武县安阳城北三里许青龙岭前。唐长庆二年，韩愈受命招抚叛将王廷凑大获成功，穆宗大喜，即将韩愈由兵部侍郎转任吏部侍郎，并恩赐祭田百顷，计一万亩。祭田在韩陂祖茔周围，东至樊哙庙，西至山门河，南至陆真观，北至莲花池。有关韩愈祖茔韩陂的记述，修武县志和韩愈后裔所续修的《韩文公门谱》均有刊载并有绘图。

韩愈三孙韩绲在《韩文公门谱》序言中写道："茂公之曾孙镶公，徙居南阳已十有二世，创建门谱以镶公为祖，始建茔地葬韩陂。"

张清华先生著有《韩愈诗文评注》《韩愈大传》《韩愈年谱汇证》《韩愈评传》等，是研究韩愈的专家学者，应当说对韩愈年谱、韩愈籍贯、韩愈作品都是了然于心的。但张先生竟然把"谷水"说成"谷旦镇"；把"瀍谷（洛阳）"说成"孟津西北至谷旦镇一带"；强调"韩愈终其一生，河阳（孟县）皆属东都洛阳管"；宣示"韩愈的祖茔在孟县赵和乡苏庄"。并据此编织出了一个很能让人确信不疑、环环相扣的证据链条：韩愈的旧籍在河南洛阳，韩愈终其一生河阳县（今孟州市）都归河南洛阳管辖（呼应韩愈葬河南河阳），韩愈的家住在河阳县境内，韩愈有土地在河阳县，韩愈的祖茔在河阳县。综合起来，韩愈故里在河阳县（今孟州市）是无可置疑的。张文之说至今仍使许多不明就里的人深信不疑，其蒙蔽性和误导性是显而易见的。

《韩文公神道碑》文揭详

韩文公去世后，其门生皇甫湜为其精心撰写了神道碑文和墓志铭文。皇甫湜在《韩文公墓志铭（并序）》中写道："长庆四年八月，昌黎韩先生既以疾免吏部侍郎，谕湜曰：'死能令我躬所以不随世磨灭者惟子，以为嘱。'其年十二月丙子，遂薨。明年正月，其孤昶使奉功绪之录，继讣以至。三月癸酉，葬河南河阳，乃器而铭其墓，其详将揭之于神道碑云。"

那么，皇甫湜在《韩文公神道碑》文中详讲了什么？揭示了什么？

皇甫湜在《韩文公神道碑》文中写道："韩氏出晋穆侯。晋灭武穆之韩，而邑穆侯孙万于韩，遂以为氏，后世称王。汉之兴，故韩襄王孙信有功，复封韩王，条叶遂著。后居南阳，又隶延州，之武阳。拓跋后魏之帝，其臣有韩茂者，以武功显，为尚书令，实（谥）为安定桓王。次子均袭爵，官至金部尚书，亦能以功名终。尚书曾孙睿素，为唐桂州长史，善化行于江岭之间。于先生为王父，生赠尚书左仆射讳仲卿，仆射生先生……宝历元年三月癸酉，葬河南某县……韩因朔封，自武之穆，厥全赵孤，天下阴德。子孙宜昌，宣惠遂王。秦绝韩祀，虮虱有子，继王阳翟，继王安定，三王其爵，韩氏何盛……"

皇甫湜在《韩文公神道碑》碑文中透露了四方面的重要信息：一是韩氏世系源流；二是韩愈先世的迁徙轨迹；三是韩愈去世后葬于何处；四是韩愈的生平事迹。下边，笔者试结合史籍信息和《韩文公门谱》来解读一下皇甫湜所揭示的相关详情（韩愈生平事迹从略）。

一、韩氏世系源流

有关韩氏世系源流，皇甫湜在《韩文公神道碑》文中揭示："韩氏出晋穆侯。晋灭武穆之韩，而邑穆侯孙万于韩，遂以为氏，后世称王……"皇甫湜寥寥数语，简短精练，释放的信息量却很大。

"晋灭武穆之韩"，武穆二字作武王儿子讲。古代宗法制度规定：宗庙次序，始祖庙居中，以下父子（祖、父）递为昭穆，左为昭，右为穆。坟墓及子孙在祭祀祖先时的牌位均按此种规定排列。凡奇数代数皆为昭，偶数代数皆为穆。周朝尊后稷为始祖，后稷子为昭，孙为穆，第十五代姬发为昭，第十六代姬诵、邢叔、叔虞、应侯、韩侯皆为穆。《左传·襄公二十四年》云："邢、晋（唐叔虞）、应、韩，武之穆也。"

史书记载，公元前1035年左右，成王姬诵把大弟邢叔封邢国、二弟叔虞封唐国、三弟姬达封应国、四弟（其名史书无载）封韩国，称韩侯。韩国位于今陕西省韩城及今山西省河津市一带。据《竹书纪年》载：韩国于公元前760年被晋国所灭，约存在275年。

"而邑穆侯孙万于韩，遂以为氏，后世称王。"即韩姓源于晋穆侯，是晋穆侯的后代，晋穆侯是唐叔虞的后代，唐叔虞是周武王的第三子。公元前760年，晋国灭周武王第五子韩侯封国韩国，将韩国的韩原封给晋穆侯的孙子姬万，姬万因受封韩原改姓为韩，韩万的后代建立新的韩国并称王。

《史记·晋世家第九》记载了叔虞封唐及世系传承信息："武王崩，成王立，唐有乱周公诛灭唐。成王与叔虞戏，削桐叶为珪以与叔虞，曰：'以此封若。'史佚因请择日立叔虞。成王曰：'吾与之戏耳。'史佚曰：'天子无戏言，言则史书之，礼成之，乐歌之。'于是遂封叔虞于唐。姓姬氏，字子于。"叔虞封唐国，史称唐叔虞。叔虞去世后，其子姬燮继位，燮迁居晋水之旁，改国号为晋，是为晋侯。晋侯之后世次为武侯宁族—成侯服人—厉侯福—靖侯宜臼—厘侯司徒—献侯籍—穆侯费王……

晋穆侯费王生二子，长姬仇，次姬成师。姬仇即晋文侯，文侯卒，其子姬伯继位，是为昭侯。昭侯元年，封其叔父成师于曲沃，世称曲沃桓叔。成师生二子：长姬鳝，次姬万。公元前731年，曲沃桓叔去世，其长子姬鳝代，是为曲沃庄伯。公元前716年，曲沃庄伯去世，其子姬称继位，是为曲沃武公。姬称于公元前678年推翻晋国公室，被周厘王封为晋国新国君，列为诸侯，由曲沃武公改称晋武公。晋武公即位国君后，将故韩国之地韩原（今山西省河津市一带）封其叔父姬万，姬万因食邑韩原而改姬氏为韩氏，史称韩万或韩武子（谥号武）。韩万是为韩氏得姓始祖。

《史记·韩世家第十五》记述："韩之先与周同姓，姓姬氏，其后苗裔事晋，得封于韩原，曰韩武子，武子后三世（应为后四世）有韩厥，从封姓为韩氏。"《元和姓纂》记述："韩出自唐叔虞之后，晋穆侯子成师生万，万食采于韩，因以命氏，代为晋卿。"韩万后三代皆为晋国大夫，自后四代韩厥起，为晋国上卿，分别是韩厥（韩献子）—韩起（韩宣子）—韩须（韩贞子）—韩不信（韩简子）—韩庚（韩庄子）—韩虎（韩康子）—韩启章（韩武子）计七世晋卿。启章之子韩虔，是为景侯，景侯六年，与赵、魏俱得列为诸侯，以韩姓为国君的韩国建立，成为战国七雄之一。自韩虔起，六世诸侯，分别是景侯韩虔—列侯韩取—文侯韩猷—哀侯韩顿蒙—懿侯韩若山—昭侯韩武。韩武之子韩康，自韩康起，五世称王，分别是宣惠王·康—襄王·仓—厘王·咎—桓惠王·然—韩王·安。

皇甫湜在《韩文公神道碑》文中接着讲述："汉之兴，故韩襄王孙信有功，复封韩王，条叶遂著。"

战国后期韩国被秦国吞并失国，刘邦灭秦建立西汉政权，故韩国韩襄王的曾孙韩信（与淮阴侯韩信同名）有功于汉，被刘邦封为韩王（史称韩王信），王颍川，都阳翟。《史记·韩信卢绾列传第三十三》载："韩王信者，故韩襄王孽孙也，长八尺五寸……汉王乃立韩信为韩王……天下定，五年春，遂与剖符为韩王，王颍川。"颍川为故韩国之地，秦始皇吞并韩国后，在韩国之地置颍川郡。韩王信后裔史书有载，《史记·韩信卢绾列传第三十三》载："信之入匈奴，与太子俱，及至颓当城，生子，因名颓当。韩太子亦生子，命曰婴。至孝文十四年，颓当及婴率其众降汉。汉封颓当为弓高侯，婴为襄城侯。吴楚军时，弓高侯功冠诸将。传子至孙，孙无子，失侯。婴孙以不敬失侯。颓当孽孙韩嫣，贵幸，名富显于当世。其弟说，再封，数称将军，卒为案道侯。子代，岁余，坐法死，后岁余，说孙增拜为龙额侯，续说后。"

《新唐书·宰相世系表》载："颓当生孺，孺生案道侯说。说生长君。长君生龙额侯增。增生河南尹骞，避王莽乱，居赭（同堵）阳（今河南省方城县）。"

《韩氏英贤列传》载："骞，河南尹，增之子，避乱徙南阳堵阳，子勋，汉光禄卿，早于父去。韩勋，骞子。"《中华姬韩世系宗谱》载："说子案道侯长君，长君子龙额侯增，增子河西太守骞，骞避王莽之乱，举族居南阳。骞子大将军勋，勋子执金吾渊（应为容），渊（容）子陇西太守寻，寻子四：校、模、棱、昆，棱子赵王相辅，辅子司徒演、环、沛……"

《韩文公门谱》载："二十九世容，拜光禄大夫，执金吾；三十世寻，字伯齐，拜光禄大夫，陇西太守。"

《新唐书·宰相世系表》载："弓高侯颓当裔孙寻，后汉陇西太守，世居颍川，生司空棱，字伯师，其后徙安定武安（应为安武）。"

《韩文公门谱》对韩棱至韩愈的世系传承记载是：

韩棱—韩辅—韩演—韩昭—韩福—韩金—韩海—韩松—韩燧—韩坤—韩耆—韩茂—韩均—韩宝山—韩镶—韩杰—韩睃—韩仁泰—韩睿素—韩仲卿—韩愈。

皇甫湜在《韩文公神道碑》文中写道："韩因朔封，自武之穆。厥全赵孤，天下阴福，子孙宜昌，宣惠遂王。秦绝韩祀，虮虱有子。继王阳翟，继王安定。三王其爵，韩氏何盛。"这段文字揭示了如下信息：

韩氏得姓始祖韩万因功受封，食邑韩原，韩原原为周武王第五子韩侯所封韩国的故土。韩万子孙事晋，其玄孙韩厥任晋国将军时，暗中保全了赵氏孤儿赵武。司马迁在《史记·韩世家第十五》中讲："韩厥之感晋景公，绍赵孤之子武，以成程婴、公孙杵臼之义，此天下之阴德也。韩氏之功，于晋未睹其大者也。然与赵、魏终为诸侯十余世，宜乎哉！"韩厥所积阴德，惠及子孙，后世昌盛，终为诸侯，至宣惠王韩康，五世称王。秦始皇灭韩国，宗庙尽毁，王室不存。秦亡汉兴，故韩国贵族横阳君韩成被项羽封为韩王，王颍川，韩王成后被项羽所杀。韩虮虱系韩襄王之子，韩虮虱之孙韩信辅佐刘邦有功，刘邦许韩国复国，封韩信为韩王（史称韩王信），王颍川，都阳翟。韩王信后裔韩茂，北魏大将军，拜尚书令，加侍中，领太子少师，卒赠安定王，谥曰桓王。自西汉始，韩氏再次崛起，三王其爵，何其昌盛。

二、韩愈先世的迁徙轨迹

韩愈先世的迁徙轨迹主要反映在皇甫湜的这段表述中："后居南阳，又隶延（殷）州，之武阳。拓跋后魏之帝，其臣有韩茂者，以武功显，为尚书令，实（谥）为安定桓王。次子均袭爵，官至金部尚书，亦能以功名终。"短短几句话，揭示了韩愈先世自汉代以来的迁徙路线图。

（一）"后居南阳"是指修武南阳

《新唐书·宰相世系表》载："弓高侯颓当裔孙寻，后汉陇西太守，世居颍川，生司空棱，其后徙居安定武安（应为安武）。"韩愈系东汉时期韩寻、韩棱的后裔。韩寻、韩棱世居颍川，韩棱后裔徙居安定郡安武县。徙居安定郡安武县的这一支韩棱后裔，正是韩愈的直系先祖。

《韩文公门谱》记载："（韩）金，字子章，拜三国魏临泾主簿；（金子）海，字长瑞，拜三国魏晋安定郡主簿；（海子）松，字德贤，拜临泾县录事史；（松子）燧，字元庆，拜乌氏县贼捕掾；（燧子）坤，字仲达（官职不详）。"历史信息显示：安定郡，三国魏时辖安武、临泾、乌氏、都卢、鹑觚、阴密、西川七县。其中安武县、临泾县、乌氏县三县全部或部分县境在今泾川境内。韩金是韩棱的五世孙，是韩愈的十五世祖，自韩金至韩坤，共六代人定居安定郡。

后秦时，赫连屈丐势力壮大，拥兵自重，占据上郡，建立大夏国（史称胡夏国）。其时，安定郡已陷为胡夏国辖地，即隶属上郡。胡夏国初立之时，韩坤之子韩耆（韩愈十世祖）为胡夏国将军。胡夏国与北魏是同时存在的两个敌对国家，胡夏国的统治者赫连屈丐残暴无道，而北魏的军政统治阶层多来自关陇地区，来自关陇地区的军人多受到优厚待遇。在这种背景下，韩耆决定去夏投魏，率部脱离了赫连屈丐。

《魏书·列传第三十九·韩茂传》载："韩茂，字元兴，安定安武人也。父耆，字黄耆，永兴中自赫连屈丐来降，拜绥远将军、迁龙骧将军、常山太守，假（赐予）安武侯，仍（乃）居常山之九门。卒，赠泾州刺史，谥曰成侯。"韩耆之子韩茂屡立战功，成为北魏著名军事将领，《北史·韩茂传》载："韩茂，字元兴，安定安武人也……以功赐爵蒲阴子。迁侍辇郎……晋爵'九门侯'……拜散骑常侍、尚书左仆射。文成践阼，拜尚书令，加侍中、征南大将军……卒，赠泾州刺史，安定王，谥曰桓。长子备，字延德，赐爵行唐侯，历太子庶子、宁西将军、典游猎曹，加散骑常侍。袭爵安定公，征南大将军。卒，赠雍州刺史，谥曰简。备弟均，字天德……赐爵范阳子，迁金部尚书，加散骑常侍。兄备卒，无子，均袭爵安定公、征南大将军。历定、青、冀三州刺史……除大将军，广阿镇大将，加都督三州诸军事……复授定州刺史，百姓安之。卒，谥康公。"韩茂三子韩天生，据"百度百科"载："韩天生，北魏官员，韩均之弟，官职：持节，平北将军，沃野镇将。"

韩愈八世祖韩均，七世祖韩宝山，六世祖韩镶。韩镶北魏末期任平北将军，驻守定州，后因避政乱徙居北修武县安阳城。

《韩文公门谱》记载："镶，字文远，拜平北将军，后魏神龟元年政乱隐居北修武安阳城。镶子，长杰，字景魁，拜修武县尉，隋大业八年世乱隐居修武南阳城东关；杰长子晙，拜雅州都督；晙长子仁泰，拜曹州司马；仁泰三子睿素，桂州都督府长史，朝散大夫；睿素长子仲卿，武昌令，终秘书郎；仲卿四子愈，拜京兆尹，御史大夫，吏部侍郎。"从《韩文公门谱》的记述中可以知晓，自韩镶至韩愈七代人，均为修武人。

南阳城，晋启南阳留下的古城，后成为修武县城。《左传》"僖公二十五年"一章中载有"晋于是始启南阳"之句。历史上，因晋文公率领晋国军队打败了翟国军队，平定了以太叔带为首的叛乱，恢复了周襄王的王位，周襄王因晋文公勤王有功，就把畿内地温、原、阳樊、攒茅四邑赠给晋国，晋国合四地称之为南阳。晋启南阳建有南阳城，在修武县境内。

春秋战国时期，南阳成为诸侯争夺的焦点，秦、韩、魏等国在此地频频交战，你争我夺，古南阳地域遂四分五裂越来越小，最后仅剩下修武县南阳城。这时的古南阳演变成专指修武县。史籍对修武古称南阳的记述是很明确的：《战国策》卷一"韩魏易地"章：樊余谓楚王曰："魏有南阳。"鲍彪注："河内修武，晋始启南阳是也。"《战国策》卷三"秦武王谓甘茂"章：（甘茂）对曰"宜阳，大县也，上党、南阳积之久矣"。鲍彪注："此属修武者。"《史记·秦本纪》："（昭王）三十三年，魏入南阳以和。"徐广注："河内修武，古曰南阳。"《汉书·地理志》修武条下，应劭注："晋始启南阳，今南阳城是也，秦改曰修武。"《后汉书·郡国志》："修武，故南阳，秦始皇更名，有南阳城、阳樊、攒茅田，有小修武聚。"朱熹注《新唐书·韩愈传》："然南阳之为河内修武，则无可疑者。"

（二）"又隶延州，之武阳"指修武县又隶属殷州和山阳郡

韩愈先世自韩镶、韩杰父子至韩愈七代人占籍南阳（修武）已明，那么，"又隶延州，之武阳"中的延州、武阳在什么地方？

"又隶延州之武阳"句中应有标点，当为"又隶延州，之武阳"。古汉语没有标点，今人加标点时不了解韩愈故里历史沿革详情，将"又隶延州，之武阳"合为"又隶延州之武阳"，解释为"又归属延州的武阳"，这样，千百年来人们寻找不到"延州的武阳"在何处。

"又隶延州，之武阳"，按字面之意来讲，是指修武南阳历史上又隶属过延州管辖，并归往武阳管辖。《释诂》讲："之，往是也。"《现代汉语词典》对"之"字的释义第一义项是"往"。由此可知"之武阳"为归往武阳管辖。

历史上今河南省没有设置过延州，修武县从未隶属延州管辖。那么，皇甫湜笔下为什么会出现"又隶延州"之说呢？原来，修武县曾隶属"殷州"管辖。"百度"网载："殷州，隋开皇十六年（公元596年）置，治所在获嘉县（今河南获嘉），大业初废。唐武德四年（公元621年）复置，辖境相当于今河南获嘉、武陟、修武、新乡等县及新乡市地。贞观元年（公元627年）废。"今获嘉县有殷州遗址。皇甫湜将"殷州"写成"延州"，或因地方口音不同，听音误判而致笔误，殷发 yīn 音，亦发 yān 音，与延 yán 发音接近；抑或为了韩愈墓的安全而故意为之，使人搞不清韩愈故里和坟墓在哪里。

历史上，修武县从未隶属过武阳管辖，皇甫湜写"之武阳"，是在迂回说事儿。《魏书·卷一〇六上·志第五》载："山阳，二汉、晋属河内（郡），南北二武阳城。孝昌二年置郡，初治共城（今辉县市），后移治山阳城，寻罢"。"百度百科"网载，"山阳郡：北魏孝昌中（公元526年）置，治所在共县（今河南辉县市东），后移治山阳县（今河南焦作市东十里墙南村北侧）。北魏末（公元532年）废"。"百度百科"网载："修武县历史沿革……西汉，高祖三年（公元前205年），将修武分为山阳、修武两县，隶河内郡……北魏孝昌二年（公元526年）分为南修武、北修武……东魏天平年间（公元534—537年），又置西修武，即今修武城址……北齐天保七年（公元556年），将南、北修武县及山阳县并入西修武县，统称修武县，隶司州汲郡，后历代沿袭……"从《魏书》及"百度百科"所载信息中可知：山阳城所在地，二汉、晋代隶属河内郡，山阳城附近有南北二武阳城。汉高祖三年（公元前205年）将修武县分为山阳县和修武县。北魏孝昌中（公元526年）设山阳郡，治所原在共县，后移治山阳县。山阳县、修武县（分为南、北修武县）此时都隶属山阳郡。山阳郡于北魏末（公元532年）废，仅存在6年。北齐天保七年（公元556年），山阳县又合并到修武县，统称修武县。此时，曾有南北二武阳城的山阳县成为修武县属地。皇甫湜想揭示修武县曾短暂隶属山阳郡这段历史，但却不愿明确写出来，采取迂回的手法，只写修武南阳又隶"武阳"，而不写隶"山阳郡"。当搞清楚武阳城在山阳县，山阳县是山阳郡的治所，修武县曾属山阳郡管辖，也就明白了皇甫湜写"之武阳"的真实用意及所指。为保韩愈墓的安全，皇甫湜在写《韩文公神道碑》文时是费了大心思的，既要如实揭示真相，又须迂回暗示说事儿。

皇甫湜以简练鲜明的笔触，为我们勾画出韩愈先世迁徙占籍图：颍川郡—安定郡—常山郡—修武南阳（河内郡）。

三、韩愈埋葬在什么地方

关于韩愈去世后葬在何处的问题，皇甫湜在《韩文公墓志铭（并序）》中的说法是"葬河南河阳""其详将揭之于神道碑云"。在《韩文公神道碑》文中皇甫湜给出的解释是："葬河南某县。"因韩愈生前给皇甫湜留有"死能令我躬所以不随世灭者惟子，以为嘱"的遗言，故皇甫湜和韩愈家人在韩愈去世三个月后，将其秘密埋葬，葬处只有家人和少数亲朋知晓。韩愈下葬后仅是将撰好的神道碑文和墓志铭文公之于世，但在墓志铭文和神道碑文中暗示了韩愈的埋葬地。

（一）埋葬处与河南地区有关联

河南指黄河南岸地区，亦称河外。"河南"之称早在2000多年前的秦代即诞生了，并且在其后的1800多年中，河南名称由洛阳独享，洛阳常常与河南画等号。历史上，以河南为名的行政区划单位很多，如河南郡、河南尹、河南府、河南道、河南县等，无论区划单位大小，治所均在洛阳（河南道分设都畿道后治所移至开封，都畿道治所在洛阳），因此，讲河南即联系到洛阳，说洛阳就是说河南。河南是一个地域统称，并不单指是河南郡、河南尹，还是河南道、河南府、河南县。洛阳地处黄河以南，中原腹地，洛阳称河南是与河东、河内相对应的。河东、河内、河南都带"河"字，"河"即黄河。河南在黄河以南，特指以洛阳为中心的黄河南岸地区。

韩愈一生与河南洛阳有颇多关联：多次到过河南洛阳，较长时间在洛阳生活居住，在洛阳任过多种官职，在洛阳置房安家，乳母李正真葬在河南县。可以讲，韩愈对河南洛阳感情深厚，把河南视为第二故乡。

唐贞元十六年（公元800年）五月，韩愈离开徐州只身居住洛阳，时年33岁。

唐贞元十七年（公元801年），韩愈徙眷属居河南洛阳。

唐元和元年（公元806年），韩愈在《会合联句》中写道："我家本瀍谷，有地介皋巩。"瀍谷，指河南洛阳境内的瀍水、谷水，韩愈用瀍谷代指洛阳。

唐元和二年（公元807年），韩愈任国子博士，分司任职河南洛阳，时年40岁。

唐元和三年（公元 808 年），韩愈任实职国子博士，仍分司任职河南洛阳。

唐元和四年（公元 809 年），韩愈改任都官员外郎，仍分司任职河南洛阳，属刑部，掌刑狱。

唐元和五年（公元 810 年），韩愈改任河南令，主政河南县，县治在今洛阳市区涧河东岸。

唐元和六年（公元 811 年），三月，葬乳母于河南县北；下半年，改任尚书职方员外郎，调回京师长安任职，时年 44 岁。

正因为河南洛阳曾是韩愈的安家之地（在洛阳有房有地），河南洛阳与故里隔河相望，故皇甫湜在介绍韩愈埋葬处时将黄河南岸的家与黄河北岸的故里老家联系在一起，讲"葬河南河阳""葬河南某县"。

（二）埋葬处与河阳地区有关联

河阳是指黄河北岸地区，亦称河内地区。

冯并先生在《河阴与河阳》一文中写道："河阴河阳、河东河西，是历史上的地域概念。唐开元二十二年（公元 734 年），唐玄宗为了便利漕运，在汴河口修建了河阴仓，并将汜水、荥泽连同武陟的一部分划为河阴县。自此，河阴与河阳成为重要的古地域名，出现在黄河两岸。河阴河阳以黄河为界。一般来说，从小浪底南岸的洛阳孟津到郑州荥阳，主要是荥阳地区为河阴，北岸的焦作武陟地区为河阳，包括了新乡……河阳地区也叫河内地区，也指孟津对面的黄河北岸，那里有韩愈的故里……"显然，河阳地区在黄河北岸，亦称河内地区，即河内郡辖地，唐代时称河内郡，时称怀州。韩愈故里修武县在河阳地区，为怀州管辖。

唐元和六年，韩愈居住在河南洛阳，任河南令，与息国夫人（灵州节度使、御史大夫李栾的夫人）是邻居。元和七年，息国夫人病逝，其子李戡、李成请大文豪韩愈为其母撰写墓志铭。韩愈在《息国夫人墓志铭》文中写道："……元和七年甲子日南至，以疾卒。明年八月庚寅，葬河南河阳……愈乃为铭曰：……婉婉夫人，有籍宫门。克承其后，以嫁以婚。随葬东上，在河之阳。遥望公坟，而不同藏。"墓志铭分志文和铭文两部分，在《息国夫人墓志铭》的志文部分，韩愈讲息国夫人"葬河南河阳"，在铭文部分，则对"葬河南河阳"作了详解，"随葬东上，在河之阳"，即葬在洛阳东北（北为上）河的北岸（河北为阳）。

韩愈生前以"葬河南河阳"记述了息国夫人去世后葬河南洛阳东北大河北岸。韩愈于唐长庆四年去世，葬洛阳东北黄河北岸河阳地区修武县韩氏祖茔，皇甫湜亦用"葬河南河阳"记述了韩愈的埋葬地点。

（三）埋葬处河阳与河南有关联

"百度·历史词典"网载："都畿道，唐开元二十一年（公元733年）分河南道东都附近地区置，因以为名。为十五道之一。治洛阳县（今洛阳市）。辖境相当今河南获嘉、原阳、中牟、新郑、叶县等市、县以西，崤山、熊耳山以东，伏牛山以北和山西中条山以南地区。乾元元年（公元758年）废。"都畿道辖地既包括了河南地区，亦包括了河阳地区，此时韩愈故里、韩愈葬地归都畿道管辖，都畿道治所在河南洛阳，故讲韩愈"葬河南河阳"名正言顺。

《中国古今地名大辞典》①记载："河阳军，唐置，治河阳城，在今河南省孟县西三十五里，建中初（二年，公元781年）曰怀郑汝陕四州及河阳三城节度使，寻割郑州隶永平军，以河阳三城、怀州为河阳军，含河南河北道西部之地。元和中以魏博军归顺，徙镇汝州，今河南临汝县，改曰河阳怀汝节度，寻还镇河阳。会昌中移治怀州，今河南沁阳县治，寻还治孟，即河阳城也……"《中国史稿地图集》②图载：唐元和九年（公元814年），河阳军（河阳节度使）南扩，辖黄河北岸河阳三城及怀州河内县、修武县、武陟县、武德县、获嘉县；辖黄河南岸汝州及洛阳、洛宁、新安、孟津、偃师、登封、渑池、嵩县等。从《中国古今地名大辞典》和《中国史稿地图集》所载信息中可知，河阳军（河阳节度使）辖地最大时既管辖黄河北岸河阳地区，亦管辖黄河南岸的河南地区。韩愈葬在河阳军（河阳节度使）辖地，故皇甫湜讲韩愈"葬河南河阳"恰如其分。

（四）埋葬地"某县"与南阳有关联

皇甫湜在《韩文公神道碑》文中讲韩愈"葬河南某县"，"某县"是对《韩文公墓志铭（并序）》中所讲的"葬河南河阳"的一个补充交代。黄河北岸显然地域宽广，故补充讲明是某个县，这样就把范围限定到县而不是州、郡、府。至于是哪个县，是不能明讲的，是必须保密的。然而，通读神道碑

---

① 臧励龢．中国古今地名大辞典［M］．香港：商务印书馆，1931．
② 郭沫若．中国史稿地图集［M］．北京：中国地图出版社，1990．

全文，其详自明。

《韩文公神道碑》文中揭示了韩愈先世的播迁占籍轨迹："……汉之兴，故韩襄王孙信有功，复封韩王，条叶遂著。后居南阳，又隶延州，之武阳。"韩愈先祖世居颍川郡，又徙安定郡、常山郡，北魏末期徙居"晋启南阳"。晋启南阳建有南阳城，晋平公时设置过南阳县，战国时为魏国南阳邑，这个史称南阳的县在唐代曾隶属延州（殷 yān 州），历史上也曾隶属有南、北武阳城的山阳郡，符合这些特征的那个县，就是韩愈所葬地"某县"。

孟县韩愈故里地的由来

有关韩愈故里在何处的争论，由来已久，至今仍在继续。韩愈故里孟县说者，虽声称韩愈故里在孟县（今孟州市），但对韩愈祖居地在孟县何处却有多种说法和认定；声称1986年汕头韩愈学术讨论会定论韩愈籍贯在孟县，然大会并未投票表决形成决议。本文着重介绍一下韩愈故里孟县说是如何面世并定论的。

一、韩愈故里孟县韩庄说

韩愈故里在孟县"遗庄"，出自明代官员耿裕之口并撰诗文认定。明成化二十一年，吏部侍郎耿裕使过孟县，途中听人讲县城西十里许逮水村有韩愈故居，听后很感兴趣，为此特意写下诗序及小诗。耿裕的诗序及小诗得以流传，收录在康熙《孟县志·卷十·艺文》中。康熙《孟县志》编者根据耿裕诗序的主题，添加标题为《孟县韩庄考》。从此，自古至今没有一户韩姓人家的逮水村更名为"韩庄"。乾隆《孟县志·金石下》转载耿裕诗及诗序时将标题改为《题韩家庄诗碑》，自此韩庄变成了韩家庄，诗序内容亦有改动。康熙《孟县志》收录的《孟县韩庄考》全文如下：

"庄在怀庆府孟县西十里许，即唐韩文公故居也。孟本唐河阳县地，河阳故城在孟县南十八里，唐末废河阳，置孟州。国朝因之为孟县。公实河阳人，生有'归河阳省坟墓'之文，殁亦葬于是。门人皇甫湜撰公墓碑云：'归葬河阳韩氏先茔。'则公为河阳人本无疑者，不知何以讹为南阳人，盖'南'字即'河'字之误，抄录者之过也。作史者因南阳字遂加'邓州'二字于上，置疑千载。古人最重乡邑，若以南阳为的，公集中言河阳者不一，竟无一语及南阳，公岂忘本耶？又县东南有韩村，韩湘冢在焉。湘，公之侄，若然则公世居于是，葬于是，而云他何也？若以史为的，史之所误不一。先儒又引晋启南阳为说，又云今怀、孟州皆春秋南阳之地，独为得之。然今只以集中所云及据墓碑为当。西旋过孟，闻有好古者，必能兴崇表历云耳。诗云乎哉：文公生此邑，豪杰古今推。道续千年统，言垂百世师。遗庄存故址，表墓有残碑。剩得山灵护，难同绿野墟。报功从祀远，记里建祠宜。风教斯攸系，时丰可力为。"

耿裕字好问，是一位率性之人，不仅好问，还好说好议论。在道听途说一些有关韩愈的传言后，立即写感言诗与诗序，未经考证推敲，乱发一通议论，留下诸多不靠谱的谈资。

第一，随意轻率，急就而成。庄名尚未搞清楚，只好写"庄""遗庄"。该庄时名逮水村，耿裕未问庄名便急忙动笔。

第二，人云亦云，妄言逮水村"即唐韩文公故居也"。故居是指某人曾经居住过的地方，或曾经的居所。查阅众多已出版的《韩愈年谱》，均无韩愈在逮水村（改称韩庄）居住过的记载，何来故居？

第三，轻信传言，贸然判定"遗庄存故址"。假定韩愈在遗庄（逮水村）居住过，韩愈于公元 824 年去世，耿裕于明成化二十一年（公元 1485 年）路过孟县，相距已有 661 年，加之中原历经战乱和各种灾害，遗庄还会有韩愈的故居存在吗？公元 2000 年之后，仍有人在编造韩愈故居在孟县韩庄的虚假信息，其文曰："韩愈墓，位于距河南焦作市孟州市西 12 里处的韩庄村。村中路北有一所坐北朝南的高门楼四合院，门口有石狮、石墩各一对，院内宽敞雅致，这就是文坛巨匠韩愈的故里。"[1] 韩愈去世近 1200 年，高门楼四合院故居居然还完好存在，孟县韩庄真的是出现奇迹了。

第四，借题发挥，谬言"则公为河阳人本无疑者，不知何以讹为南阳人，盖'南'字即'河'字之误，抄录者之过也"。耿裕越讲越胆大，越胆大就越离谱。韩愈本南阳人，怎能定性为讹传呢？南阳从大的方面讲是指"晋启南阳"，从小的方面讲是指"南阳城"。《左传》"僖公二十五年"一章中有"晋于是始启南阳"句。周襄王因晋文公勤王有功，将温、原、阳樊、攒茅四邑赠给晋国，晋国合四邑之地称为南阳，这就是晋启南阳的出处。杜预注："四邑在晋山南河北，故曰'南阳'。"攒茅在修武境内，是晋启南阳四邑之

---

① 杨丕祥，主编．韩少武，刘荣成，编著．史证韩愈故里 [M]．香港：国际炎黄文化出版社，2011：176.

一，修武县内有晋启南阳留下的南阳城，后南阳城成为修武县城，故人们习惯称修武县为南阳或修武南阳。《水经注》载："修武，故宁也，亦曰南阳。"北宋史学家刘原父在《春秋传》中写道："修武有古南阳城，盖南阳其统名，而修武则魏之南阳邑也。"韩愈的六世祖韩镶自河北定州徙居北修武县安阳城，韩愈的五世祖韩杰又自安阳城徙居修武南阳城东关，韩杰以下至韩愈，世居南阳城东关。李白在为韩愈的父亲韩仲卿所撰写的《武昌宰韩君去思颂碑》中讲："君名仲卿，南阳人也。"司马光著《资治通鉴》，在介绍韩愈长兄韩会时讲："会，南阳人也。"韩仲卿、韩会是南阳人，韩愈自然著籍南阳。韩愈为南阳人本无疑，并非讹误，然耿裕的"'南'字即'河'字之误"则为谬论。

第五，一叶障目，妄称"公集中言河阳者不一，竟无一语及南阳"。此语绝对化了。韩愈在《题广昌馆》诗中有"何处南阳有近亲"句，此诗句的大意是："邓州南阳和修武南阳，哪个地方有我的近亲？"此诗句不仅讲了南阳，还把南阳与故里及近亲联系了起来。韩愈曾为桂阳王陈伯谋撰写像赞，像赞落款署名："南阳退之韩愈"。

耿裕在道听途说的基础上，主观臆断，自以为是，随意发挥，信口开河地认定韩愈故里、韩愈祖茔、韩愈坟茔在孟县西"遗庄"一带，由此拉开了孟县乱认韩愈故里、韩愈祖茔、韩愈坟茔的序幕。

清康熙年间《孟县志》主编乔腾凤继承了耿裕的衣钵，同样以传言为依据，将韩愈故里、韩愈祖茔、韩愈墓从孟县西韩庄一带认定到孟县北尹村。清乾隆年间《孟县志》主编冯敏昌又将韩愈墓从孟县北尹村认定到孟县西韩庄庄北半岭坡处（今称韩园）。耿裕、乔腾凤、冯敏昌等对韩愈故里、韩愈祖茔、韩愈墓认定的随意性和武断性可见一斑。

二、韩愈故里孟县西武章说

20 世纪 80 年代，持韩愈故里孟县说者开始发力，斥巨资修建韩园，在舆论宣传和攻关方面展开强大攻势，终使韩愈故里孟县说占据宣传优势，但韩愈故里修武说并未停止发声。

韩愈故里孟县说者虽暂时占据宣传优势，但一个绕不开的话题"韩愈故里在孟县何处"却困扰着韩愈故里孟县说者。若继承耿侍郎的说法，认定韩愈故里在韩庄，显然漏洞太多，没有依据可陈。不继承耿侍郎在孟县西韩庄的认定，又无可指之处。世人需要一个说法，主张者须有一个解释，于是，韩愈故里西武章说便应运而生。

孟州市城伯乡西武章村小韩庄住有一支韩愈后裔，这支韩愈后裔在清朝曾有几代人继封翰林院五经博士，故遗存有五经博士故居、五经博士铜印，村中建有韩文公祠，祠内藏有《韩昶自为墓志铭》铭石、韩愈石像，且有《西武章韩文公故里优免碑》，碑文载："我武章三村乃文公之故里也。于乾隆年间，世袭五经博士韩九龄禀请于邑侯仇公案下，公准优免兵需车马杂派差徭，除粮漕之外，一切不与焉……于光绪十三年间，博士韩孟兰复请于邑侯王公案下，仍准，与韩庄村一体优免……大清光绪癸巳年（十九年）冬月。"有这些古迹及实物，确实值得一说，可以一看。于是，韩愈故里在孟州市西武章村成为轰动国内外的新闻。

美国著名韩愈文化专家、纽约州立大学教授蔡涵墨，在参加广东汕头举办的国际"韩愈学术研讨会"上，听了孟州市韩愈研究会会长尚振明的《韩愈籍贯考察报告》以后，于 1986 年 12 月 21 日专程到孟州市西武章进行拜访，参观完西武章村的遗迹遗物，蔡教授连说："证据确凿，为韩愈故里无疑，敬佩，信服！信服！（见孟州韩愈墓祠整修委员会编印《百代文宗》1987年第一期）" 1991 年，全国有 33 支韩姓代表齐聚孟州市西武章村合修《韩文公家谱》，修谱序言中既记载了广东汕头会议和蔡涵墨教授对西武章村的拜访，又多处申明，孟州市武西章是韩愈故里。新华社记者王颂在新华网上报道："孟州市城伯乡是韩愈故里和寝陵所在地。自 1992 年韩愈国际学术研讨会举办以来，这里已成为世界韩学研究的中心和基地。"

西武章小韩庄韩姓人是韩愈后裔属实，但讲西武章村是韩愈故里地显然是太离谱了。据西武章韩愈后裔参与编修的修武县《韩文公门谱》记载，西武章小韩庄韩姓人是自韩愈 28 世韩国旺始自河内县（今博爱县王贺村）迁徙该村的，其迁徙轨迹是（直系单联）：韩愈（修武）—韩昶（修武）—韩纬（修武）—韩濂（修武）—韩百发（修武）—韩殿光（修武）—韩得道（修武）—韩自成（修武）—韩源（修武）—韩争先（修武）—韩智（避金兵乱自修武徙居孟县尹村，智公亦为笔者的直系先祖）—韩善贞（尹村）—韩良（尹村）—韩永禄（尹村）—韩五伦（尹村）—韩立言（尹村）—韩近谋（尹村，避元兵乱徙居山阳城）—韩诗（山阳城）—韩全性（山阳城）—韩诚（山阳城，避乱徙居河内县王贺村）—韩绍文（王贺村）—韩襄（王贺

村）—韩先立（王贺村）—韩玉珍（王贺村）—韩存礼（王贺村）—韩守正
（王贺村）—韩应合（王贺村）—韩国旺（王贺村，徙居孟县西武章村）—
韩鸿林（西武章）—韩生奇（西武章）—韩世英（西武章）—韩进广（西武
章）—韩九龄（西武章）……

从孟州西武章村韩姓的迁徙轨迹可以看出，最早迁往西武章的始迁祖是
韩国旺（韩愈28世），那么，西武章村会是韩愈故里地吗？据《韩文公门谱》
记载，韩愈六世祖韩镶自河北定州徙居北修武县安阳城韩庄，安阳城韩庄是
为第一处故里地；韩愈五世祖韩杰自安阳城韩庄徙居修武县南阳城东关，南
阳城是为韩愈第二处故里地。两处故里地均在修武县。

三、韩愈故里孟县苏家庄韩寨说

《史证韩愈故里》一书中载有张清华先生的一篇文章，题目是《韩文公故
里新考》，在该文中，张清华先生认定韩愈故里在孟县苏家庄旁韩寨遗址。

据张先生考证称："……故后世称韩愈为'韩文公'，其七世祖韩茂至其
子昶所居和所葬地，称'韩文公故里'。唐称河阳，后称孟州，明称孟县，今
称孟州市，是由唐至今大多数文献及后人的共识为'韩文公故里'的。在孟
州市有韩愈先祖茂，至其子昶归葬的族茔，在孟州市古尹村，后改名苏家庄，
又有在孟州韩庄韩愈之墓等实物确证。但是对韩氏一族自韩茂至韩愈曾居住
过的家究竟在什么地方，尚不清楚。这在孟州居住的韩氏后裔中亦有争
议……近年重修苏庄清凉寺发现了一通《重修兴隆圣母殿宇兼金妆神像记》
碑，解决了这一'韩学'研究中的重要问题。《记》云：苏家庄旧属尹村，
唐韩文公故里也……始其事于雍正七年（公元1729年）四月十七日，告厥成
八年（1730年）二月二十五日……是为记……自《重修兴隆圣母殿宇兼金妆
神像记》被发现之后，才与仙鹤岭与凤凰岭之间一个叫韩寨的遗址联系起来，
此地坐北面南，东西北三面环岭，南面一带乃平缓坡地，并有沟壑蔓延东南，
是一个极适于居住，方便出入的地方……"

张清华先生是河南省社科院研究员，时任中国唐代文学学会韩愈研究会
会长，他的考证，敲定了韩愈故里在尹村旁韩寨；他的考证，也代表了当代
韩愈故里孟县说者的心声。那么，张先生的认定是否可信？答案是否定的。

其一，张清华先生因苏家庄出土的《重修兴隆圣母殿宇兼金妆神像记》
石碑上有一句"苏家庄旧属尹村，唐韩文公故里也"，就确认苏家庄（尹村）

为韩愈故里，未免太过轻率。修武县有清代"唐昌黎伯韩文公故里"碑、明代"唐昌黎伯韩文公故里"碑、宋代"唐韩文公故里"碑，应比重修兴隆圣母殿碑记中的一句话有分量。孟州市所编《史证韩愈故里》第56面载有《河南巡抚李世杰奏折》，奏折写于乾隆四十八年三月十五日，奏折里边河南巡抚李世杰向乾隆皇帝汇报："韩法祖之七世祖玉珍与韩伯虎之八世祖玉环系同胞兄弟，玉环迁居修武，现有宗祠及文公故里碑碣，班班可考。韩法祖生前往来与祭，保邻均皆见知。"修武韩愈故里碑在民国时期仍存在，1918年国民政府出版《道清铁路旅行指南》一书，书中全面介绍了道清铁路（河南道口至博爱县清化镇铁路）沿线的古迹和风光，其中有修武县东关韩文公祠及韩愈故里碑，并配发有照片。李世杰奏折所言与《道清铁路旅行指南》所述是一致的，并相互印证。综合上述信息，可知重修兴隆圣母殿碑记中的那句话在确认韩愈故里时，其分量和说服力是微不足道的。

其二，韩茂—韩昶十一代人没有一人居住在苏家庄，但宋代确有韩愈后裔曾居住尹村150年左右。据《韩文公门谱》记载，北宋末年，金兵大举南侵，为避战乱，韩愈十世孙韩智、韩乾、韩德、韩元，韩愈十一世孙韩善元、韩善魁、韩善论、韩善诗皆举家自修武县迁居孟县尹村（苏家庄）。南宋末年因避元兵战乱，韩愈后裔又全部自孟县尹村迁回修武县山阳城和安阳城。因韩愈后裔几代人长期居住在尹村，故清代有人误认为尹村是韩愈故里，并在《重修兴隆圣母殿兼金妆神像记》碑文中记述"苏家庄旧属尹村，唐韩文公故里也"，这是可以理解的，但误认的事情不能当真。

其三，张清华先生认定韩茂是韩愈的"七世祖"有误。《韩文公门谱》记载，韩茂是韩愈的九世祖，其世系连接是：韩茂—韩均—韩宝山—韩镶—韩杰—韩晙—韩仁泰—韩睿素—韩仲卿—韩愈。

其四，韩茂并未葬在尹村（苏家庄）。韩茂葬尹村说源自清代孟县人乔腾凤的推测。乔腾凤依据传言，在其主编的清康熙《孟县志》中讲尹村有韩王陇，并臆断韩王陇必是韩茂墓。历史上称韩王者28人，其中没有韩茂，韩茂去世后赠安定王，谥曰桓，没有韩王名号。韩王是一字王，安定王是二字王（郡王），低于一字王。韩茂从未封韩王，韩王陇中是否埋葬有韩王尚不可知，即使埋有韩王，肯定不是韩茂。韩茂一生南征北战，晚年拜侍中、尚书令、征南大将军，领太子少师，或居京城，或住在军营，根本没有时间住在偏僻闭塞的尹村处理朝政，指挥打仗，也没有任何理由在去世后葬孟县尹村。张清华先生有关韩茂居住并葬在尹村的说法是不成立的。

其五，韩昶并未葬在尹村（苏家庄）。所谓的尹村韩昶墓是清康熙《孟县志》主编乔腾凤虚构出来的，所谓的韩昶墓志铭系孟县人于乾隆年间假造出来的。真的韩昶墓在修武县雁门村，韩昶墓现为修武县重点文物保护单位。

其六，孟县在唐代后期称河阳县，并不称"孟州"。唐代后期，孟县多称"河阳县"，唐会昌三年（公元 843 年），"河阳三城"改设为孟州，河阳县归孟州管辖。孟州辖河阳县、济源、温县、汜水、河阴五县。张清华先生将河阳县与孟州混为一谈，其考证是不严密、不准确的。

其七，张清华先生在考证论文中讲："对韩氏一族自韩茂至韩愈曾居住过的家究竟在什么地方，尚不清楚。"这句话讲得很矛盾，孟县早在明代成化年间就开始讲韩愈故里在孟县西韩庄，20 世纪 80 年代大肆宣扬韩愈故里在孟州市西武章村，这些认定张先生都是知道的，现在为了证明自己的新主张，竟自欺欺人地讲"尚不清楚"，其说不能取信于人。

其八，"自《重修兴隆圣母殿宇兼金妆神像记》被发现之后，才与仙鹤岭与凤凰岭之间一个叫韩寨的遗址联系起来。"张先生的这句话很隐晦，又很有深意。他既不否定圣母殿碑记所言"苏家庄旧属尹村，唐韩文公故里也"，又借助此句话做掩饰，新提一个韩愈故里地——韩寨，这才是张先生真正的用意所在。但张先生不能明确地讲出韩愈故里在韩寨，若这样讲那通新出土的碑记就不起作用了，因为碑记中写明苏家庄（尹村）是韩文公故里。没有那通碑记，韩寨之说就失去了基础，没了依据。故张先生在玩文字游戏，在大讲尹村及碑记的背后，推出了韩寨。尹村旁有没有韩寨？答案是否定的。清代以来，孟县人把尹村村名改为苏家庄。改换村名，是有目的的，就是为了让人们忘记尹村在唐肃宗以前是尹子琦的老家，是尹姓人聚居的村落这段历史，因这段历史与他们主张的北魏时期韩茂至唐代韩昶十一代人都居住在尹村，并且都葬在尹村的认定有矛盾。他们也很想把尹村改名为韩村，可惜该村没有一户韩姓人家。清代的乔腾凤多次到尹村考查，终于听到庄南一个荒土岗上有韩王陇的传言，刘青芝继续考证，编造出一个韩愈墓；冯敏昌又多次去尹村考证，考证出韩愈墓在尹村的认定是错误的。试想，苏家庄（尹村）旁边若真的有韩寨，早就被清代人奉为至宝，写入考证，写入孟县志书中了，还能够等到 21 世纪留给张清华先生去发现？所谓的韩寨遗址，是苏庄村一处被村民遗弃的地坑院，院内有一个一明两暗靠崖式窑洞。2008 年被张清华先生命名为"韩寨"，认定为韩愈故里祖居处。

其九，"唐称河阳，后称孟州，明称孟县，今称孟州市，是由唐至今大多数文献及后人共识为'韩文公故里'的"之说是罔顾事实。

1. 唐代以来文献、志书多记载韩愈是修武人或南阳人。《新唐书》载"韩愈，字退之，邓州南阳人"。宋代学界曾争论韩愈是"邓州南阳人"还是"晋启南阳人"，南宋理学家朱熹考证后认定："则知公（韩愈）为河内之南阳人……然南阳之为河内修武，则无可疑者。"朱熹的认定为争论画上了句号。明代天顺五年（公元1461年），官修国家总志《大明一统志·卷28·怀庆府·古迹》载："南阳城，在修武县北。《左传》：晋启南阳即此，唐韩愈世家焉。"明嘉靖三十七年（公元1558年）《河南通志·卷23·圣迹·志·韩愈》载："唐韩愈，字退之，修武人。"《河南通志·卷44·辨疑》载："修武县东北三十里曰南阳县，韩文公愈之故里也，居人呼其地曰韩庄，又叫韩村，愈自上世居此……今修武之韩庄有墓存焉，则愈之为修武人明矣。"清康熙三十四年（公元1695年）《河南通志·卷26·人物二》载："韩愈，字退之，修武人。"清雍正九年（公元1731年）《河南通志·卷57·人物（一）》载："韩愈，字退之，修武人。"《河南通志·卷51·古迹上》载："南阳城，在修武县北。《左传》'晋启南阳'即此。唐韩愈世家于此，有韩家庄、湘子祠。故址今名安阳城。"清代以来，《修武县志》均记载韩愈是修武人。有唐以来，绝大多数史籍、志书记载韩愈是修武人或南阳人，故里在修武县。

2. 韩文公后裔绝大多数人认定韩愈故里在修武县。修武县珍藏有韩文公后裔续修一千多年的《韩文公门谱》，目前全国各地已有数万愈公后裔从《韩文公门谱》中寻到了根，进行了世系对接。《韩文公门谱》记载了愈公先世和愈公后裔（长门）世系传承的详细信息，记述了愈公故里、愈公祖茔、愈公墓的地址方位，并绘有先茔图，刊载了历次修谱序言。目前，全国绝大多数韩愈后裔认定修武县是韩愈故里，韩愈祖茔及韩愈墓在修武县青龙岭韩陂。

笔者很想知道，张清华先生究竟是认定苏家庄为韩愈故里地？还是认定韩寨遗址为韩愈故里地？显然，苏家庄和韩寨是两个地方，认定其中一个，就需否定另一个，不知张先生要做出何种抉择。

四、韩愈故里汕头会议定论说

自宋代文学家孔平仲、理学家朱熹、著名学者邵博等考证认定韩愈是修武人后，史学界一直定论韩愈故里在修武县。明天顺五年（公元 1461 年）成书的《大明一统志》和明嘉靖三十七年（公元 1558 年）成书的《河南通志》均记载韩愈是南阳修武人，韩愈故里在修武。

明成化二十一年（公元 1485 年），时任吏部侍郎耿裕路过孟县，途中听孟县官员讲孟县西十里某庄有韩愈故居、韩愈墓，遂信以为真，写下诗及诗序，在诗序中认定韩愈是河阳人，即孟县人。自此世上出现了韩愈故里孟县说。

清乾隆五十五年《孟县志·卷二·地理下》载有明代何瑭所撰《改建韩文公祠记》，文中讲道："……弘治年间，大冢宰耿公（裕）始表公（韩愈）为孟人，奏请于朝，建祠致祭，其所以风励后学之意深矣！"清代孟县举人薛京在《增修韩文公庙碑记》中写道："公实河阳人，朱紫阳先生考辨甚详，载在邑乘，无可疑者。《唐史》讹为南阳，或又谓修武，均属谬误。明成、弘间，冢宰耿公特表正之，县尹严侯始建祠以祀。"何瑭、薛京所言，点明韩愈故里在孟县源自耿裕认定。

耿裕任吏部侍郎、吏部尚书时，位高权重，他认定韩愈故里在孟县，地方官员、史学界学者不敢讲韩愈故里在修武。耿裕去世后，韩愈故里孟县说渐趋式微，韩愈故里修武说重新成为史学界主流观点。明嘉靖三十七年、清康熙九年、清康熙三十四年、清雍正九年出版的《河南通志》，均记载："韩愈，字退之，修武人。"清乾隆五十七年成书的《钦定四库全书》亦记载："唐韩愈，修武北南阳城人。"1959 年，对韩愈有深入研究的毛泽东同志在中国共产党八届七中全会上讲："唐朝名作家韩愈，以散文著称于世，他是河南修武人。"

韩愈故里孟县说被炒热始自 20 世纪 80 年代。在改革开放大潮中，不少地方为扩大影响、发展旅游、提升经济，纷纷打名人牌，争夺名人故里冠名权。在此背景下，韩愈故里孟县说者乘势而上，抢先发力，大造舆论，巧力攻关，一举占领舆论宣传阵地，终在韩愈故里争夺战中居于上风。

今有一种说法，韩愈故里在孟县，是在 1986 年广东汕头韩愈学术讨论会上作出的定论。2005 年孟州市政协文史资料研究会组织编写了《韩氏春秋》（张思青主笔）一书，该书 383 页讲述："……河阳说、修武说并行，后者有时甚至占了上风。直到 1986 年在汕头举行的'六国韩愈学术讨论会'上，孟县文管会办公室主任尚振明先生在会上作了《韩愈籍贯考察报告》后，海内外学者将韩公的籍贯定论为河南河阳，即今孟州人。"由此可知，韩愈故里在孟县的定论，是汕头韩愈学术讨论会与会学者依据孟县尚振明先生的《韩愈籍贯考察报告》作出的。然尚振明先生的《韩愈籍贯考察报告》是捏造事实、弄虚作假的产物。

《韩氏春秋》420页至432页全文载录了尚振明的《韩愈籍贯考察报告》，报告讲道："……一、'昌黎说'无案可稽……二、'南阳说'是错误的……三、'修武说'更加谬误。宋代朱熹在考证韩愈籍贯时说：'南阳在河南修武。'明代学者陈继儒在《偃曝谈余》里也说'修武县东北三十里，曰南阳，韩文公之故里也，故人呼其庄为韩庄，又曰韩村，愈自上世居此。'当代著名学者朱东润也说：'修武是韩氏祖宗坟墓所在地'等。1984年7月下旬，笔者专程来到修武，修武县的老文物干部石云山先生说：'韩愈是否修武人，我们也做了多次考察，说修武毫无根据。'又说：'我们按照民国《修武志》的记载，曾对所称韩愈墓地和后裔进行过调查考证，但实际情况与记载不符。特别是1979年4月，为答复徐州大学李教授的来信，又和青年文物干部冯青长一起深入实地再次进行考察，其结果仍然如此。'县志云：'韩愈墓在韩坡，其后裔在安阳城（村名）东北十里的韩庄村。'1974年4月15日，我们到安阳城东北的韩庄村调查，该村并无韩姓，也没有搜集到有关韩愈的传说和民谣。韩坡位于安阳城的孙窑南的小石岭前，记载那里有韩愈墓。次日到了那里，满目荒芜，乱石一片，既无碑刻，又无苍松翠柏，没有发现任何有关韩愈记载的遗迹'。四、韩愈是河南孟县人……"

尚振明的《韩愈籍贯考察报告》公开后，遭到修武县文物干部石玉山、冯清长先生的痛斥。二人揭发尚振明造假行为的文章收录在《韩愈故里在修武》（中州古籍出版社2008年1月出版）一书中。

石玉山先生在《揭露尚振明假借我名造谣惑众之事》一文中写道："我叫石玉山……是修武县文化馆的退休干部……但我做梦也不会想到，在我退休回家之后，还会有人假借我的名字，进行造谣撞骗，硬说我对他说了'韩愈是否修武人，我们也做了多次考察，说修武毫无根据。'……尚振明利用我的名字所造的这些假话，我是在1987年春节后才知道的……幸亏在我生前让我看到了这份谎话连篇的报告，能让我留下辩白的文字，以洗掉尚振明泼向我身上的污水。我现在就要用手中之笔说明历史真相，让世人看看尚振明是如何造谣惑众的：一、尚振明报告中所说的1984年7月下旬，笔者专程来到修武，修武县的老文物干部石云山先生说……这一派话，完全是子虚乌有。何以证明？因为我1983年已经退休，回到离县城20里的老家小位村居住了。尚振明即使那时真的来过修武，也不可能见到我。近日翻查我的日历笔记，1984年6月下旬，我就被亲侄女石同枝接到北京旅游，在她家住了一个多月，直到8月初才回到修武。试想，那时我人在北京，怎么去见尚振明说那些瞎话呢？他如果真的见过我，能连我的名字都不知道吗？能把我'石玉山'写成'石云山'吗……他的报告不但欺骗了孟县各级领导和孟县人民，也欺骗了'韩学研究'的众多学者、专家。不少专家学者去孟州、潮州参加'韩愈学术研讨会'时，都听到了尚振明捧着他杜撰的《韩愈籍贯考察报告》在信誓旦旦地宣读着。但这些专家学者在为其鼓掌并信其说的时候，是否想到了他的报告是用谎言堆砌起来的？他能造修武的谣，就不会把同样的伎俩用在'邓州南阳''河北昌黎'吗？轻信是学术研究的大忌，而一些专家、学者为尚振明的报告表态支持，我看就是吃了轻信的亏！"

冯清长先生在《满纸荒唐言　一派不实词》一文中写道："……尚振明在《韩愈籍贯考察报告》中，不讲学术道德，为了'证明'孟州是所谓的'韩愈故里'，竟然以'修武说更加谬误'为题，假借我和石玉山先生之名，编造了一段不实之词，颠倒黑白，混淆视听……更为荒唐的是，我是1975年5月从部队退伍后，到修武县文化馆上班的，而尚振明在文章中写道：'1974年4月15日，我们到安阳城东北的韩庄调查……'可是，1974年4月15日，我远在山东省长岛县6098部队当兵，怎么可能千里迢迢回修武调查呢？因此，我们可以清楚地看出，尚振明不顾许多历代学者的定论，肆意篡改历史，编造谎言，妄图否定韩文公墓冢在修武、韩文公故里在修武的事实。"

石玉山、冯清长先生发文揭露了孟县尚振明先生弄虚作假、杜撰《韩愈籍贯考察报告》的恶劣行径。那么，今孟州人宣扬的1986年汕头韩愈学术讨论会在听取尚振明的《韩愈籍贯考察报告》后定论韩愈籍贯在孟县还可信吗？还有什么实际意义？

广东汕头韩愈学术讨论会是由国内几处社团组织联合召开的会议，邀请了国内外一些学者与会进行韩愈学术研讨，并非六个国家官方举办，声称"六国"会议小题大做，名不副实。

广东汕头韩愈学术讨论会因受韩愈故里孟县说者的操弄，大会只邀请孟县人尚振明宣讲《韩愈籍贯考察报告》，而未邀请持韩愈故里修武说、昌黎说、邓州南阳说观点的专家学者与会交流发言，明显只兴一家之言，只许发一种声音。

广东汕头韩愈学术讨论会交流的论文涉及韩学研究的方方面面。此次会议既非韩愈籍贯专题研讨会，亦非国家权威机构组织的韩愈籍贯认定会，更未组织与会专家学者投票表决，形成确认韩愈籍贯在孟县的大会决议。那么，何来"海内外学者将韩公的籍贯定论为河南河阳，即今孟州人"之说？

广东汕头韩愈学术讨论会与会专家学者因受孟县尚振明《韩愈籍贯考察报告》的蒙骗，有人因此相信了尚振明的说辞，认可韩愈故里在孟县，可以理解，无可厚非。所谓的"定论"，实际上是几位支持韩愈故里在孟县的专家学者表态认可而已，既非汕头会议的共识，更不代表全国史学界的共识。

韩愈故里孟县说最早出自明代成化年间耿裕之口，耿裕的认定源自道听途说，遂在文学作品中信口开河，乱发一通议论，自不可信。韩愈故里孟县说者对韩愈故里在孟县何处说法不一，已然给出了三个祖籍所在地，但均为臆想假定，经不起考证。韩愈故里孟县说者声称 1986 年广东汕头韩愈学术讨论会定论韩愈籍贯在河南河阳，即今孟州人，然大会并未表决形成决议，此说无案可稽。

所谓的孟县韩愈故里，竟然是这样面世和定论的。

孟县尹村韩愈祖茔的由来

自清代康熙年间至今，一直流传孟县尹村（今孟州市赵和乡苏家庄）有韩愈祖茔。笔者系韩文公三十六世后裔，本人上二十六世直系先祖韩智、二十五世直系先祖韩善贞、二十四世直系先祖韩良、二十三世直系先祖韩永禄、二十二世直系先祖韩五伦、二十一世直系先祖韩立言，都曾居住在孟县尹村。为此，笔者很想搞清楚韩文公先祖在尹村的居所和茔地营建情况。兴趣使然，便查阅了《孟县志》和孟州市编写的《史证韩愈故里》《韩氏春秋》及修武县档案史志局珍藏的《韩文公门谱》等相关资料，得到如下信息。

一、尹村在唐肃宗之前是尹子琦老家

张清华先生（河南省社会科学院研究员，原中国唐代文学学会韩愈研究会会长）在《韩文公故里新考》一文中讲："古尹村是一方地贵人旺的名镇，安史之乱中围睢阳的安禄山大将尹子琦一族就久居此地。当因安史之乱后，子琦被诛，其家抄诛贬窜，尹氏之败而后苏家居此。"

孟州市作者"夜郎在座"发有一篇搜孤博客文章，题目叫《韩昶墓志铭的流传经过》，该文讲："孟州市赵和乡苏家庄，唐时称尹村，庄北岭上有一大冢，俗称尹丞相坟。据传这里原是安禄山的部将尹子琦的老家，后随安禄山叛乱。'安史之乱'被平叛后，尹子琦全家被剿家灭门，葬在北岭上。后苏姓来此居住，改村名为苏家庄，简称苏庄。"

由上述介绍可知，尹村是唐代尹子琦的老家，是尹子琦族人居住的地方，故称尹村。尹村村外土岭有尹子琦的坟墓及族人茔地。尹子琦灭门，家族败落，苏姓人来此定居，尹村更名苏家庄。历史上，尹村从未称韩庄或韩村。

二、韩愈后裔北宋末年徙居尹村

北宋末年，金兵大举南侵，为避金兵战乱，居住在修武县的韩愈后裔多家逃居孟县尹村，且在尹村历经六代，居住约 150 年。

据修武县《韩文公门谱》记载，避金兵乱逃居孟县尹村的韩愈后裔是十一世韩智全家、韩乾全家、韩元全家、韩德全家；十二世韩善元、韩善魁、韩善论、韩善诗全家。笔者统计，自徙居孟县尹村始，至全部离开尹村，居住在尹村的男性计103人，女性《韩文公门谱》未显示。103人中，十一世4人、十二世11人、十三世10人、十四世12人、十五世15人、十六世23人、十七世28人（原居尹村，后迁出尹村）。为避元兵乱，韩愈后裔自孟县尹村迁居修武县山阳城和安阳城之后，再无人徙居尹村。

韩愈后裔避金兵乱逃居尹村，时间约为北宋末年宋钦宗后期，即公元1124年左右；避元兵乱离开尹村的时间约为南宋末年，即公元1280年左右。韩愈后裔自迁入到离开尹村，前后100多年，男、女性近200人，其间多人葬在尹村村外土岭上当是自然而然的。

三、尹村韩愈祖茔说的形成过程

（一）《孟县志》主编乔腾凤假想臆造

乔腾凤，字遥集，孟县人，明乡举人，清朝不仕，邑孝廉。主编清康熙乙亥年《孟县志》。在《孟县志》序言中，乔腾凤首提尹村有韩愈祖茔："夫英杰挺生皆钟山川之秀，土膏已竭故人才寥落可谓悼叹。如张徐州、李祁连皆以墓石而得其祖坟，识为邑产。韩大理一墓所关尤钜，固足以张紫阳之辩，杜妄传之口。凤尝数至尹村，观其葬处，犹与形家昔所图者无改，因备询居人，则指言其巅锥凿不入，传是韩王陇也。万历间，有耕犁及之者谷禾皆不结实，故荒坡得至今存。则是王必韩公始祖安定桓王，昔言'归河阳省坟墓'者，想即在此。其左臂一高冢，百里皆可望见之，盗伐者辄有风雷之变，邻民夜起爇火执兵逐之，贼皆惊遁。余因徘徊其下，私怪此必韩公真藏，不尔，何以动鬼神之呵护，竟无证验，真成恨事。"

从乔腾凤的讲述中，我们大致可以了解到孟县尹村韩愈祖茔是如何考证认定的。原来，乔腾凤很想让孟县多出历史名人，决意要把韩愈故里、韩愈祖茔、韩愈墓认定在孟县尹村（因南宋时期有一支韩愈后裔徙居尹村，虽然南宋末年已全部迁离，但可能会留下一些有用的信息）。借主编康熙乙亥《孟县志》之际，乔腾凤数次到尹村走访考察，搜集信息。北宋时期风水大师张子微著有《玉髓真经》一书，书中刊载有韩愈祖茔图，风水学称其为"黄龙饮乳形"。乔腾凤略懂堪舆之术，便以"黄龙饮乳形"地形为重点，在尹村周围寻找韩愈祖茔。经寻找比对，乔腾凤觉得尹村南有一土岗风水较好，便对此土岗展开考证工作。按乔腾凤所讲："观其葬处，犹与形家（风水师）昔所图（所绘韩愈祖茔图）者无改，因备询居人。"在乔腾凤的启发诱导下，有村民讲出这道土岗最高处地比较坚硬，"锥凿不入"，万历年间，有人在此处种庄稼，不结果实，故无人再种，此岗荒到现在。乔腾凤便给此处起了一个别致而文绉绉的名字"韩王陇"（当地百姓习惯称葬人处为坟、墓、陵、冢，并不懂陇是什么意思，故此名只有举人乔腾凤能够想出来、讲出来）。起名韩王陇，是为认定韩愈祖茔服务的，乔腾凤讲"则是王必韩公（韩愈）始祖安定桓王"，意即韩王必定是韩愈始祖安定桓王韩茂。判定此处是韩茂墓后，乔腾凤告诉人们"（韩愈）昔言'归河阳省坟墓'者，想即在此"。于是，土岗被乔腾凤确定为韩愈祖茔。有了韩愈祖茔，须找到韩愈墓，韩王陇土岗左侧约六百米处有一高冢，村民称其为"尹丞相坟"，乔腾凤"私怪此必韩公（韩愈）真藏"，便被其强认为韩愈墓。因《玉髓真经》中韩愈祖茔与封伦祖茔距离不远，张子微将其绘在一个图中，可尹村韩王陇前没有封伦祖茔，搞不好会穿帮的，乔腾凤索性在其主编的《孟县志》中记入"封隆之（封伦祖父）墓在苏家庄前岭，即尹村岭"①。经乔腾凤精心运作，刻意编造，孟县尹村韩愈祖茔及韩愈墓、封隆之墓终于面世，载入康熙《孟县志》。

　　由上所述可知，孟县尹村所谓的韩愈祖茔，不过是乔腾凤刻意打造、假想臆断的产物。历史经验告知我们，大凡想当然捏造出来的事实，往往难以自圆其说，经不起检验和时间的见证。乔腾凤的认定存在以下几方面的误判。

　　其一，尹村韩愈祖茔非山水之地。《玉髓真经》后卷载有"水星之巧韩愈祖"茔图，图旁配文："水星巧穴，韩愈祖，黄龙饮乳形。前朝田外一穴，封伦祖，黄龙饮水形也，前砂夹一秀峰在内，乃斜转，而下望之不正，故出人亦无足道。其地唯得韩氏之祖，作下手水外缠护，然封氏之祖，穴虽作地，大情只是作韩穴朝应。今以地形论之，韩氏祖虽皆田龙，而牙爪石曜分明，此胜于封祖远矣！孕育韩公，为唐文章之命脉，千古不泯。封伦，小人也，此等地位，何可更以名位论崇卑耶？辨地强弱高下，于此可见。韩祖黄龙饮乳形，不以隔水论龙，水中物故耳。"②从茔图全景看，韩愈祖茔在山坡上，封伦祖茔在山坡下，两茔之间隔一条河，封伦祖茔南边有一孤山秀峰。韩愈祖茔与封伦祖茔葬处是平行的两条龙形地，隔河相望，可谓二龙戏水。从茔

---

① 杨丕祥，主编．韩少武，刘荣成，编著．史证韩愈故里［M］．香港：国际炎黄文化出版社，2011：157.

② （宋）张子微．玉髓真经［M］．呼和浩特：内蒙古人民出版社，2014：后卷976.

图配文讲解中可知，韩愈祖茔黄龙饮乳形，虽为田龙，而牙爪石曜分明，即龙牙龙爪处有尖利巨石。风水学认为："曜星者，亦是龙之贵气旺盛发泄而出者也。凡龙虎肘外、龙身枝脚、穴前左右之砂、明堂下开水口及龙身随带之间，但有尖利巨石，皆为曜星。凡地贵必有曜。"韩愈祖茔在山坡高田处，山坡下有河，墓穴龙形牙爪处尖利巨石突出。而乔腾凤以《玉髓真经》韩愈祖茔图为依据考证出的尹村韩愈祖茔为较为平坦的荒土岗，非山无河无尖利巨石，非"青龙饮乳形"，与《玉髓真经》所载韩愈祖茔相去甚远，决不能混为一谈、视若等同。

其二，尹村韩王陇附近并无封伦祖茔。《玉髓真经》中的韩愈祖茔与封伦祖茔相距不远，绘在同一图中，属"巧穴髓"类之"水星之巧"，韩愈祖茔地形为"黄龙饮乳形"，封伦祖茔地形为黄龙饮水形。乔腾凤考证认定的尹村韩愈祖茔并无封伦祖茔，为弥补这一重大缺失，乔腾凤果断决定在康熙《孟县志》中写入"封隆之墓，在苏家庄前岭，即尹村岭"。封伦祖父封隆之墓真的在尹村岭吗？答案是否定的。《北齐书·卷二十一·列传第十三·封隆之传》记载："高祖（高欢）后至冀州境，次于交津。追忆隆之……为之流涕，令参军仲羡以太牢（牛、羊、猪三牲齐备）就祭焉。"看来，封隆之当葬在冀州交津（今河北省武强县）一带。

其三，韩茂并非韩愈始祖。所谓始祖，是指得姓先祖，亦指有世系可考的最初远祖。韩姓得姓始祖是韩万。韩万原姓姬名万，春秋时期晋国大夫、御戎将军，晋武公姬称的叔父，因辅佐晋武公有功，公元前 678 年，晋武公将韩原之地封给姬万为食邑，姬万遂以韩为姓，改称韩万。韩万是为韩姓人得姓始祖。韩愈是万公后裔，始祖当为韩万而非韩茂，韩茂为韩愈九世祖。

其四，韩茂从未称韩王。"百度百科"网载："中国历史上共有 28 位韩王，其中韩氏 7 人，郑氏 1 人，拓跋氏 1 人，李氏 1 人，王氏 1 人，柴氏 1 人，赵氏 1 人，朱氏 15 人（含追封的 3 人）。"孟县尹村所谓的韩王陇，仅为一土岗顶巅处的一块坚硬土地而已。假定尹村的荒土岗上真有韩王陇，这个陇中所葬的韩王未必就姓韩，姓韩的概率只有八分之一。假定这个陇中所葬的韩王姓韩，必定不是韩茂，历史上韩姓 7 人称韩王，其中没有韩茂。韩茂生前并未称王，去世后追赠安定王，未追赠韩王。在古代，王爵封号大致分为两类，一类是以国名为号（即所谓的一字王），一类是以郡县名为号（即所谓的二字王）。以国名为号的一字王多为国王、亲王，封号基本上来源于春秋时期的国名。如"秦、晋、齐、楚、周、鲁、赵、魏、梁、燕、韩、宋、代、吴、越"等。后世的封号也大多来源于这些国名。以郡县名为号的二字王地位比一字王低，多为郡王，如"常山王、长沙王、中山王、成都王、昌黎王、安定王"等。韩茂追赠"安定王"，即安定郡王，是二字王，不是一字王韩王。那么乔腾凤所言"则是王必韩公始祖安定桓王，昔言'归河阳省坟墓'者，想即在此"的判定无疑是主观臆断，是完全错误的。

（二）清代刘青芝持续宣扬尹村韩愈祖茔

继乔腾凤之后，清代刘青芝撰写了一篇论文，名曰《韩文公河阳人辨》，此文收入《续河南通志》。该文主旨论证韩文公是河阳人，其中也涉及韩愈祖茔的考证："余闻乔遥集（乔腾凤字遥集）先生云：'公祖茔在孟县苏家庄，古尹村也。庄南土山方广数亩。其巅有冢巍然，传是韩王陇。公先祖茂，官尚书令、征南大将军、安定桓王。今所谓韩王想即茂与！明万历间，有耕犁及之者，禾黍皆不结实，土人神之，故得至今存。'……遥集又云：'张子微《玉髓真经》载文公茔图，名黄龙饮水形。'余尝亲至尹村，徘徊斯茔间，与形家昔所图者无异。公之茔域确，则公为河阳人益信。遥集名腾凤，孟县人，明乡举人。国朝不仕，博学兼通堪舆家言，得之目睹，其言固足据也。"

刘青芝继承了乔腾凤的臆想假定，继续宣扬韩愈祖茔在孟县尹村，其荒谬之处不再细数。需要指出的是：乔腾凤使用的是《玉髓真经》中的"韩愈祖茔图"，名"黄龙饮乳形"，是用来认定韩愈祖茔的；刘青芝却将其修改为"文公茔图"，名"黄龙饮水形"，是用来认定韩愈墓的。修改后，刘青芝不忘推卸责任，声称是"遥集又云"，即这是乔腾凤讲的。刘青芝的造假艺术可说是达到了炉火纯青的地步。

（三）清代刘青藜继续鼓吹尹村韩愈祖茔

在乔腾凤、刘青芝假说的基础上，清代学者刘青藜撰写了《孟县韩文公墓考》一文（载《续河南通志》）。该文在考证韩文公墓的同时，与刘青芝一样，同样考证了韩文公祖茔地。

刘青藜在考证论文中写道："孟县之苏家庄，古尹村也。庄南土山有茔，周围大数里许。其东南隅有冢巍然，其余诸墓稍卑，然皆无碑碣可考，不知为谁氏茔也，俗呼尹丞相坟，然亦不详。所谓其地旷而肥，土人相传，有垦为田者，所植甚茂，卒不实。遂相与神之，不复耕……遥集先生又云：'张子微《玉髓真经》刻有文公茔图，名黄龙饮水形。'云：'与封德彝茔相近，今茔南即封墓，形象亦宛然如故。'是又一证矣。故备记以附考异之后。"

刘青藜既继承了乔腾凤的韩愈祖茔尹村说，又继续了刘青芝的韩愈坟墓尹村说，皆为臆撰附会之辞。乔腾凤在康熙《孟县志》中造假说"封隆之墓在苏家庄前岭，即尹村岭"。刘青藜却将其改编为尹村韩愈墓与封德彝茔相近，今茔南即封。直接将封隆之墓变成了封伦（字德彝）墓，并声称这是乔腾凤所云。刘青藜的造假水平与其弟刘青芝相比，毫不逊色，有过之而无不及。其论文对乔腾凤、刘青芝的假想臆造起到了推波助澜和扩大声势的作用。

（四）清代冯敏昌确认韩愈祖茔在尹村

冯敏昌（公元1747—1806年），广东钦州（今属广西辖）人，乾隆年间进士，官户部主事。乾隆五十一年（公元1786年）因去职至河南，由河南巡抚毕沅推荐至孟县主讲河南书院，并协助其姻亲孟县县令仇汝瑚编修乾隆《孟县志》。冯敏昌在编修乾隆《孟县志》时，对乔腾凤、刘青芝、刘青藜三人有关尹村有韩愈墓的说法痛加驳斥，并主导将韩愈墓自尹村认定到孟县西十里韩庄。

冯敏昌不赞同乔腾凤、刘青芝、刘青藜有关韩愈墓在尹村的认定，但接受了三人有关韩茂墓、韩愈祖茔在尹村的假说。冯敏昌在造假的韩昶墓志边沿题跋曰："按：苏庄即古尹村，为文公祖茔。"冯敏昌又在其主编的乾隆《孟县志·卷二·地理下》记入："韩文公祖茔在城西北二十里苏家庄，即古尹村岭。"冯敏昌的认可，为韩愈祖茔尹村说起到了一锤定音的作用。

（五）仇汝瑚首立韩愈祖茔碑

仇汝瑚，清乾隆年间孟县县令，在任时，邀姻亲冯敏昌编修《孟县志》，并在孟县尹村首立韩茂墓碑。

清《孟县志》（卷二·地理下）载："按……兹邑令仇汝瑚，并于其祖茔重立一碑，刻'后魏韩安定桓王之墓'。碑高五尺许，盖韩公之祖茔，则韩文公之为河阳人审矣。"

仇汝瑚依据乔腾凤、刘青芝、刘青藜所讲，在一个没有韩茂坟墓的荒岗前首立韩茂墓碑，此碑原本毫无价值（因尹村本无韩茂墓），却被后世韩愈祖茔孟县说者奉为至宝，将该残碑作为韩茂墓的硬证。

（六）张清华对尹村韩愈祖茔的认定

因张清华先生是河南省社会科学院研究员，中国唐代文学学会韩愈研究会会长，故张清华先生对孟县尹村韩愈祖茔的考证，代表了当前持韩愈祖茔孟县说者的最高、最新研究水平和成果。

张清华先生写有一篇《韩文公故里新考》，该论文是考证韩愈故里的，同时也新考了尹村的韩愈祖茔。该文考证："古尹村原是一名族大村，在今孟州市城西北，距城约十公里许……古尹村唐时及唐以前相当繁华，北有由范阳经邺城到洛阳的大道官路。韩茂一族，随北魏南下，后又迁洛阳建都时经过这里，见其地势雄阔，地貌葱郁，人气旺盛，在都城定鼎洛阳之前，其家就安置在这里。故其韩家将及十代的祖茔也安置在尹村西北的岭上，此岭名之曰仙鹤岭。清凉寺距此不远，东南乃凤凰岭，圣母殿就建在这里。由此亦见其地气不俗。韩氏祖茔在此，早有定论，尤其韩公之子韩昶墓志在这里发现之后，就成了韩愈祖茔在这里的硬证。"

张清华先生的新考成就在这几方面：第一，韩愈祖茔在尹村西北的岭上。然而，清代乔腾凤、刘青芝、刘青藜、冯敏昌均讲韩愈祖茔在"庄南土山"，张先生却讲"韩氏祖茔在此（尹村西北的岭上），早有定论"。对此，尚不知韩氏祖茔该定论在庄南土山，还是该定论在庄西北的岭上。若定论在庄西北的岭上，应当讲韩愈祖茔新考确认在西北岭上，而不应讲"早有定论"。第二，"古尹村是一方地贵人旺的名镇"。古尹村何时由村庄变为镇，且是名镇尚不得而知，这个镇叫什么名称，张先生无法给出答案，那就不好在史书和《孟县志》中查找了。第三，韩愈祖茔在尹村西北的岭上，"此岭名之曰仙鹤岭"。这是张清华先生新编造出来的非常好听、吉祥的岭名，清代乔腾凤、刘青藜认定的韩愈祖茔是韩王陇及韩王陇周围的荒土岗，称尹村岭，地形是"黄龙饮水形"，没有一人提到"仙鹤岭"这个名字。那么，尹村的韩愈祖茔地究竟叫尹村岭还是叫仙鹤岭，是"黄龙饮水形"还是"仙鹤形"？需要张先生给世人一个解释。第四，"韩茂一族，随北魏南下，后又迁洛阳建都时经过这里……在都城定鼎洛阳之前，其家就安置在这里"。虽无任何依据，但无碍张先生的丰富想象。史料记载，北魏南下并定都洛阳的时间是太和十八年（公元494年），韩茂于北魏太安二年（公元456年）去世（见《魏书·卷五十一·列传第三十九》《北史·卷三十七·列传第二十五》），而韩茂之子韩均，卒于北魏延兴五年（公元475年），父子二人早在北魏南迁（公元494年）之前已去世，不可能"洛阳建都时经过这里""其家就安置在这里（尹村）"。第五，"故其韩家将及十代祖茔也安置在尹村西北的岭上"。尹村所谓的韩王陇是乔腾凤人为命名的，所谓的韩茂墓是根本不存在的，所谓的韩家将及十代祖茔在尹村西北岭上的说法系无稽之谈。如果尹村庄外土岭上有韩氏墓茔，那定是韩愈十一世后裔韩乾、韩智、韩元和同时迁往尹村的十二世后裔韩善元、韩善魁、韩善论、韩善诗及其子孙家人的坟茔，而非韩愈祖茔。

张清华先生是韩愈祖茔尹村说的集大成者，既继承了清代乔腾凤、刘青芝、刘青藜的臆断假想，又编造出了新的虚假故事，颇能迷惑很多不明真相者。

四、对孟县尹村韩愈祖茔是否存在的认定

韩愈祖茔尹村说自清代至今，由来已久，且不断丰富翻新。先是由乔腾凤在询问诱导、收集传言基础上，假定韩王陇就是韩茂墓，因韩茂是韩愈的先祖，由此产生了韩愈祖茔尹村说。而历史上韩茂从没称韩王，因而韩愈祖茔尹村说从一开始就是没有事实依据的空中楼阁，是虚假的拟议杜撰之词。接下来由清代刘青芝、刘青藜、冯敏昌持续宣扬、强化，固定下来。当代的张清华先生更是会编故事，竟然将去世多年的韩茂说成是北魏南迁时看中尹村、定居尹村、葬在尹村者，可谓想象力丰富且大胆。

所谓的孟县尹村韩愈祖茔，源自主观臆断，掺和着故事编造，是子虚乌有的。

图16　孟县尹村（苏家庄）韩氏祖茔韩茂墓

来源：作者自拍。

图17　孟县尹村（苏家庄）韩氏祖茔地形图

来源：作者自拍。

后 记

金秋十月，丰腴厚重。这是一个收获的季节，累累果实，承载着耕耘者的希冀和梦想，见证了劳绩的享受与欢乐！历时8年的不懈稽考，《韩愈家世身世里籍考略》终于脱稿，行将付梓。望着案头一篇篇文稿，大功告成后的轻松欣愉之感油然而生。数载笔耕终于结果，多年夙愿终得了却。

笔者系韩愈36世（35代裔孙），热心韩学研究，因社会上对韩愈故里、韩愈祖茔、韩愈墓在何处众说纷纭，认定不一，遂产生稽考愈公家世、身世、里籍以厘清事实真相之心愿。2016年在教育岗位退休后，在夫人杨秋里、女儿韩双黛的全力支持下，余得以心无旁骛，潜心考证，终成此集。

本书的考证之所以能顺利进行，得益于参阅借鉴古籍志书留传的史料、历代学者发表的学术成果，更是受益于河南省修武县愈公后裔续修千余年的《韩文公门谱》所提供的信息。

《韩文公门谱》助笔者成功完成对愈公先世世系传承的考证。《史记》《汉书》《魏书》《唐书》《元和姓纂》等史籍对愈公先世世系有或多或少的记载，但均不完整，存在断代情况。而《韩文公门谱》对愈公直系先祖世系传承的记载脉络清晰，信息较为完整。如《唐书·宰相世系表》对汉代韩棱—北魏韩耆的世系传承仅记载为"弓高侯颓当裔孙寻，后汉陇西太守，世居颍川，生司空棱，字伯师，其后徙安定武安（应为安武）。后魏有常山太守武安（安武）成侯者字黄耇，徙居九门"。而韩棱—韩耆之间有多少代、各代人的名字《唐书》无载。《韩文公门谱》详载了韩棱—韩耆的世系传承信息，依序为：韩棱—韩辅—韩演—韩昭—韩福—韩金—韩海—韩松—韩燧—韩坤—韩耆。又如，学界多流传北魏大将军、尚书令韩茂—韩愈世系传承为七代人。而《韩文公门谱》记载韩茂—韩愈世系传承为十代人，依序为韩茂—韩均—韩宝山—韩镶—韩杰—韩晙—韩仁泰—韩睿素—韩仲卿—韩愈。其中韩宝山—韩镶—韩杰三代人的信息仅见于《韩文公门谱》，独一无二。

《韩文公门谱》助笔者顺利完成对韩愈里籍、韩愈祖茔、韩愈墓址的考证认定。有关韩愈故里、韩愈祖茔、韩愈墓址在何处有多种说法，但多为推测假定，唯《韩文公门谱》能讲清事实真相。《韩文公门谱》由愈公后裔续修一千多年，内容客观、真实、可信。愈公季孙唐咸通四年（863）状元韩绲在《韩文公门谱·序言》中写道："茂公之曾孙镶公，徙居南阳（修武县古称南阳县、南阳邑）已十有二世，创建门谱以镶公为祖，始建茔地葬韩陂"。《韩文公门谱》记载修武县愈公家族始迁祖韩镶于北魏末年自定州徙居汲郡北修武县安阳城；镶公之子韩杰于隋大业八年（612）自安阳城徙居修武县南阳城；韩杰之子韩畯、韩畯之子韩仁泰、韩仁泰之子韩睿素、韩睿素之子韩仲卿、韩仲卿之子韩愈均是修武南阳人。《韩文公门谱》记载韩愈祖茔在修武县安阳城（今划归焦作市马村区）青龙岭韩陂，愈公去世后葬祖茔，并绘制有韩氏祖茔图及愈公墓图。今青龙岭韩陂地名亦旧，韩愈墓尚存，为焦作市文物保护单位。

《韩文公门谱》助豫西南四县愈公后裔六个分支成功实现与先祖的世系联接。2012年，河南省西南部唐河、桐柏、社旗、泌阳四县万余愈公后裔合修《豫西南韩氏世系谱（韩愈支系）》。四县愈公后裔有六个分支，据旧谱记载，最早一支在元代末、最晚一支在清代自黄河北相继南迁落地生根。六个分支始迁祖以下传承信息清晰完整，但始迁祖以上至愈公的世系联接均出现断代情况。为实现与先祖的世系对接，我们主编人员首先查阅了河南省孟县西武章村愈公后裔主持编修的《韩文公家谱》，该谱未记载豫西南四县愈公后裔六个分支始迁祖的任何信息。接下来，我们前往河南省修武县寻根，得见修武县韩殿忠宗亲珍藏的《韩文公门谱》，该谱不仅详载有豫西南四县六个分支始迁祖的名讳、婚配、生子、迁出等信息，而且六个分支始迁祖上联愈公的世系脉络、各代先祖的名讳、居地等信息完整无缺，从而使四县六个分支的愈公后裔寻到了根，问到了祖，成功实现与先祖世系无缝对接。

当今，社会上韩愈故里、韩愈祖茔、韩愈墓址孟县说广为流传，且以韩愈长子韩昶墓在孟县尹村为据来佐证韩愈祖茔在孟县尹村，不知这些说法史据何在。为此，笔者在稽考时一并考证了孟县（今孟州市）韩愈故里、韩愈故居、韩愈祖茔、韩愈墓、韩昶墓的由来，谨供热心读者参考。

在本书的编写出版过程中，宋珂先生全力帮助查寻史料，打印、校对文稿；韩相安、韩殿忠、韩廷华、韩尊明、韩尊卿、韩顺民、韩战民、韩名俭、韩庆乐、韩伟一、韩立江等宗亲或提供资料，或提出宝贵建议；韩必豪会长鼎力协助出版事宜；韩雄亮会长热心给予资助；出版社编辑老师多方面关照，不辞辛劳，严格审校，精心编辑。对所有友人给予的热心帮助，本人永远铭记于心，感恩于怀，并致谢忱！

愈公 35 代裔孙　韩中山

2024 年 10 月 17 日于南阳